心理療法とこころの深層

無意識の物語との対話

横山 博
Hiroshi Yokoyama

新曜社

まえがき

私は一九七〇年に精神科医として出発した。本書でも触れているが、当時は全共闘運動の時代で、あらゆる意味で、戦後民主主義のありかたが政治的にも文化的にも根本的に問われた時代だったといっても過言ではない。これは世界史規模の問題であり、フランスの五月革命やアメリカのヴェトナム反戦闘争や黒人解放運動と軌を一にしており、当時、カウンターカルチャー運動と呼ばれた所以である。もはや「歴史」として語られるほどの年月が過ぎてしまったが、二〇〇六年の今日、あのころ時代を共有した人たちが「団塊」の世代として定年を迎えていこうとしている。

私は団塊の世代より年齢的に一年上となる計算になるのだが、医学部は六年であるため、あの東大闘争の安田講堂の攻防戦を中心とした全共闘運動の渦中で精神科医になっていったことになる。ちなみに、東大においても京大においても運動の契機は、医学部の卒業研修の問題をめぐる戦いが端緒であった。当時は医師国家試験の前にインターン制度というものがあり、まったく研修体制が整備されないまま無給で下働きを強いられていたのである。この制度に反対する運動が全医学生のなかで盛り上がり、旧態依然たる医局講座制を解体する闘いと一緒になり、医師国家試験ボイコットという戦術が全国規模で成立した。そのように、いまでは信じられない闘いが組まれたのであった。医学部の問題として語るなら、医師はいかなる倫理性をもつべきか、ということがラディカルに問われた時期といえよう。とりわけ精神科にあっては、自然科学的な医学だけでは語れない心的現象、および「気違いに刃物」的な社会防衛的な法的側面ももつがゆえに、事態はよりいっそう複雑であった。これも世界史的課題で、「反精神医学」なるものも語られた。すなわち、精神医学とは科学の名のもとに病者にレッテルを貼り社会から排除するシステムに過ぎない、という論調である。こういう時代状況のなかで精神医学・精神科医を選ぶことは、ほんとうに大変なことだった。

人間は、青年期に考えたこと、直面させられたことからどれだけ自由になれるのであろうか。戦後六十年経った今日、忘れ去ってしまいたかった第二次世界大戦の記憶、原爆の記憶を、後世に語り継ごうという老年の方が増えてきているように思われる。団塊の世代の人たちはみずからの青年期を生き抜き、その後、高度経済成長の担い手となり、やがて年金制度も不安定なままに定年を迎えようとしているのであろうが、さまざまな苦渋と感慨があるに相違ない。それが、それぞれの人間がそれぞれの世代において織り成していく人生であり「物語」なのである。

私の精神科医としての営みは、こうした物語性のなかに自分の精神医学をどう位置づけるか、ということなのである。私はいまだに、精神科医になったときの問題意識から逃れることができない。「患者」という対象ではなく「病んでいる、ひとりの人」という人間の人生に触れようとするとき、私の問題意識は次第にC・G・ユングに近づいていった。本書はある意味で、この足どりが読者の方々に理解していただけるよう編集されている。いささか無骨に過去にこだわっていると思われるかもしれない。しかし私には、精神医療、とりわけ心理療法は、いわゆる科学とは馴染まない領域を含んでいると思われ、そこでは治療者の存在のありようや世界観が否が応でも影響していると考えるがゆえに、こだわらざるを得ない。また、そうしてこれからもこだわり続けていきたいと思う。

そして、私がいまこの時点でこの本を読者の皆様に問うてみようという考えにいたった契機には、大きくいって三つある。

一つには、精神医学・精神医療の現実である。十九世紀末頃に「精神病は脳病である」という前提に立って始まった精神医学は、生物学的精神医学、精神病理学、Ｓ・フロイトやＣ・Ｇ・ユングの思索などを経るなかで、精神医学／分析的方法という二分化の途を辿っていった。後者の方がより患者の治療に開かれていたこともあり、その後、フロイトやユングを基盤として「臨床心理学」が発展してきたことは周知のとおりである。一方、精神医学の方は、特に日本の土壌においては、精神医療の隔離収容政策に手を貸すような役割を果たし、生物学的精神医学にも精神病理学にも治療論がなく、治療論を臨床的に研究した学者は少なく、多くの人は大学医局での研究至上主義となっていた。

こうしたことなどから先述の運動が起きてきて、医療にも目を向ける視点が出来ていくのであるが、脳科学の進歩とアメリカのＤＳＭ〔『精神障害の診断と統計の手引き』〕による操作診断の隆盛は、「病的世界の理解」に基本的に重要な精神病理学の衰退を招き、診断そして薬物療法という流れを強くしている感が強い。この状況は、十九世紀末とは違った意味で「精神病は脳病である」との論調に近いといえよう。私はこうした流れへの不全感からユング心理学を選ぶのであるが、多くの若い精神科医に、臨床精神医学・異常心理に開かれた視点をもって、本書で繰り返し述べることになる〝人間存在に開かれた態度〟を忘れないでほしいと思うのである。

二つ目には、臨床心理学の問題である。一九八二年に心理臨床学会が成立してから二十年あまりの歳月が流れ、臨床心理士は一万人を超えるに至り、この間の発展には目覚しいものがある。と同時に、精神医学ではなくこころを扱う学問の日本での歴史的な浅さをも感じずにはいられない。また、この学会の成立に向けた、いまはもう長老となっておられる諸先輩の大変な努力を改めて想う。

数年前のことであろうか、あるシンポジウムで、当学会成立の重要な立役者の一人であり私の師でもある河合隼雄氏が、ある若手研究者の「臨床心理学が大学で生まれた」という意味の発言に対し、強い憤りを込めて「大学で生まれたのではない！　臨床から生まれたのだ」と述べておられたことを思い出す。昨今の若い人たちにとって臨床心理学があたかも確立された学問であるように思われがちな傾向に対する警鐘であろう。無意識を扱うにあたっては、その奥深さに対する畏敬と、それを扱うため儀式がいかに大切であるかを、私たちはいつも原点に立ち返ってよく考える必要がある。そこで本書では、私の手痛い失敗を含めて、そうしたことの大切さを提示するつもりである。

三つ目は〝経験科学〟としての精神医学・臨床心理学という問題である。心理療法という営みは、いわゆる「科学」という範疇には納まらない〝個別性〟や〝超越性〟を含んでくる。ただしそれは科学という普遍妥当性と無縁のものでもない。個別の心的事象のなかにはいつも普遍へと通ずるものが含まれているからである。また、治療者の態度によって現れてくる心的現象も大きな影響を受ける。とすれば治療者のもつ世界観のありかたが否応なく治療に反映される（実はこのことがフロイトとユングの大きな違いの一つでもあった）。そして個々の「世界観」は、時の集合性に影響を受けつつも相対的に独立していなくてはならない。それは道徳でもないし、倫理というのも何か面映い。私が本書のなかで、自分が何にこだわって日々の臨床を行っているかを、くどいほど論ずる所以である。本書を手にとってくださった読者に私の経験が少しでも役立てばと思う。

心理療法とこころの深層　目次

まえがき　i

序　章　病いと向き合う場——経験科学の可能性　3
「あれか／これか」の迷宮（時代をいきる精神医療／事態をいかに捉えるか／個と社会の複眼視）
病める者と癒す者のあいだ（二元論を超えて／第三の目をもつ／精神医学的人間関係）

第Ⅰ部　臨床の場のダイナミズム

第一章　経験治療的スタンス——二者のあいだの距離　25
あいだが近くなることの意味（距離をなくす試み／どのように近くなるか）　あいだがあることの重要性（無意識とのつながりかた／心理療法的人間関係）

第二章　二者のあいだの出来事——生じることとしての転移／逆転移　39
父なるものと母なるもの（父なるものとは／母なるものとは）　怒りとエロス（怒りとは／エロスとは）
転移／逆転移を超えるために（転移の解消／哲学者の薔薇園）

第三章　転移から変容へ——個の境界を超えた地平　63
ヘルメスの容器としての場（対極の分離そして融合）

第四章　境界を生きること――あまりにも早く逝ったSの鎮魂のために　71
焦燥感・喧嘩、そして（存在の深みでの悲しみ／死へと向かって／生きていく方向で）　行動化から境界性人格障害へ（看護者との関わり／融合と破壊の狭間で）　黄泉の国に引き込まれた龍（この世に留まるために／超克の契機を求めて）　境界性人格障害の心性と治療（病いの視かたと生の捉えかた／治療の総括として）

第Ⅱ部　生のストーリーの導き手

第五章　女性の変容と現代――個性化をめぐる桎梏と解放　115
女性性をめぐって（戦後日本の集合的な問題／個性化を求めて）　日本神話の女神たち（アマテラスの変容／臨床的観点から／エロス的側面の包摂）　開かれた「変容」への扉

第六章　魔の深層人間学――ひとの闇とこころの病み　137
現代に息づく魔なるもの（こころのフォークロア／こころのダークサイド／こころの自然）　魔なるものの深淵（神話に体現される魔／ギリシア神話の対照性／日本神話の相補性／受け継がれる両義性／現代につながる多様性）　闇が迫るこころの病み（魔の手から守るために／魔に取り囲まれた世界）　魔を受容し超える力

第七章　神話を生きる――光と闇を映す心理療法　165
神話的時間への眼差　元型なるものの煌めき（誇り高きイシ／父なるもの・母なるもの）　変容する女神たち（下方からの変容／二つの変容の現代的意義）　神話的表現としての病い（現存在の頽落から生の方向へ／神話的世界をたどる）　心理療法における神話的時間（立ち現れる神話的時間）　神話力の復権

第Ⅲ部　深層のヒストリーの水脈

第八章　変容をうながす力との遭遇――〝猿の婿どの〟考　199
ストーリーの深層を読む（物語の出だし／物語の展開／物語のクライマックス／物語の解決）
三者に秘められた真相（爺さんの視点から／猿の視点から／娘の視点から）

第九章　老いに向きあう生と聖――〝姥捨山〟考　225
あらわれた深層ヒストリー（生きたこころに接近する／底流のストーリーを読む／背景となる時代をたどる）
俗なる生と聖なる死（うごめきという位相／直視するリアリズム）　現代の《老い》を眼差す（社会の生産性との齟齬／生の軌跡と死の受容）

第十章　魂の営みとしての異世界――〝天降り乙女〟考　251
天から降りてきた乙女　天上と大地をむすぶ軸（出会い／結ばれ／天上へ／試練／天の川に隔てられて）
結ばれへの希求と病い（鶴の飛翔と人の彷徨／つながるための異世界）

あとがき

装丁　上野かおる

心理療法とこころの深層

——無意識の物語との対話

序　章　病いと向き合う場——経験科学の可能性

はじめに

ひと昔前のことになるが、一九八四年十一月九日、加藤清氏は「精神科医の本質と実存」という演題で講演を行った(1)。その内容は、哲学的内容から日常の臨床経験まで多岐にわたり興味深く、精神科医のアイデンティティの問題と深く関わっている。とりわけ重要なことは、加藤発言は、彼の精神科医となったモチベーションに触れられ、幅広い臨床経験にもとづく誠実なものであり、そこから彼に続く後の世代（特にいわゆる全共闘世代）への問いかけを含んだものであったということである。

自然科学としての医学のなかに位置づけられている精神医学は、臨床に根ざそうとするかぎり、「学」としての科学的知識だけでは後の世代に伝えていくことのできない内容を必然的に内包している。私は加藤氏より数世代若く、全共闘世代に属するのであるが、彼ほど誠実にみずからの経験にもとづき、若い世代に講演という公式なかたちで問いかけた精神科医を他に知らない。一九六九年から数年にわたって、「学」としての精神医学を攻撃し加藤氏をも批判の対象にあげた世代に属する者として、彼の誠実な問いかけに応えるのは当の世代にとってひとつの責務であると私は考える。

医療改革運動を積極的に担い、当時なげかわしい状況にあった精神医療を改善するために診療所活動を中心的に担ったTに、加藤氏は「あのエネルギーはどこへいったのか」と問いかける。Tはそれに対し、当時のエネルギーが持続していないことを認めつつ、「さまざまなかたちで分散しつつ継続している」と答える。また、運動を担いながら地道に精神病理学の見直し作業を行ってきたMは、薬物療法の登場、社会状況の変化と呼応しつつ、加藤氏のいう一見浮世離れしたような精神科医のアイデンティティのありかたに疑義を挟みつつ、精神科医が世俗化せざるを得ない状況の苦悩を、答えとして述べる。

私はMやTと近い世代にあり日頃親交を結んでいる間柄であるため、彼らの述べようとするところはよく理解できるのではあるが、それゆえにこそ、両氏の加藤氏への返答は不充分であるように思われる。そして、加藤氏が提起する一見非現実にみえる精神科医のもつ超越的な質こそ、当時の運動に欠けていたものであり、それが、運動があまりに社会構造還元主義になりすぎた所以ではないかと私は考える。この視点から、本章では、加藤氏によって出された問題に対する答えというかたちをとって論を進めてみたい。

「あれか／これか」の迷宮

一九六〇年代後半から一九七〇年代にかけては、世界史的には、アメリカのベトナム戦争介入の失敗をめぐって戦後世界体制が揺らぎ始め、それに呼応するかたちでカウンターカルチャー運動が世界中に吹き荒れた時代であった。それは、戦後市民社会における支配構造の硬化に対して、そこから排除された部分の復権の試みとして、政治体制の問題であったばかりでなく、下位文化状況に大きな影響を及ぼした一大エポックだったのである。

この動きは当然のこととして、精神医学・医療に影響を与えずにはおかなかった。たとえば反精神医学運動は、既成の精神医学を、患者に病者のレッテルを貼って社会から排除する支配の道具であると規定し、狂気の復権をめざそうとした。そして、R・D・レインはキングスレイホールで、D・クーパーはヴィラ21で、「狂気は本来の自分に至る旅路である」と捉え、その自然な旅路を保障するために薬物・物理的拘束などの介入を排除しようとした治療的実践を行った。これらの試みは不幸にして失敗に終わっていくのであるが、その実践のなかでたとえばレインは『狂気と家族』[2]を著し、一つの家族の連鎖nexusのなかでいかに分裂病様態が出てくるかを検証した優れた家族論を提出し、大きな影響を精神医学に残した。

時代をいきる精神医療

日本においても例外ではない。特に日本においては、一九五〇年代から一九六〇年代にかけての精神病床数の急激な増加は、医療の質の著しい低下をもたらし、患者虐殺事件など不幸な事件を頻発させていたがゆえに、精神医学論・治療論に加えて「精神医療論」もまた大きな課題となっていったのである。森山公夫は『精神医学解体の論理』[4]を著し、現代精神医学体系が近世以降、資本主義が帝国主義へと発展するなかで、ブルジョア民主主義の価値観からはみ出る民衆の部分を排除していくイデオロギー性をもち、それが「科学」の名のもとに語られ、あたかも客観的事実であるかのように糊塗されている欺瞞性を批判した。また小澤勲は小児自閉症論を再検討するなかで、自閉症という診断そのものもまた、時代の価値観に規定されたイデオロギー性をもっていることを明らかにした[5]。

一九六九年の金沢における精神神経学会・病院精神医学会は、いわばこうした動きを象徴する出来事であった。精神神経学会では、医局講座制と結びついた医師、「学」としての精神医学の権威性が強く批判され、また病院精神医学会では、病院の閉鎖性が批判され、地域との結びつき、他医療従事者、さらには患者会との交流の方向性が提起されていった。とりわけこれらの動きのなかで「虐げられた存在」としての精神病者差別の問題が大きくとりあげられ運動のひとつの軸となっていったのである。

ラベリングをめぐって

精神医学体系批判・精神病者差別批判と呼応しつつ、「治療論」的諸問題も大きな課題であった。前述のごとく、隔離収容された精神病者は多くの精神病院の中で劣悪な状況に置かれており、それをどう改善するかがひとつの大きな問題であった。これは、精神病院開放化運動や、悪徳病院糾弾の運動へと結実していく。一方では、病院への収容的治療の捉えなおし、また、本質的に治療とは何かを問い返し、レインやクーパーと同じく、病気を「旅路」とみる発想や、治療イコール「社会適応の強制」とみる発想が交錯し、現状を乗り越える治療論の構築ということも大きな課題となった。

　このような動きのなかで、私も属した大阪における若手精神科医の診療所活動は、これらの課題に応えようとする試みであった。ここでは診療所を拠点として、地域に出た治療活動をめざすとともに、差別に対する闘い、行政への要求闘争、患者・家族の憩いの場活動、患者会・家族会活動と、さまざまな運動活動を有機的に結びつけることを目標としていた。この診療所活動および運動は社会的レベルで、新聞・行政の病者に対する差別撤廃や、病院での処遇改善、悪徳病院の告発など、大きな成果を収めつつ、一方では患者との関係のありかたをめぐって不幸な出来事へと続いていった。

　診療所活動では、患者どうしの相互扶助、さまざまな差別と闘うことを目的とする運動組織としての患者会活動を内包していたが、この患者会の動きをめぐって、大きな亀裂が、患者会内部、そしてまた治療者側とのあいだで生まれてきたのである。「病気とは本来はなく、体制側が病者と呼ばれる人たちを排除するためのラベリングに過ぎない」と反精神医学的に主張するグループと、それに反対する部分の対立が次第に明らかになり、病気がないと主張する部分にとっては、診療所の医師たちがラベリングする直接の担い手であるとして、治療者側に強い攻撃性を向けてきた。そして治療者側はこの対立を解消する当事者能力を失い、病気がないとするグループの一人の病者が、躁状態のなかで、反対するグループの一人を傷つけ、その後加害した病者が拘置所で看護・医療の不備から死亡するという、いわば混乱の極みに直面したのである。当時この事件は関係者すべてに多大なる衝撃を与え、付随していくつかの不幸な事件も起こった。指導的立場にある医師集団は解決する方法を見出すことができず、診療所活動は閉鎖せざるを得ない事態へと進んでいったのであった。

治療論の礎として

精神科治療のなかでは、たとえば境界例のように、治療者側の対応の拙さから治療状況が混乱し患者の強い攻撃性を引き出してしまい不幸な結果に終わることは、さほど稀ではない。しかし私はこの診療所活動ほど大規模で多人数を巻き込んで不幸な混乱を引き起こした例を他に知らない。しかもこの混乱は、当時の時代状況から、マルクス主義的世界観に影響を受けながらの社会改革運動のありかたおよびそのなかでの精神科医としてのアイデンティティのもちかたの混乱を同時に内包しているがゆえに、よりいっそう事態は深刻であった。

当時、私は内部文書のなかで事態を以下のように総括し、方向を探っている。

正統派精神医学では「症例」として見る冷徹な目によってこのような関係に入ろうとはしないであろう。精神分析においてはいわば「儀式」において関係を明示し、しかし必然的に起きてくる転移現象を、「幼児性欲論」なる「思想性」に基づき解釈する事によって操作する。現存在分析にあっては、「その人をその人としてあらしめるもの」の存在分析はあるも、関係性の在り方は抽象的な共同相互存在という形で述べられる以外には余りないように思える。T・ザッツにあっては疾病概念の観点から分裂病概念を否定し、彼は「治療」とは語らずに「learning」であるとする事により一つの在り方を呈示する。おそらく彼の「learning」であるとする思想性はアメリカ市民社会を規定するプラグマティズム的思想性なのであろう。一方昭和三〇年代治療幻想に基づく分裂病の精神療法グループは、この問題で何を提起したであろうか。この部分においては戦後民主主義の発展過程と民主科学者運動の素朴な科学信仰の中で、医師自らの主体の危機として問題が顕在する事がない。そして問題は医師に関係性の中で何が問われるかという形ではなく、精神療法的働きかけの中で顕れ出でた分裂病の人達の現象が、ある人にとっては家族論として、又ある人にとっては現存在分析として、ある人にとっては更に文化人類学として、いわば「学」として呈示されていく。このきれいなまとまりの中からは我々が経験した関係の深刻さは読み取る事が出来ないし、あるいは当たり前の事としてスルリとかわされてしまうのである。

ここでさらに運動論的総括をなしたうえで、私たちの患者との関係性のありかたをさまざまなレベルでの「つきあい論」であったと規定し、以下のように総括している。

ここでまた我々は医師としての主体性の在り方に逢着する。すなわち医師が医師たる「つきあい論」とは何なのか。この中で運動論‐政治性の中で突き当たるもの、治療論的枠内の「つきあい」論が突き当たるもの、これは本質的に同じものを意味している。この事はいわば医療行為、精神医療の中立性が信じられぬ、そして治療とは自らの思想性が患者の思想性にどう影響を与えるか、又与えられるかの中でしか展開しきれぬものとして提起してしまった我々の時代精神の必然的帰結でもあろう。そして前述したそれぞれの学派もまた現実の時代精神のうごめきのなかで登場してきているのである。しかしそれぞれの学派はそれぞれの学派として先験的にブルジョア社会における医師としての存在の明示性をもっている。以上の如く問題を把握するなら、今我々にとって要請される事は、運動を運動たらしめる現実認識の一致と方針の一致がまず第一である。その明確な意志一致のみが、無定形な形で出てくる運動及び行為に対して対決し得る主体を形成し得るであろう。そして第二にはそれのみが、既成のものを批判した我々が医師として定立する基盤をも保障していくであろう。

事態をいかに捉えるか

前述のように起こった混乱をどう捉えるかは、なかなか難しい。まだ歴史というには近く触れることのできないことも多い。ここでは加藤講演との関連で、治療論、医師の同一性の問題を中心にして、運動論的側面には触れずに論をすすめよう。

当時の若手精神科医の動きを見て秋元波留夫は『精神医学と反精神医学』(6)を著し、若手の動きを十九世紀におけるドイツロマン主義の流れと比較し、その影響下にある精神科医の動きが、彼らの主観的意図とは裏腹に、いかに悲惨な結果を生んだかを例証しつつ、若手精神科医を批判した。これは古い世代からの事態を思想的に捉え批判しようとした数少ない誠実なる試みといえるであろう。しかし、事態はそれを超えて進んでいた。

近代合理主義との相克

秋元のような自然科学的方法論に基づく近代合理主義的価値観のもちかたはもうすでに若手精神科医の還っていける拠り所ではなく、むしろ、フロイトも含み近代合理主義が結局は現象を捉えるうえで桎梏となっているという事実を突き付けられたところから、彼らは出発したのであった。

この意味で、当時の若手精神科医も大きな矛盾を孕んでいた。方法論的には科学的マルクス主義にもとづく帝国主義的段階の理解を行い、そのなかでの「学」の欺瞞性を暴くという手法は、みずからの拠って立つ基盤を近代合理主義の系譜のなかに置いていることを意味している。そしてまた「それを超える何があるか？」と問われたとき、S・フロイトのエロス論をブルジョア社会の価値観を反映しつつ自然科学主義のなかに閉じ込められたものと批判した森山の「エロス的活動」(7)とか、「つきあい論」および運動という以上のものをもちあわせていなかった。近代知を超えた時点で狂気をどう捉えるかについて、M・フーコーやその後のポストモダンなどいくつかのパラダイムが出て来てはいるが、いずれもそれに成功しているとは私には思われない。

つまり若手精神科医もまた、時代制約のなかで、秋元のようには近代合理主義には還れないということ以上のものは出し得なかったのである。このあたりは西欧合理主義の危機を問題としたM・ハイデガーや、因果論的思考の限界を主張するC・G・ユングも踏まえ、西欧思想の内部でいかに展開されているかを検証しなくてはならないが、ここでは触れない。さらにいまひとつ、西欧文化と日本文化、西欧的自我と日本的自我のありかたの違いも含めて検討をしなくてはならない。河合隼雄は日本的自我のありかたをめぐってさまざまな角度から問題を出しているし(8)、後述する加藤の視点もまたこのあたりを踏まえている。

関係の結びどころ

事態の混乱は、ひとつの大きな要因として「患者との関係性」をめぐって起きていた。

現代精神医学体系を批判し、密室の精神療法を批判し、フロイトの精神分析を批判した当時の若手精神科医にとって、いかなる精神科医としての同一性で眼前の患者と対するかは、きわめて苦しい問題であった。森山のいう功利的世界の背景にある現実的諸関係に対して明確な批判の視点をもたないかぎり、人間の根源的エロス状況[10]を抑圧する立場へと陥ってしまい、治療状況を歪める立場に立ってしまうのである。[9]

この主体的困難性を克服するために語られたのは、現体制におけるエロス的状況を抑圧するものと闘う精神科医の姿勢と、患者とは運動を媒介しつつ、従来の医学モデル的な医師 - 患者関係、および一対一的精神療法的ないしは精神分析的関係から出て、もっと幅広く地域のなかでつきあい、患者の自立を図るといういわば「つきあい」論であった。しかしこの関係のありかたは、患者の側からの強いルサンチマンを誘発してしまい、痛ましい結果に至るというかたちで結実していったのであった。

これを精神病者や境界例の人たちの全能性の医師への投影や、それが受け入れられない場合の陽性感情から陰性感情への極端な変化という転移／逆転移状況から評価するのはひとつの見かたである。しかし、当時フロイトを自然科学主義と批判し、転移／逆転移を含む治療関係状況を「無幻的エロス的過程」[11]と「現実顧慮の功利的過程」の織り成す状況と捉え、フロイトもまたエロス過程を抑圧したと批判する森山の論調に代表される、私も含む精神科医は、分析状況そのものをもブルジョア社会構造の産物として批判する傾向にあった。

たとえば富田三樹生は分析における契約の問題を、フロイトにおけるドイツユンカーの小ブルジョア的価値観に還元している。[12]このような発想のなかでは、個と個との関係はむしろ、森山のいうエロス的状況をブルジョア的価値観に閉じ込め本来的なありかたを損なってしまうものと見られ、たとえば個人精神療法を密室の営みとして批判する風潮をつくりあげていった。そしてそれに対峙するものとして出せたものが、エロス的状況を抑圧する差別構造に対する闘いを患者と共有すること、および集団精神療法的試み、患者会の育成、地域をも含む一層の社会精神医学的観点であったということは、ある意味で皮肉なことであった。なぜなら、マルクス主義的観点による社会構造批判およびマクスウェル・ジョーンズにモデルを求めた治療共同体・集団精神療法的観点もまた、西欧近代合理主義のパラダイムを超えるものではなかったからである。

癒しのパラダイム

狂気を癒す行為が近代に始まるものではないことはいうまでもない。近代が行ったことといえば、Ph・ピネル以来、中世的迷妄と物理的拘束のなかにあった精神病者を近代医学のもとに組み入れたことであろう。癒しの行為は古代から続き、中世的抑圧の以前においては、狂気はもっと聖なるものに近かった。そしてたとえば現代にも残るいわゆる「伝統社会」のシャーマンやメディシンマンのように、宗教性の枠内で考えられ、その時代に応じた狂気への接近の技法があったのである。

これと関連してC・G・レヴィ＝ストロースが、シャーマンの成立する条件として、集団的帰依というかたちでの共同体の承認を挙げているのは、興味のあるところである[13]。彼は、シャーマンの力を信じない一人の男があるトリックを使って患者を治し、その部族のシャーマンを上まわる共同体の信用を得るのであるが、その信頼性を失ったシャーマンが彼のところへこっそりとトリックの技法を教えてもらいに来て、それを拒絶されるや、夜の内に娘とともに姿を消し、一年後に帰って来たときは二人とも気が狂っていたという例を挙げている。これは、病いを癒す役割を担わされたシャーマンが本人のマジックの力とともに共同体性および吉本隆明の言葉をかりれば共同幻想にいかに支えられているかを、見事に示している。

この観点に立つとき、現代における精神科医の存在は近代医学に立脚したところでこころの病いを癒すものとして社会構造のなかにビルト・イン built-in されているのであり、近代医学、ブルジョア的社会構造に由来する契約の思想がその手段となっているからといって、そこには何の不思議もないのである。シベリアのシャーマンにはシベリア文化に立脚した秘儀・契約の方法はあるし、アフリカでも然りである。したがって、社会構造的に分析状況の構造を明らかにしたところで、その一面を明らかにしただけであり、歴史的に長く人類がこころの病いの癒しの行為に対してもっている幻想・畏怖・投影などの全てを明らかにしたことにはならないのである。

いわば近代医学から派生した精神医学およびフロイトに始まる精神分析学は、古代から営々と続く人間の狂気への癒しに対する、近代的パラダイムであるといえよう。そしてとりわけフロイトにおいて、その自然科学的限界はあったとしても、近代合理主義のオプティミスティックな発想を超えて人間の深部にある暗闇の領域をきわめて経験・現象に忠実に表現し得たことは、近代合理主義の自然科学的・合理主義的偏りを乗り超え、長い人間の歴史の本流へと戻るひとつの大きな契機になり得たのである。このことは、シュールリアリズムをはじめとして、さまざまな芸術領域へのフロイトの影響の強さをみれば充分であろう。

このフロイトを乗り超え、自らの狂気の恐怖に怯えながら、フロイトのつくりあげたパラダイムをいまひとつ拡げ、自然科学的枠組の限界を指摘しつつ、広く神話学・民俗学・文化人類学へとそのパースペクティヴを拡げていったのが、ユングであった。詳論する枚数も力もないが、私にはフロイト、マルクスが十九世紀的近代合理主義の落し子であるとすれば、ユングは二十世紀のさまざまな問題を目のあたりにするなかで、ハイデガーを横で見つつ登場してきた、近代を越えようとするきわめて大きな存在のように思える。そして、フロイトが寝椅子を使い、分析者は被分析者の背後に隠れたのに対し、ユングが対面法を採用したことは、二人の大きな思想性および時代性の違いを反映している。つまりこの背後には、観察する者とされる者の関係が固定的に見られるかどうかについて、大きな違いがあり、これはまた、物理学における、ニュートン力学から、観察者が現象に影響を与えるというアインシュタインの原子物理学への転換をも反映しているのである。

とまれ、二人とも方法は違うものの、密室における二人の出会いというかたちは踏襲し、ともに〈無意識〉という非合理的な膨大な世界に迫り、フロイトは生活史還元というかたちで分析的に解明し治癒を図ったのに対し、ユングは無意識それ自体の治癒に対する力に注目し、そこに宿る調整センター regulating center としての〈セルフ Self〉なる元型、およびその超越的な力に分析状況を開いていった。この内的な調整センターとしてのセルフは、人類史が始まって以来絶えず人間とともにあった「神」の問題との相似性へと問題を拡げていき、その意味で癒しの行為は、近代における自然科学的偏奇からいっそう歴史的な本流へと近づいたといえよう〔このような流れについては第一章でも触れる〕。

こうして私は、私自身の属した活動の痛々しい総括へと入らなくてはならない。

前述のごとく分析状況を批判の俎上に乗せ、本来的なエロス的状況に直面しようとして悲しい結果を引き起こした私たちの運動は、西欧の諺をかりれば、いわば産湯と一緒に赤子を捨ててしまう行為ではなかっただろうか。

ユング派分析家のJ・ヒルマンが「精神分析のナルチシズムを治療す[14]」という論文を書き、もっと社会的な観点が必要であると主張し、分析状況から出て物事を見るときに密室の中では見えない違った視点が見えてくる、ということを日本の石庭を例に使って説明している。このヒルマンの発想のなかには、西欧の一神教的世界観のありかたにもとづく西欧的自我のありかたの限界を乗り超えようとする彼なりの努力が窺われる。そして、どの位置から見ても一定の纏まり integration を見せる石庭が、西欧の自我のありかたに対するアンチとして彼には見えてくるのであろう。このヒルマンの意見に対して、チューリッヒ・ユング研究所の中心メンバーであるM・ヤコービは、産湯と一緒に赤子を捨てるものだと批判している[15]。

ここで両者の論の違いを詳述する余裕はない。ただいえるのは、密室における二人の作業である分析状況と、二人をとりまく社会状況の問題は、永久に緊張を孕んだ問題であり、今後とも繰り返し出てくる問題だ、ということであろう。「個」の問題をすべて社会的な問題に還元することはできないし、また一方で、社会状況から孤立して「個」があるわけでもない。この緊張を孕んだどこかの点にそれぞれの分析家および精神科医の個性的ありかた individuality もあるといえよう。残念ながら私たちはこれを超えた狂気を扱うパラダイムをもちあわせていない。

シャーマンが役割を果たす文化においては、いまだ「個」の存在に乏しく、その共同体の集合性のなかで、神話なるコスモロジーが大きな役割を果たす。しかし近代以降、「個」の出現、自我のかつてない肥大の文化のなかにある私たちにとって、いまやそのような統一的な集合性はない。自然科学の発展が科学的普遍性のもとにそれを為し得るという幻想も、前述のように終わりを遂げた。とすれば、あれかこれかではなくあれもこれもという緊張関係のなかで狂気の実相を明らかにしていく作業に従事していかなくてはならない。

この基盤に立ち、精神科医の拠って立つ同一性は何かということに考えを巡らせるとき、加藤講演論文の提起に逢着する。なぜなら、時代状況のなかで、社会的な問題に惹かれ、自然科学者としての精神科医の存在に限界をみてとり見切りをつけた私たちの世代は、そこに還ることは出来ず、運動のなかに精神科医としての存在を解体することもできず、さすればどこに精神科医としての同一性をもつか、ということが苦渋の思いで大きく覆い被さってくる、そのような十数年だったからである。

病める者と癒す者のあいだ

加藤清氏がこの講演のなかで提起する内容は、精神医学論・治療論から実際の治療まで、多岐にわたっている。ここでは、現在議論している内容に沿って、いくつかの論点を整理するかたちで論じていきたい。

二元論を超えて

まず第一に加藤は大前提として、「精神分裂病は脳病である」という大命題を何回も確認する。彼のいう脳病とは、十九世紀から二十世紀初頭にかけての器質論的な意味ではない。彼はこのような器質論を「大脳小乗論」と名づける。ひるがえって彼の主張するところは「大脳大乗論」であり、こう主張することによって、彼は「心因論」をも「器質論」をも超えることをめざす。

加藤は講演のなかで、現存在分析家として著名なボスを心因論者とみたうえで、彼に薬物療法をどう考えるかを聞いたが明確な答えを得られなかったと述べる。そしてさらに、M・ボスはハイデガーと違って人間のこころの暗闇 Dunkelheit をまだ見ていないと批判する。ハイデガーが後期に近づいていったように、人間の明るみだけではなく身体へとつながる暗闇をも含めて見ていくとき、彼の「大脳大乗論」へと近づく。

　この大乗論を理解するために加藤は二つのヒントを与えている。その一つは「唯識論」によるものである。人間の識はいわゆる五感（識）と第六識から第八識までの識によって成り立っており、それぞれの識において主体と客体を結ぶものとして根がある。第六識は集合的意識 allgemeine Bewußtsein で、いまの考えかたからすればその根は大脳ということになりがちだが、決してそうではなく、その根は第七識・末那識なのであり、その根はさらに第八識・阿頼耶識となっている。この第八識とは、ユングのいう集合的無意識に近いものであるが、ユングの観点は第六識・第七識から見たものであって汚れがある、と加藤は展開する。第八識を真に見るには第八識の外に出て見なければならず、これが転識であり、この視点が大脳大乗論を理解するうえで重要なヒントになると彼は主張する。

　いまひとつのヒントとして加藤は、西田幾多郎の「手というものは外なる脳であり、脳は内なる手である」という言葉から、千手観音を連想する。そして精神科医は千本の手も必要とし、チベットでいう第三の目が千本の手に相当し、これは前述の転識の問題と深くつながっているという。第七識はいわば個人的無意識に相当するものなのであり、加藤の主張は、第八識までのいずれの識にも偏ることなくその外に立って、なおかつ唯識論の特徴的な考えかたである阿頼耶識まで考慮に入れることにより「心身二元論」的発想を超えようとしている、といえようか。

　この提起は私にはことのほか重要に思われる。現代精神医学体系に宿り、自然科学的知見と同じレベルで迫ってきた知的集大成の背後にある、イデオロギー的要素を排除しようとした私たちにとっては、前述したように、新たな知のパラダイムが必要とされている。それは当然のこととして、自然科学的偏向や心因論的偏向を超えたものでなければならず、身体をも含み、また主体／客体という二元論的な見かたを超えた存在規定性も考慮に入れる、幅広い知のパラダイムでなくてはならない。そしてそのなかには自然科学的知見や、心因論の系譜のなかにあるさまざまな知見と同様に、ユング的観点からいうなれば、人類史が始まって以来「ヒーラー元型」としてさまざまなかたちに投影されてきた魂 Seele の導き手の存在も包摂されなくてはならない。ヒーラー元型が精神科医ないしは心理療法家に収斂して投影されるようになってきたのは、たかだか近代の百年あまりに過ぎないのである。この意味で、加藤のいう唯識論および東洋の思想はひと筋の光を投げかけるであろう。

第三の目をもつ

第二には精神科医としての実存の問題である。前述の如く加藤は転識の必要性から、精神科医には「第三の目」が必要だと提起する。彼はこう語る、「精神科医の実存というのは、その本質というより、その存在を越えていくところにやっぱり第三の目が必要である。第三の目のところ、ここで Existenz というか、そういう感じ、それは千手千眼観音という」と。また彼は「Esentia（本質）と Eksistentia（実存）が一致しているのは神様という事、あるいは仏という事です。本質に迫る事の出来ない在り方をしているのが実存ですね。だから僕らは実存しておるという様に考えます。しかし方向は本質に向かって実存しておる、そういう様に（本質と実存の関係は）定義されておるわけです」とも語る。

超越的な力

加藤の提示する「本質と実存が一致している存在が神ないし仏である」という宗教性まで含んでくる問題は、一般精神医学、そして私の属する世代にはさほど無前提的に受け入れられることではない。これを受け入れるにはそれなりの哲学的背景が必要であろうし、いまここで論じられることでもない。加藤はそれを別の論文では、仏教・キリスト教を超えた超越的なものとしてある ultimate concern（究極的関心）との関連で論じている[16]。それは自然／人間の区別、善／悪の区別を超越したものであり、病者を治癒へと導き、また禅の悟りへと導く力である。そしてそれは、神・仏として具現化されているものと深く繋がっており、加藤はこの観点から、宗教と科学を統合してトランスパーソナルな世界宗教へと結びつく超越的なひとつの力として ultimate concern を呈示する。とすれば ultimate concern にむけての実存ということが、存在のむかう方向となろう。

この加藤の主張はユングの発想と類似している。ユングは、プロテスタント牧師を父に持ち、その父の信仰のありかたに早くから疑問をもって、キリスト教教義の苦渋に満ちた検証を強いられ、たとえばＢＢＣ放送のインタビューで、神を信ずるかと質問され「私は神のいることを知っている」と答えた。彼は治癒力をもつ超越的な力としての〈セルフ Self〉の元型的な力を、個人のなかに内在しなおかつ個人を超えた「客体的な objective 力」として定義し、明らかに外に存在し帰依の対象である神と一線を画すのであるが、加藤の場合は、禅宗的色彩のゆえに、ユングよりやや宗教性の方向に踏み込んでいる。

存在を超えていくというとき、ある方向性が措定されるがゆえに、それを可能にする「第三の目」には、こうした超越的な力が必然的に含まれてくる。近代合理主義の実証的観点の枠外に出てみれば、有史以来延々と流れていることのわかる超越的なものと人間のこころの関係もまた、治療の場、治療者のアイデンティティのなかへと統合されていかなくてはならない。発生的に自然科学者として出発した精神医学の徒に、ユングや加藤は上記の意味でひとつの方向性を示してくれる。患者の病いが、本質に向かう実存的なあがきの証であるとすれば、治療者もまたみずからの存在を超えその実存が本質に向かっているという方向で共通性を含んだひとつの治療の場が出来るといえよう。

私の生きた世代においては、「共に生きる」と語ったとき、加藤の言葉を借りれば二本の手のレベルで共に生きようとしていたのであり、患者のなかにある「身体をも含む深い実存」の問題をあまりにも二本の手のレベルに閉じこめようとしていたように、私には思える。

絡まりながらの自由

第三の目には、いま一つの重要な転識の問題も同時に含まれる。

加藤は、左足を軸にして、上腹部で上体を一八〇度回転し下半身が前方・上半身が後方に向くチベットの予言者 Prophet の図版を示し、精神科医もこのようでなくてはならないと説く。そしてこの体を捻るということも一種の転識であり、そのために「大脳大乗論」が必要であるという。つまり逆に考えれば、精神科医が精神科医として拠って立つところは、患者の深い情動体験と絡まりつつなおその状況から自由になり得る、転識の問題であるともいえよう。

ユング的に語るなら、転移／逆転移状況を治療の場に包摂しつつ、治療者・患者の意識／無意識の四つがそれぞれに両方に向かう六本の矢印で結びついていくのが治療過程であり、その変化の起こる治療場面なるヘルメスの容器を壊すことなく、またそこから問題が行動化として漏れ出るのを防ぎつつ、じっと見守る態度の背後にあるものが転識のできる「第三の目」[17]ということになろう。

加藤が私の世代を指して「皆臨床家でありたいし、精神医療運動もちゃんとやりたい、いわば二重見当識の中でもがきつつ、一種の強迫神経症みたいに皆なっておりました」と語るのは正鵠を得ている。時代状況から強く影響を受け、社会的・階級的諸問題を治療状況に反映させることを希求した世代は、逆にこの問題からの自由を失っていった。生物学的偏見からも自由になり、また心因論的偏見や社会的諸問題への囚われからも自由になったときはじめて、転識は可能になるのである。ここに「大脳大乗論」の意味があるといえよう。しかしこれは決して現実を無視した抽象論ではない。少なくとも、現代の社会科学的観点から明らかになっている社会規定性を一方で踏まえつつ、なおかつそれからの転識の可能性を追求することを意味する。第六識の明晰性なくしては、第八識阿頼耶識の外ということは課題とはならないであろう。

精神医学的人間関係

こうして第三の問題、精神科医としてのアイデンティティの問題へと逢着する。

精神医学は身体論から心因論まできわめて多岐にわたっており、一括してこの問題を論ずるには無理がある。しかし精神科臨床ということについては、みな共通の課題であり、そのなかで患者を単なる客体としてしか見ないという姿勢にはもうすでに限界がある、という程度のコンセンサスは可能であろう。

この意味で、加藤が「精神科的な見方があらゆる医学の基本でなくてはならない」と語るのは正しい。近代医学が自然科学として発達してきて以来、患者は病いをもった客体としてますます純化されていく傾向は医学全般に著しいし、古代からあった、魂 Seele をも含めた癒し手としての医師の存在からますますかけ離れていく方向にある。このようななかでMが加藤の質問に対する回答として「精神科医がますます世俗化していかざるを得ないのではないか」と指摘しているのは、残念ながら現実のものとしてあるといえよう。しかしこの世俗化が精神医学の一般医学への解消へ向かうものであってはいけない。ドイツ精神医学に影響を受けた日本の講座精神医学が臨床的現実と懸け離れ、時代的制約はあったにせよ、日本の精神医療の閉鎖性に手を貸してきたことは否めない。この意味で、精神医学が社会状況を包摂し「世俗化」していくことは望ましいところである。と同時にこのことは、精神医学が一般医学に解消したり、社会的援助活動や精神医療改善運動へと解消していくことを意味しない。医学、病いを癒すという行為は、有史以来ずっと続く人間の営みであり、身体とこころがかくまで分離したのは近代以降のことなのである。したがって、医学全般がいま一度、近代的な偏りから立ち戻り、「病める人間を癒す」という原点に還る必要がある。とりわけ精神医学は、こころの病いを扱う者として、ここに立つものでなくてはならない。

このように考えると、目の前に座す患者は決して客体ではなく一人の病める人間であり、治療行為とは、二人の人間の相互交流を通してなされるのであり、ユングが原子物理学を例にあげて説明するように[18]、治療者の態度によって患者の症状の見えかたも変わってくる場として、治療場面も存在する。

そしてこの人間関係は、一般の人間関係とは違った質をもっている。それは決して、癒す者と癒される者という固定されたいわゆる医学モデルにのみ規定されるものでもないし、まして宗教モデルや、教育者モデルでもない。それらをすべて包摂しつつさらに深い人間の暗闇の領域にまで至る、独特の「精神医学的人間関係」とでもいうべきものが存在するのであり〔第一章でも「心理臨床的人間関係」として詳述する〕、それは有史以来の「魂 Seele の癒し手」の歴史的流れに規定されるものである。

患者が単なる客体でないという上述のコンセンサスが成立するとすれば、精神医学は患者との出会いのなかで、治療者・患者の双方のこころのなかに生起するものの現象学的把握にもとづく経験の集積として再構成されていかなくてはならない。そのなかでは、自然科学的な見かたはひとつの見かたとなるのであり、フロイト派・ユング派において発展させられている治療状況における転移／逆転移の問題も、ひとつの重要な関係性の評価枠となる。

　精神科医のアイデンティティとは、このような精神医学的観点に立ってのみ形成されるものと私は考える。この場合、精神医学は、こころの癒しの行為の長い歴史性のなかに位置づけられるがゆえに、自然科学的枠組みをはみ出し各種人文科学から宗教性まで拡がっていき、それに照らし合わせて「こころPsyche」を浮かび上がらせるものとなる。河合が「精神療法家は医学モデルと宗教モデルの両方を持ち合わせていなくてはならない」と語り[19]、ユングが「精神療法家の役割は告白、解明、教育、変容にある」と語るのも[20]、この意味からである。

　そしてさらには、こうした精神医学のアイデンティティの基礎となる経験科学としての精神医学は、単に「学」としての知識・技術体系を超えて伝えられていくなにものかを含む。たとえばそれは加藤が日常臨床を通して、また彼という人間を通して伝えてくれるものであろう。「学」としての精神医学のみならず、日常的営為の総体が、精神科医としてのアイデンティティの根底に深く横たわっているのである。

おわりに

　加藤清氏の問題提起を受けて、彼に続く世代として、また一九七〇年代の精神医療改革運動の一端を担った者として、この序章では、治療論、精神科医のアイデンティティのありかたの問題を中心に総括を試みた。

　加藤のいう「大脳大乗論」は、自然科学を超えた経験科学としての精神医学のありかたにきわめて示唆に富むものである。そして転識、「第三の目」と関連して、精神科医のアイデンティティのありかたおよび治療場面には超越的なものが重要な役割を果たしており、長い歴史性をもった「魂Seeleの癒し手」としての側面からアイデンティティを考えていく必要性が明らかになってきた。いささか倫理的に語れば、私は、上述の観点をいかに発展させていくかが、加藤の問題提起に応え新しい世代へと経験を伝えていくための要であり、そのことが、運動のなかで出た犠牲者の方々への私たちの世代の責務であると考えている。

（1）加藤清「精神科医の本質と実存」（第九回大阪精神科懇話会）『北野紀要』第三〇巻第三・四号（昭和六十年十二月号）別冊。
（2）Laing, R.D.（1964）『狂気と家族』笠原嘉・辻和子訳（みすず書房、一九七二年）。
（3）二〇〇二年、精神神経学会で「精神分裂病」を「統合失調症」とするという病名変更が決議された。理由は「病名が差別にまみれ偏見を助長するから」というものであったが、私はこれには安易には賛同できない。むしろ、この病気があたかも遺伝病のような印象を与えて来た精神医学界のありかた、国の精神医療行政の長年続いた隔離収容政策、いまだに残る「精神科・結核病棟では医師一人の患者数が四八人でよい（他は一六人）」という医療行政の責任が大きい。名称変更は、こうした問題に踏み込むための第一歩といえるかもしれないが、この序章で述べるような精神医学・精神医療の苦闘の歴史を背負った本書では、名称のみを替えて繕うことはせず、あえて「精神分裂病」という言葉を使うことにする。
（4）森山公夫『現代精神医学解体の論理』（岩崎学術出版社、一九七五年）。
（5）小澤勲『幼児自閉症論の再検討』（ルガール社、一九七四年）。
（6）秋元波留夫『精神医学と反精神医学』（金剛出版、一九七六年）。
（7）森山公夫、前掲書。
（8）河合隼雄『中空構造日本の深層』（中公叢書、一九八二年）、『昔話と日本人の心』（岩波書店、一九八二年）など。
（9）森山公夫、前掲書。
（10）森山公夫、同書。

(11) 森山公夫、同書。
(12) 富田三樹生「病態構造論試論 Ⅰ・Ⅱ」『精神医療』vol.16, No.2,3〔岩崎学術出版社、一九七七年〕。
(13) Levi-Strauss, C.G.(1958)『構造人類学』荒川幾男ほか訳〔みすず書房、一九七二年〕。
(14) Hillman, J.「鏡から窓へ」磯前順一ほか訳『ユング研究』No.1〔ABC出版、一九九〇年〕。
(15) Jacoby, M.「産湯とともに赤子を捨てるヒルマンの大袈裟な身振り」安溪真一訳『ユング研究』No.1〔ABC出版、一九九〇年〕。
(16) Kato, K.(1989) Psychedelic Phenomena and the Activation of Ultimate Concern, ***Zen Buddhism Today***, Anual Report on the Kyoto Zen Symposium No.7, Oct.1989, The Kyoto Seminar for Religious Philosophy.
(17) Jung, C.G.(1954)『転移の心理学』林道義・磯上恵子訳〔みすず書房、一九九六年〕。
(18) Jung, C.G.(1954) ***The Development of Personality*** (*C.W.17*)。Prinston University Press.
(19) 河合隼雄『心理療法論考』〔新曜社、一九八六年〕。
(20) Jung, C.G.(1954) Problems of Modern Psychotherapy, C.W.16, Prinston University Press.

第Ⅰ部

臨床の場のダイナミズム

序章においては、本書全体への導入として、精神科医の私が運動と心理療法（精神療法）の狭間でなにゆえユング心理学を選ばなくてはならなかったを大まかに述べた。ユング心理学に出会うことは、医学でありがちな自然科学のくびきを離れて、もっと大きな心的現象のなかに入り込むことを意味していた。それは、ユングの基礎的概念である〈元型 archetype〉およびそれがイメージとして現れる〈元型的イメージ archetypal image〉が織り成す神話であり、おとぎ話・昔話であり、文学であり、宗教・文化人類学・民俗学などの世界なのである。クライエントのこころを視ていこうとするとき、個々の人たちにはこの元型的なるものが個別性をもって現れ、さらには個別のクライエント‐治療者の関係性のなかに現れる。治療者はその関係性を、個別に生き抜かなければならないのであり、クライエントを対象として、知的に理解・解釈すればよいというものではない。

また序章では、クライエントと「共に生きる」ことの問題を「痛い経験」として体験せざるを得なかった私の失敗について総括した。であるがゆえに、金銭授受や時間制限などの治療枠の必要性を、シャーマンの例を出しつつ述べた。しかし一方で、クライエントと感情的あるいは情動的に近づくことは必要なのである。そのあたりの問題をユング心理学的がどう考えるかを、この第Ⅰ部では《転移／逆転移》を軸に述べてみよう。

そして最後に、結果的には不審死に終わるのであるが、思春期の始まりから境界性人格障害になっていく或る青年の心理療法過程をまとめることにする。境界性人格障害は、心理療法や精神医療のあいだでは困り者とされている感もあるが、「境界性心性」とは、この世の集合性を求めてやまぬもののついぞそれを身につけこの世に定位できない者の、何とかこの世に繋がろうとする存在の様式であることが伝われば幸いである。

第一章　経験治療的スタンス──二者のあいだの距離

はじめに

序章でも重要な視点として浮かび上がったように、治療者とクライエントとのあいだの〝スタンス（＝距離）〟のとりかたというのは、きわめて難しい問題である。

私もよく体験したことだが、経験豊かな治療者は往々にして、若い治療者に向かって「もっと、ちゃんと距離をとらないといけない」と語るものである。これは、治療者がクライエントの心性に同一化してしまい、それが治療的に有効にはたらいていないときに吐かれる言葉であろう。しかし時には、スタンスをとることが無前提的によしとされ、その結果としてクライエントの心性に近づくことがうまくいかない場合もある。クライエントと同一化してしまうことへの破壊的な恐れのためか、「もっとスタンスをはずしてクライエントに近づきなさい」とは、老練な治療者はなかなか言わないものである。

本章では、この重要でかつきわめて難しい問題を、「距離をはずすこと」と「距離をとること」という二つの方向から論じてみたい。

あいだが近くなることの意味

そもそも臨床心理学とは、近代医学から派生し、S・フロイトやC・G・ユングにその源流を見ることができる。近代医学が発展する十九世紀末から二十世紀初頭にかけて、医師は、まずは豊富な自然科学的な知識の与え手であり、医師の患者への人間的接近は、当時のブルジョア・ヒューマニズムの「慈愛」に富んだ施しであったし、医学においてこの構造は、いまも基本的にはあまり変わらない。この関係のなかには「治療する医師 - 治療される患者」という固定したスタンスがあり、それ自体が問題となることはあり得なかった。

ところが先述の二大巨人のあと、事は複雑になってくる。彼らは、人間のこころの暗闇の部分すなわち「無意識」へと入り込むことによって治療を進め、そしてそのことは、かつては先験的にあった関係性のありかたにまで問題を深めざるを得ない状況をつくりだしていった。そこに生起してくる現象を説明する概念として《転移／逆転移》の問題が出てきたのは周知のとおりである。

転移／逆転移の問題

治療において《転移／逆転移》が必ずしも起こらなくてはならないというわけではないが、このことを通して治療者 - クライエントとのあいだに激しい情動が動き、ともすれば治療的スタンスを混乱させ、治療構造そのものが崩壊してしまうことは、臨床上、稀ではない。

同僚のブロイアーがアンナの症例を治療する経過で彼女の感情転移が強くなり、「自分の子どもを身籠る」という妄想様観念を彼女がもつに至り、彼は慌てて妻と旅行する、というエピソードを見るなかでフロイトが転移という現象に気づいていったのは興味深い。そしてフロイトとユングが初めて出会ったとき、前者が後者に『転移についてどう思うか』と尋ね、後者は『それは精神療法のアルファでありオメガである』と答え、前者は『あなたは精神療法についてよくわかっている』と応じ、長い会話が始まるのである（転移／逆転移については第二章で詳しく論じる）。

このように《転移／逆転移》の問題は、治療的スタンスを考えるにあたっては、切っても切れないものであり、治療関係を混乱させる（つまり治療的スタンスが混乱する）深い情動と密接に結びついている。そもそも〝治療的スタンス〟ということが問題になるのはこの転移の問題があるからだ、といっても過言ではないだろう。少なくともフロイトとユングにその根を発するさまざまな現代の精神療法・心理療法と呼ばれる手法は、二派のあいだに理論的な違いはあるものの、おおむねこの問題を大きな中心として展開してきており、これが医学的な治療との大きな相違点となっている。

距離をなくす試み

治療とは、どこかでクライエントのこころの深部に触れないと進まず、《転移》で現れる深い情動と結びついており、ここで起こる、治療者‐クライエント双方がきわめて近くなるという心的現象は、「絶えず心的な距離をもたなくてはならない」という姿勢とは矛盾してくる。このことを考えると、治療とは、スタンスをとればよいというだけのものではなく、どこかでそのスタンスがなくなる体験もまた、治療には含まれていなくてはならない。

神経症レベルでの「共生」体験

まず最初に神経症の場合を考えてみよう。その病理をごく一般的に考えれば次のようになろうか。

あるクライエントはそれまでの生活史を背負い、現在を生きるなかで、どこかで〈自我・意識〉と〈無意識〉とのアンバランスをきたしている。その人がひとりの人間として病的事象をきたさずに生きていくには、無意識に含まれる意味内容を自我・意識のなかへと取り入れる必要があるものの、現在の自我・意識の現実的規定性はそれを為すことができない。かといっていまや、無意識がその人に示す意味内容をこれまでの自我・意識から排除し抑圧しきることもできない。その〈自我・意識〉と〈無意識〉のぎりぎりの妥協のうえでの象徴形成として、さまざまな神経症状が出現してくると私は考える。

この神経症のクライエントにとって、これまでの自我・意識を変えるのは並大抵のことではなく、治療者が知的に問題点を指摘したら洞察が進み変わっていくことができる、といった単純な知的レベルの問題ではない。これまでの自我・意識は、他者から見ればその問題点は可視的なものにせよ、その本人にとっては、これまで外界からも内的世界からも自分を守ってきた「重要な砦」なのである。したがってそれを変えようとすれば、何かを獲得すると同時に何かを放棄し、犠牲に供さなくてはならない。場合によっては自分の破壊、時には精神病的破綻の恐れもあるかもしれない。

この困難な作業をやり抜く手立てこそ、治療者との関係のありかたなのである。クライエントは治療者との関係のありかたをよすがとして、「これまで自分のとってきた自我・意識のあり様を放棄しても、どこかで新たに生まれ変わることができるだろう」という保障を手に入れる。そのとき初めてクライエントは、みずからの無意識から来る、これまで受け入れることができなかった意味内容に対して、開かれた関係をつくることが可能になってくるのである。

ここで治療者・クライエントのこころのなかで何が起こるかを同定することはなかなか難しい。還元論的に語れば、神経症レベルの障害においては、エディプス期前後の父母との体験のなかでコンプレックスを形成していたものが治療者との関係のなかで変容を遂げる、ということになろう。この過程で治療者は、ネガティブにしろポジティブにしろ〈父親母親転移〉を受け、窮屈な思いにさらされる。しかし治療が進んでいくとき、その治療者の窮屈な思いは少しずつ溶解し自由となると同時に、「クライエントとどこかでつながっている」という、いわば「共生」の体験が生じてくる。

実はこのことが、単なる還元論を超えて、治療構造のなかで重要な役割を果たしている。この「共生」という言葉は、後に触れるH・サールズの治療的共生 therapeutic symbiosis から援用してきている(1)。時には治療者・クライエントがともに集合的世界から遊離し「二人ともおかしくなっているのでは……」と感じてしまうような軽い共生体験が含まれる場合もある。クライエントが症状から解放されていくのも、このような過程を通過してからである。クライエントもどこかで「古い自我・意識を犠牲に供してもよい」という感触を治療者との関係で手に入れるのであろう。

もとより、クライエントがよくなっていくのは、唯一、治療者との関係だけが作用しているというのではなく、さまざまな布置が影響しているということはいうまでもない。クライエントは症状から解放され、治療者は治療がうまくいったという自己評価を保つことができる、という一般医学にもあてはまる「つながり」の側面は、このとき当然、二人のあいだに作用している。しかし神経症の治療に際しては、それとは違う「二人の人間がどこかで出会い、どこかで共生している」という感じを残す。それを両親との関係という還元論的見方のみで言い尽くすのは困難なことのように思われる。この問題については後に触れよう。

神経症レベルでは、この過程で次に述べる精神病圏の病いと違って、さまざまな《転移》は起こるものの、それが行動化され治療破壊的になることは少ないが、「共生」というレベルで起こっていることとしては、質的には、精神病圏の場合と同じものが動いていると私は考えている。

精神病レベルでの治療的共生

次に、境界例も含め、精神病レベルの病いについて考えてみよう。

疾病論に詳しく立ち入る余裕はないが、精神病的なものは、神経症レベル以上に、自我・意識が無意識的元型的なものに圧倒され、ユングに従えば「元型的なもの」が自我・意識に突出してきた状態だと私は考える。それゆえに〈転移〉の質においても、それは元型的なものとなり、治療者・クライエント双方の個人的な力を超えたものを扱わなくてはならなくなる。

元型のもつエネルギーの強さゆえに、その現れかたは、神経症の場合と違って、より直接的であり、またネガティブにしろポジティブにしろ、よりあからさまなかたちとなる。この意味では精神病レベルの治療は困難を極め、治療者はエネルギーをとられるところではあるが、一方では、人間固有の存在のありかたにおける基本的な信頼感のありようをより直接的なかたちで見据えることができるともいえる。ここでのクライエントとのさまざまなやりとりでは、治療がうまく進めば、神経症レベルのクライエントとの関係以上に「共生」ということを治療者は意識させられる。たとえば治療者にネガティブな転移が出たとき、それは治療者をして全能の神に立たせなければ済まないものであったり、その激しいルサンチマンは、集合的世界がつくりだしてきたさまざまな人間悪をすべて治療者に背負わせたりする質のものとなりがちである。ほかならぬ一個人としての治療者が、これをしのいで破壊されずに面接の場に包摂し乗り切っていくことは、並大抵のことではない。しかしその時期を乗り切るとき、クライエントとのあいだに不可思議なつながり、つまり「共生」の体験を感ずるものである。

またあるときは、集合的世界の価値観をはずれ、妄想的世界や、この世ならぬ世界をクライエントとともに生きてみなくては治療が進まない場合も多い。このようないわば象徴的な内的イメージをともにすることも、不思議な「つながり」を残す。

精神病世界へ入った人たちには、自我・意識の断片化が起こり、それが無意識に乗っ取られており、日常的世界との境界域は、精神分裂病〔統合失調症〕を例として語れば、K・コンラートのいう戦慄 Trema[2]や、民話やおとぎ話で登場人物や世界が石と化すいわゆる石化 Petrification のイメージのなかに具現化される〔これらに関しては第Ⅱ部でつぶさに論じる〕。精神病世界とは、この境界からさらにはみ出し「異世界または生命のない世界へと至る体験」と見ることもできよう。とすれば、そこからこの世なる集合的世界へとつながりを残し、また還って来ることを可能にするものこそ、治療者との「共生」の体験、場合によっては「融合」の体験なのである。ただし、ここにどのような質のものが動いているかを言語化することは、神経症の場合以上に難しい。

精神分析学派で、長く分裂病の精神分析療法に取り組んできたサールズは、分裂病の治療における先述の共生関係を「治療的共生」と呼び、これが治療には必須のものであり、その治療的共生の重要性は神経症の場合も基本的には同じであると主張している。そして精神分析学派らしく彼は、幼児期まで遡り、分裂病が治癒していくのは、幼少期にクライエントが両親を癒そうとした意味内容を、転移のなかで治療者に向け、治療者を治療しようとするその力に達したときであると語る[3]。

また松本雅彦は「接線的触れ合い」という言葉を使い、面接を超えたところでの（たとえばクライエントを押さえつけるために、とっくみ合いをしているときの）ふとした出会いを治療の契機として大事にする[4]。

このように、精神分裂病を中心とした精神病の治療には、治療者・クライエントの二人のあいだでしか通用しない「共生的関係」と名づけられるような、お互いの出会いの質・様式が重要な役割を果たしていると思われる。

どのように近くなるか

このように、神経症にしろ精神病にしろ、その治療の契機は、治療者・クライエント双方の「共生的体験」が重要である。これは〝スタンス（距離）〟という観点とは逆の現象であり、共生さらには融合へと続く「どこまでも近くなる」体験である。

心的体験の融合

ユングは『転移の心理学』のなかで「哲学者のバラ園」という錬金術の図版を使い、《転移》のなかで生起するものを象徴的に説明しようと試みた[5]。象徴的に行おうとする彼の意図は、転移という現象のなかには、父親・母親など、要素的に還元しきれない意味内容が含まれ、言語化を超える神秘的ともいうべき現象が含まれているがゆえだと思われる〔第二章後半を参照〕。

その図版のなかでキングとクイーンは、変容の容器である浴槽の中で結ばれ、融合し、一体となる〔五九頁〕。これは、クライエントの意識・無意識の融合であると同時に、治療者・クライエントの心的体験の融合をも意味している。そして最後の図版では、両者が両性具有的に融合して、新たな始まりを示している。これもまた《転移》のなかで生ずる「共生」あるいは「融合」の体験の重要性を指摘していると思われる。

ふたつの生の交錯

それでは、この「共生」または「融合」体験はいかにして治療関係のなかに生まれ出てくるのであろうか。この問題を語ることもまた難しい。

それは先述のごとく強い情動体験を伴うものであるがゆえに、決して知的な作業からのみ生まれてくるものではない。クライエントの病理・心的現象に近づくために、さまざまな知のパラダイムは存在する。なるほどこれらは、クライエントのこころに到達するには有効な武器となろうが、ここに見かたが固定し、知的なとらえかたに終始して、関係が生まれないとすれば、深い情動体験を伴う「共生」ないしは「融合」が生まれてはこない。

また、クライエントへの同一化を伴う「共感性」だけの問題でもない。わけても治療者の主体から離れた安易な同一化による共感は、治療構造にとっては危険ですらある。やはりどこかで、治療者みずからの主体の体験と交錯し、結果的には生を選びとっている治療者の生のありかたと通底するものがなくてはならないのだろう。《転移》もまた、治療者の主体のなかに、なにかひっかかるものがないかぎり起こり得ない。クライエントは、スクリーンに投射するごとくまったく白紙の治療者に勝手に投影し転移を起こすわけではないのである。とすればここでも、治療者の生のありかたがいかなるかたちでクライエントに現前しているかが重要なこととなる。

したがって治療者もまた、クライエントとの出会いを通して、その面接を生きるのであり、面接状況というセッティングではありつつも、そこに生起してくるものの偶然性・意外性・神秘性をも体験していかなくてはならない。いかなる「科学的な見かた」も人間のあいだにはたらく関係の複雑さのすべてを説明しきれないように、治療論を説明するさまざまな知のパラダイムもまた、治療関係に生起するすべてを説明しきれない。ゆえに、共生体験を生じさせるものについて強いて結論を引き出すとすれば、出会ったクライエントの症状も含めた生のありかたに対する治療者の側の、その一回性への尊重と興味の持続、および、その生のありかたとみずからの生のありかたをどこかで交錯させること、であるといえようか。

あいだがあることの重要性

ここまでは距離の取り払い、「共生」ないしは「融合」する体験の重要性について論じてきた。それでは「スタンス」は要らないものなのであろうか。否、決してそのようなものではない。治療者の共生体験というとき、それは決して、どこまでもクライエントに同一化していき共に生きようとする「つきあい」のごときものではないし、また、その人の生活・体験をまるごと引き受けることでもあり得ない。ましてや、恋愛体験のように融合体験を身体の合一化のなかで実現することでもない。治療者はその職業性のなかで、この共生体験を内包しつつ、面接場面という一定の枠の中で行わなくてはならないのである。

無意識とのつながりかた

先述のように、こころの病いとは〈自我・意識〉と〈無意識〉の関係の混乱である。人間は有史以来、神とともにあり、神と神話は、ともすれば無定型となり退行し、始源の状態と同一化してしまいたい欲動を内に秘める人間の心性に対して、集合的レベルで前進していく方向性を与えるパラダイムであった。そこには、共同存在であることを選んできた人間にとって、それを破壊するものとしてある、殺人をも含む人間の元型的なものを有するさまざまな悪の形態への心性を防ぐ意味内容も含まれている。

こころのありか

この流れのなかで、こころの病の癒しの問題は、長くはシャーマンや宗教家の仕事であり、近代医学が成立するまでは宗教性の枠内で見られてきた。殺戮をまで含む〈無意識〉の破壊性はすさまじく、それはギリシア神話のゴルゴーンや日本神話のイザナミによって体現されている。その破壊性に討ち勝ち、前へと進み文化を形成し得るのは、神の名のもとに（神が存在するかどうかはともかく）その破壊性を封ずる、同じように無意識のなかに含まれ意識性へと体現されていった、人間のもつ「こころの力」なのである。その意味で、無意識の問題が宗教性の枠内で扱われてきたことは、まことに故あることといわなくてはならない。

しかしながら、近代以降はどうなのであろうか。啓蒙主義以降、近代における〈自我・意識〉の発展と、集合性のなかでその統合の中心として機能していた宗教の退潮とともに、近代医学が狂気をみずからの手のもとに奪ったことには、中世的迷妄から狂気を解放するなど、それなりの理由があった。しかしその自然科学主義は、狂気そのものを脳の病いへと還元する傾向を強くし、ひいては、こころのありようそのものをも物質的に還元する方向へと発展していった。

それをもう一度、歴史の本流へと戻し、身体論的なこころの扱いかたを排し、人間のこころの大きさ、「無意識」、人間のこころの暗闇の部分へと目を向かわせたものこそ、フロイト、ユングの二人の巨人の登場であった。人間のこころとは決して、自然科学的にすべてが説明し得るものではなく、宗教がこころの問題を扱ってきた歴史の長さに較べれば、医学がそれを自然科学に閉じ込めたのは近世以降のごくわずかな期間なのである〔こうした流れについては序章で詳しく触れた〕。

こころの問題をあつかう様式

フロイトの説明概念は、十九世紀末の自然科学主義的偏向はまぬがれぬものの、それでも彼は、金銭授受を含めた契約をし、寝椅子を使い、時間を制限して治療を行うといった、「人間のこころの暗闇の部分」を取り扱うにあたっての様式をつくりだし、それはユングも含めて、現代の精神療法・心理療法の基礎をなしている。ユングはおもに寝椅子ではなく対面法を使うのであるが、ここで二人のつくった「無意識を扱ううえでの様式」とは、それまで宗教の枠内で神に開かれていた様式から、脳に還元され固定的な医師‐患者関係に閉じ込められていたかたちを経るなかで、神の御元ではなく、再び現代的・経験科学的に再構成された、自然科学をも援用する、きわめて重要な「こころの問題を扱う様式」であるように私には思える。

つまり、金銭の授受、契約の取り決め、対面法にしろ寝椅子にしろ会いかたの様式、時間の制限、自由連想や夢による無意識的内容の検討をする方法論などは、無定型で破壊的にもなり得る〈無意識〉を扱ううえでの、神への帰依と自然科学による呪縛に代わる重要な形式なのである。人間である治療者は、素手では無意識のすさまじい力には立ち向かえないし、《転移》を通して治療者に移して変えられる神のような全能性も、人間悪を背負ったルサンチマンの対象としての殉教者のような存在も、担うことができない。こうした人間の存在の限界性を知ってはじめて治療状況を設定できるのである。視点を変えれば、この様式へとクライエントをイニシエートし、破壊的に動くことを封じることが、治療への重要なる道筋であるともいえる。

反精神医学運動など、この様式を超えようとするうごめきは歴史上何回かは経験しながらも、まだ、それを超えるパラダイムを人間は生み出してはいない〔序章を参照〕。それゆえに、クライエントとの出会いの場として、この様式化された面接場面の重要性、そこでの〃スタンス〃のもちかたは、最大限尊重されなくてはならない。

心理療法的人間関係

そのようなものとして治療面接の様式があるとしても、クライエントのすべてがこの様式に初めから馴染んでいるわけではない。この形式を、「共生体験」を含みつつも、面接の様式をはっきりさせた限界設定的なものにするために、治療者は絶えず、そのセッティングのなかにクライエントの問題を閉じ込めるよう努力をしていかなくてはならない。クライエントの《転移》にもとづく治療者への全能的期待感や、否定的感情など、それらすべてが面接のなかに閉じ込められ醸成されるときはじめて、クライエントは「変容」の契機を摑み得るのである。ユングが面接の場面を〈ヘルメスの容器〉と呼ぶ所以である。

このことは、治療者のクライエントへの安易な同一化や、治療者がクライエントに代わって何かをしてあげたり示唆を与えたりということで為されるものではない。そうではなく、問題は、絶えず生起してくることをサイコロジカルなものとして不断にクライエントへと返し、醸成を図るという、治療者の辛抱強い経過を通してはじめて為されていくものなのである。この過程でクライエントを変えていく重要なものこそ、前述の「共生」ないしは「融合」の体験なのであり、このことをつながりとし、クライエントは行動化することなく「変容」の契機を掴んでいく。

このような人間関係は、普通の人間関係とは異なったもので、そこでは「近さ」と「スタンス（＝距離）」がともに重要な役割を果たす。この違いを明確化するために〝心理療法的人間関係〟と呼称しておこう。

おわりに

治療的スタンスを論ずるにあたっては、スタンスという言葉のもつ意味（距離）とは裏腹に、治療関係のなかには必ず距離を縮める「共生」ないしは「融合」の体験が内包されていなくてはならない。しかもそれは、治療者のクライエントへの安易な同一化によってなされるのではなく、クライエントの「一回性の生」への尊重・興味を持続し、クライエントの生と治療者自身の生のありかたをどこかで交錯させるレベルで生起させなくてはならない。

またその「共生・融合体験」は、たとえば恋愛経験など普通の人間関係に見られる場合とは違って、「無意識」を扱う現代的なパラダイムである治療面接場面でなされなくてはならない。これが、無意識のもつすさまじい力から治療者・クライエントの双方を救う手立てであろう。これがいわば治療的スタンスの問題であり、それは決して、最初から治療者がクライエントから距離を引き離しているとか、医学の対象のようにクライエントを単なる客体として見ることではないことを強調しておきたい。

（1）Searles, H.（1979）『逆転移 1』松本雅彦ほか訳（みすず書房、一九九一年）・『逆転移 2』田原明夫ほか訳（同、一九九五年）・『逆転移 3』横山博ほか訳（同、一九九六年）。
（2）Conrad, K.（1973）『精神分裂病――その発動過程』吉永五郎訳（医学書院、一九七三年）・『分裂病のはじまり』山口直彦・安克昌・中井久夫訳（岩崎学術出版社、一九九四年）。
（3）Searles, H.（1979）op.cit.
（4）松本雅彦「『治すこと』と『治ること』――分裂病治療における『接線的触れ合い』について」土井健郎編『分裂病の精神病理』（東京大学出版会、一九八七年）。
（5）Jung, C.G.（1954）『転移の心理学』林道義・磯上恵子訳（みすず書房、一九九六年）。

第二章　二者のあいだの出来事——生じることとしての転移／逆転移

はじめに

スイス、チューリッヒの有名なブルクヘルツリ精神病院で精神科医として修行していたC・G・ユングは、次第にS・フロイトに惹かれていって長いあいだ往復書簡をしたあとでの出会いを、感激をもって記している。彼らは初対面であるにもかかわらず数時間にわたって話し続けた。前章でも触れたが、そのときフロイトが「転移とは何か」と質問し、ユングが「それは精神療法のアルファでありオメガである」と答え、フロイトが「あなたは精神療法についてよく理解している」と応じた有名なエピソードが紹介されている。ユングもまた、フロイトはそのことを完全に理解していた、と別の機会に述べている[1]。

そして、「治療者のクライエントへの転移」である《逆転移》の重要性をフロイトに説いたのが他ならぬユングであり、このことから「教育分析」が開始された、といわれているのは周知のとおりである。

交差する投影

この両者のやりとりは、精神療法、精神分析、ないしは分析心理学といわれる治療過程に、《転移》の問題、さらには《逆転移》の問題が、いかに重要な役割を果たしているかを如実に示している。

転移／逆転移とは、あらためて定義するまでもなく、投影という精神現象をとおして治療者‐クライエント間に生起する強い情動の動きについての言葉である。転移という言葉が示すとおり、過去の他者との強い情動体験を治療関係のなかでそれぞれが他方へと移し変えることであり、クライエントから治療者への移し変えを《転移》、治療者からクライエントへの移し変えを《逆移転》と呼ぶ。

異なる「転移」観

フロイト派の場合は、治療者は中立的態度をとり続け、それをスクリーンのようにして、たとえばクライエントの両親のイメージを中心とした過去の人間関係の投影が起こる。それが《転移》として解釈され、クライエントに意識化させ解消を図ることが、その技法の重要な部分となる。

このとき治療者が背後に隠れることが投影を写し出す「中立的なスクリーン」になり得るものなのかどうかは、議論のあるところである。その点、ユング派は、投影が起こるということは、必ず治療者のどこかに「引っかかる留め金」のようなものがあるはずで、まったく無関係なものには投影が起こらない、という立場に立つ。この意味から、ユング派の面接では対面法が中心で、対面して行う面接のなかで、治療者の人間性も含めて、お互いのこころに相互に生起してくることが、取り扱うべき重要な課題となる。

とすれば必然的にユング派においては、フロイト派と較べて《逆転移》の問題がより重要となる。また、フロイト派にとって逆転移は「治療者の神経症的歪み」の問題で、除去する対象とみなされがちだが、後述するようにユング派は「必然的に生じてくるもの」として肯定的にも見て、診断的・治療的に役立てようとする。さらにユング派においては、投影される内容は個人的 personal なものに限らず、非個人的 impersonal なもの、つまり集合的 collective なものも含まれているというのが重要なポイントとなる。特に同派では、精神病の発病に際しては〈集合的意識 collective consciousness〉が、そしてそれ以上に〈普遍的〔集合的〕無意識 the collective unconscious〉および そこに含まれる〈元型 archtype〉が、深い関わりをもっているという立場をとる。いわば「無意識的なるものの意識への侵入」とでも呼ぼうか。

精神分裂病〔統合失調症〕や、最近とみに増加の傾向にある境界性人格障害などから得られる知見が明らかになるにしたがって、その非個人的な部分の重要性の度合いが、よりいっそう幅広く認識されつつある。それは後述するように、人類史が経てきた過程の積み重ねとして、集合的に人から人へと伝えられ、単なる個人的な両親の養育の問題に還元しきれない内容をもっているからである。

解消することの難しさ

ここまでごく大雑把にフロイト派とユング派の《転移／逆転移》の違いを論じてきたが、実際のところ、この問題を論ずるのは難しい。転移／逆転移とは投影を通して激しい情動の動く領域であり、これを意識化して云々と言葉で語るほどには、その解消は簡単なことではない。そして激しく動く情動は、できるだけ行動化を避けつつ、治療者・クライエントが生き抜くなかで解消を図っていくしかない。この意味で転移／逆転移の解消とはまことにつらい作業なのであり、ユングが「それが起こらずにいけば、それに越したことはない」と語る所以である。(2)

私はこの膨大な問題のすべてを論ずる理論的背景を充分もちあわせていないため、みずからのささやかな経験から、多少論ずるに留めざるを得ない。現実にA・サミュエルズが論じているように、この《転移／逆転移》の問題をどう見るか、それと元型的な見かたとどう折り合いをつけるかで、ユング派内部も相当揺れているのである。(3)

父なるものと母なるもの

ユングは次のような興味ある例をひいている。(4)かいつまんで紹介しよう。

クライエントは軽症のヒステリーの女性で、父親との結合が相当強い。分析が進行し、個人の領域では〈父親コンプレックス〉の意識化が充分なされているにもかかわらず、いつまでたってもユングへの〈父親転移〉が解消されなかった。フロイト理論によれば、この時点で転移が解消していなければならず、解決を見つけられない二人はそれを夢に問うていくことにした。そのときクライエントが見た夢が以下のものである。

現実には小さいはずの彼女の父が、彼女とともに丘の上に立っている。その丘は小麦畑で覆われている。彼女は父のそばで非常に小さく見え、それに比べ、父はまるで巨人のように彼女には感じられる。彼は娘を地面から抱き上げ、腕に小さな少女のように抱きかかえる。風は小麦畑にそよそよと吹き、小麦畑が風に揺れるように、父は娘を彼の腕のなかで揺らしている。

この夢を聞いたユングは、以前に見ている夢からも類推して、これは明らかに《転移》に関連した夢だと考え、しかも自分が父でもあり愛人でもある巨大な存在へと押し上げられていると解釈した。彼はそれを、彼女がまだ転移の意味を理解していないからこのような夢を見続けるのだ、などとさまざまに考えてみたが、こうして、フロイト理論にそって還元して考えていくことが、夢の送り続ける意味をどこかで損なうように感じられ、別の地平での可能性を考えてみた。そうすると以下のような捉えかたが彼には見えてきた。

父なるものとは

つまり、これだけ繰り返され、しかも強い印象をもたらす夢は、従来のフロイト的な観点から考えた常識的態度からはみ出した、何らかの意味内容を伝えているのであろう、という結論に達せざるを得なかったのである。その内容とは、十五世紀ヨーロッパでいわれていた「神の愛 Gottesminne」に近いものが、解消しない（ないしは還元しきれない）ものとして残ったものであり、ユングはそれを〈普遍的無意識〉のなかに宿る「元型的父親」「原初的父親」と呼んで、フロイトとの違いを明確にしていったのであった。この父親イメージとは、キリスト教の父なる神から、ドイツの民間宗教で有名なウォータン Wotan で示されるように風などの自然やデモニッシュなものまで含んだ、

「父なるもの」すべてとでもいおうか。

仮にユングがこれにつきあたらずに、ただ還元的に「転移を解消すべきだ」と言い続けていたら、この女性の治療はうまくいったかどうか、疑問のあるところだろう。実際は、元型的レベルでの転移を受容し続けて、生起してくる現象に謙虚であったときはじめて、事態は良い方向に進んでいる。ユングは詳しくは展開してはいないが、この経過は、「表面的な転移」の下にあるなにものか（それはある種の導きの糸であろう）が、彼への「元型的な転移」を残したまま、適当な男性との出会いに巡り合い、結果的にはパニックに陥ることなく転移が解消していったことを見事に示している。彼にいわせれば、因果律を超えたある種の布置 constellation がはたらいたと考えられるところであろう。

ポジティブ／ネガティブな元型

かくのごとく、個人的レベルの背後で「父なるもの」（元型的父親）の果たす役割はきわめて大きい。ユングの例は、クライエントがポジティブなかたちでいささか〈元型的父親〉に囚われすぎたことを示している。また一方では、この肯定性に由来するそれなりの安心感ゆえに彼女の症状は軽症の神経症で済んでいるともいえるのである。この「ポジティブな」元型的父親の体験は、E・ノイマンが指摘しているように[5]、幼女にとっては、一次的な太母との結びつきから抜け出すために必要な過程であり、女性のなかに深い安心感を与え、その後の自我・意識を育てる基本的な大きな礎として残っており、後に彼女が異性を体験するときに機能する〈アニムス〉のプロトタイプともなる。

一方、元型的父親の「ネガティブな」現れかたの例は、臨床上、事欠かない。ネガティブな父親コンプレックスの背後に〈元型的父親〉を体現する存在として、悪魔・妖怪・吸血鬼や、死者の世界へとつながる恐ろしい存在が潜むことは珍しいことではない。このようなネガティブな父親にとらわれると、女性にしろ男性にしろ、その成熟は著しく妨げられる。そしてそこには多分に、現実の等身大の父を超えた「肥大化した投影」が含まれている。そのバリエーションのすべてを明らかにする余裕はここではないし本章の目的でもないが、厳しい元型的父親が、病気の寛解期でさえこころに大きな影響を与えている例を見てみよう。急性期に幻覚妄想状態に陥り、「あいつは人を食べている」という幻聴に悩まされたある男性分裂病患者は、急性期の症状が消腿している時期に次のような夢を見た。

私は戦場にいる。上官が私に『武器を何も持たずに斥候に行け』と命ずる。

ここで『斥候に行け』と言う上官は、彼にとっては上司であり「父なる存在」の一つの表れである。その存在が彼に武器も持たずに出かけろと命令しているのは、彼に『死へと赴け』と言っているに等しい。このような父親は、たとえば厳しい審判官であるユダヤ教の神ヤーウェや、雷ですべてを粉砕し尽くすゼウスの厳しい面を体現しており、先のユングの例が示すような「安心感を与える存在」ではない。このように厳しく冷酷な元型的父親イメージが、精神分裂病の世界ではよく布置される。このクライエントの父は博打で全財産を失ってしまい、そのために母が死亡し、その後みずからも死亡し、彼のなかに父への深い恨みを残しているが、彼自身といえば、相当敬虔なクリスチャンとして発病まで何とか生きてきたのであった。

否定を受けとめる

男性である治療者は、こうした〈元型的父親〉の投影・転移を一般には受けやすい。ユングの例においては、その投影はポジティブに動き、うまく解消されているが、あとの例での厳しい父親のイメージはクライエントをして死へと赴かせている。この元型的父親の転移を受けたとき、それがポジティブとなるかネガティブとなるかは、きわめて微妙な問題である。私のケースでは、いまは一応ポジティブな関係が保たれていて、この意味では背後にかすかな「ポジティブな」父親転移が動いているのかもしれない。しかしこのケースの、ラポールのつきそうでつかないあたりは、根深い「ネガティブな」元型的父親の転移と関係していると思われる。

このような〈ネガティブな父親転移〉に対して、治療者としての私が必要以上に優しい医師「献身的な医師 the dedicated doctor」[6]になろうとしたり、内在するかくも厳しい父親イメージから用心深くなるクライエントに敵意を覚えたりするとすれば、そこには治療者の側の《逆転移》がはたらいていることとなる。

ユングの例においても、治療者が「クライエントを少女としていつまでも自分の膝に座らせておきたい」という《逆転移》をはたらかせると、治療者が治療状況を混乱させてしまう。たとえばそれはグリム童話の〝マレーン姫〟に見られる。父である王が、自分の意に添わぬ王子を好きになった娘に激怒し、七年間、塔の中に閉じこめてしまい、そのあいだに王国も滅んでしまう。王女は最後に王子と結ばれてめでたく話は終わるのだが、長い年月や父王の横暴さは、〈元型的父親〉が娘を占有してしまうすさまじさを物語っており、これについては武野俊弥が詳しく論じている。[7]

また私のケースに戻って考えてみると、クライエントのなかの厳しい父親的イメージのありかたは、彼の敬虔なキリスト教性の基礎を形成し、ともすれば壊れやすい自我に一定のフレームを与えているともいえる。しかし、その厳しさ・全能性を治療者が担おうとしても、それは人間である治療者にできる技ではなく、すぐに矛盾が現れ、今度は厳しい〈陰性転移〉に陥るやもしれない。このように《転移／逆転移》の問題は複雑に絡まっており、後ほどもう一度論じることにしよう。

母なるものとは

現実の母に対してクライエントの抱くイメージが治療者に投影され《転移》が起こるのは、当然のことである。たとえばネガティブな母親体験をもつクライエントはどうしてもそのイメージを治療者に転移しやすく、思いがけないクライエントの怒りの反応に、ともすれば治療者は《逆転移》を起こしがちなのだが、これが面接のなかでゆっくり解決を図っていかなくてはならない局面であることはいうまでもない。そうした場合の《転移／逆転移》の組み合わせの多様性もまた、ここでは充分に論ずる余裕はなく、「父なるもの」と同じように、その背後にある元型的な「母なるもの」を議論の中心としたい。

ポジティブなイメージ

ポジティブな母親イメージの元型的表現は、たとえばグリム童話集の〝シンデレラ〟に現れる。実母は死ぬときシンデレラに「つらいことがあったら、いつでも空を見なさい。お母さんは空から見ていてあげるから」と語り、シンデレラの母親イメージを一面的にポジティブなものに閉じ込めてしまう。そこでは「ポジティブな実母／ネガティブな継母」という分裂が起こり、彼女の後の「灰かぶり」としての苦労が始まるのである。その苦労がシンデレラの変容を推し進め、彼女の場合は適切な〈アニムス〉像である王子が現れ、異様にネガティブとなった（つまり、子どもを呑み込み死の世界へと引きずり込む）元型的母親は死へと至る〔シンデレラについては第四章でも触れる〕。

実際の臨床では、これと同時に、クライエントは一面的なポジティブな母親イメージからも解放され、母親イメージそのものが等身大となるのである。もっとも、現実にはなかなかそうはうまくいかず、クライエントにとって等身大の大きさとして母親・治療者が見えてくるには、長い苦しい道のりを辿らなければならないのではあるが。たとえばこの「全能的な母親イメージ」を《転移》された治療者は、きわめて窮屈な位置に立たされ、そこで「それに応えていかなければ……」という《逆転移》を起こしたとすれば、ますます窮地に立たされていく。およそ身体・生活をもった人間の限界を超えるような要求がクライエントから出され、治療者の私生活は危機にさらされていく。

こうした役割に陥っていく医師をH・サールズが「献身的な医師」と呼んだことは先に触れた。彼によれば、ここには二重の《逆転移》がはたらいている。その一つは、精神分裂病者にはどこか治療者に存在の罪意識を抱かせるという特徴があって、「献身的な医師にならなければ……」と治療者が思い込まされやすい、という側面である。もう一つは、治療者のなかに「そんなことは、神ではない人間としての治療者にはできはしない」というクライエントに対する敵意が生まれ、さらに「それではいけない」とその敵意を抑圧し、「よりいっそう献身しなくては……」ということになってしまう側面から派生してくるものである(8)。

こうした治療者を戸惑わせる感情は、境界性人格障害や精神分裂病の場合に起こりやすく、それ自体が診断的意味をもつ。治療者としては、その転移された「全能性」を否定するのでもなく肯定するわけでもなく、それを面接場面に閉じ込めることを図り、ラポールを深めるうえでどのようにうまく扱っていくかが、大きな仕事となろう。

ネガティブなイメージ

ネガティブな〈元型的母親〉の現れは、ギリシア神話では、西の果てに住み、髪が蛇で、猪の牙をもち、直接その姿を見るものはみんな石と化すゴルゴンの三姉妹、日本神話では、黄泉の国でうじ虫や雷にとりつかれながら解体していくイザナミの姿によって体現される。それらは「すべてを呑み込んでしまう死の世界」であり、関わりをもつことたいがすでに死を意味している。

ゴルゴン退治へ向かったペルセウスは、直接見たら石と化すため、鏡を使い、唯一不死でないメドゥサの首をとった後は、ひたすら魔法の帽子を使って逃げるのみであった。解体していくイザナミの姿を見たイザナキもまた、あとは逃げるのみで、追跡するイザナミをかわして、この世と黄泉の国との境を石でふたをする。M＝L・フォン・フランツはこのような逃走を「魔術的遁走 magic flight」と呼び、これもまた大きな英雄的行為であると述べる[9]。この〈恐ろしい母性〉の元型的側面が布置され、それが治療者に転移されるとき、クライエントにとっては、関わることそのものが死を意味する。

臨床から例を挙げてみよう。——現実には母性にさほど問題があると思えない母が、その家のもつしがらみのなかどこかで母性的保護を与えることがうまくいかず、この〈呑み込む元型的母親〉が布置された。思春期を迎え、幻覚妄想状態で発病した娘は、その急性期症状から回復することなく、「母に殺される」「某病院の地下でスライスされる」という妄想、強い不安を、長年にわたってもち続け、その不安のただなかで不幸な死を遂げた。母親に強く依存しながらも、その背後に恐ろしい「死へと導くテリブル・マザー」を見ておののかなければならなかった二人の関係性のありかたは、決して「養育の失敗」のみに還元できるものではないであろう。治療者へもこの関係は転移され、あるときは強い依存、あるときは迫害と、猫の目のように変わる関係性を乗り越えることができず、ラポールが充分につかないままであった。

また、幼少時の母親的保護がうまくいかなかった境界性人格障害で、「母親としてなっていなかった」として暴力的に実母を攻撃し続ける例もよく見られる。このような場合、実母の背後に、元型的母親の「すべてを包んでくれる」全能性を期待していて、それに応えられなかった実際の母への怒りを爆発させているのである。一方では、現実の母親のネガティブな反応の背後に「呑み込む」元型的母親を見ており、暴力とは、その脆弱な自我・意識が呑み込まれることへの防衛の一手段にほかならない場合が多い。ここでも元型レベルでの「ネガティブな母親」の問題が深く絡んでいる。境界例のクライエントとの治療関係で、肯定から否定へと極端に変わる感情の変化に治療者が戸惑わされるのは、この《転移》の問題と結びついているものと思われる。

母性的配慮のむずかしさ

このような事態は、たとえば不登校の場合にも現れる。

母性の欠如をどこかで感じた治療者が、母性的なやりかたでクライエントに接しようとすると、それはたやすく「元型的な呑み込む母親」としての《転移》を受け、ネガティブな反応を受けることは臨床上よく見られる。それは、「優しい母」の背後にいつも「恐い母」を見てきたクライエントの両価性に基づくものであり、母性的配慮の難しさの一端を示している。

また母自身も、子どもの成長に合わせてその役割を変えていく。「いつまでも小さい可愛い子どもでいてほしい」という母親の愛着の元型的表現には、まこと強いものがある。そこで、いわゆる伝統社会に限らず各文化がさまざまなかたちで成人への通過儀礼が存在する。それはいわば人類の知恵である。この儀礼によって、子どもは成人としての自覚を強め、母親は幼児的な子どもへの愛着を犠牲に供するのである。この母としての気持が、往々にして治療者のなかにも《逆転移》としてはたらく。治療者は絶えず、クライエントへの愛着を犠牲に供する苦しさを体験していかなくてはならない。このことに失敗すると、母と同じように、治療者もまた、呑み込みクライエントを死へと導いてしまう逆転移の犠牲となってしまう。

怒りとエロス

怒り・攻撃性・恨み（ルサンチマン）も、《転移／逆転移》のなかでは重要な位置を占めている。たとえば〈ネガティブな父母像〉を治療者が転移されるとき、クライエントが治療者に表す反応は当然「怒り」や「憎悪」である。さらには後の例で触れるように、自分がずっと不当に扱われてきた「恨み」も投影されるやもしれない。これに治療者が、みずからの《逆転移》も影響して不適当に反応するとき、それは留まるところのない悪循環を繰り返す。ここでも個人的なレベルでの「怒り」の詳論は控え、元型的なるもの、集合的なるものに焦点をあわせて論じてみよう。

怒りとは

ケースAは高校生の男性で、父母は離婚し、アルコール嗜癖の父と二人で生活している。彼の挫折は、高校入学時にまず現れ、自分が有名進学校に入れなかったのは某学校教師のせいだと主張。その教師・学校を脅迫することから始まる。不本意ながら入った高校でも、人間関係のさまざまなトラブルを起こし、それらの原因がすべて相手のために起こったとAはいわば妄想的に解釈するために、混乱が続き、学校側もとうとう、退学するか、入院治療をするか、どちらかを選択することを本人にせまった。という時点で、私が受け持つこととなった。それまでにもう、数人の精神科医に対して陰性の転移を起こし治療は中断していた。

診断学的には境界性人格障害と考えられ、他者に対する強い依存傾向と、それが受け入れられない場合に敵意憎悪を表出するということを繰り返していた。数年にわたる入院治療も含めた私との治療関係では陽性関係が続き、幸い、大学に進学することができた。しかし一方で、治療者への依存性が次第に強くなり、母性的内容の転移が起きていることが窺われ、毎日自宅へ電話をしてきたりし始めた。それを私が咎めたことを契機に、私の意図が妄想的に解釈され、転移は陰性へと変わり、さまざまな喧嘩同様のやりとりの時期を経て、治療関係は途絶えていく。

深い怒りからの解放

面接でのAの主張をかいつまんでみよう。

彼はみずからの立場を精神障害者差別の歴史で説明し、自分は「病者」とレッテルを貼られたがゆえに不当に不利益を被っており、主治医である私が味方して一緒に戦うのは当然である、と考える。そこでは社会的な言葉で語られてはいるものの、背景には元型的レベルでの母親的保護を医師に求めているものと推測されよう。さらには、医師こそ自分に「精神病」のレッテルを貼ってきたのだと主張、自分がしんどいときに受けとめてくれるのは当たり前だと述べるのである。そして具体的に起きたことについては、それは医師側の誤解で、自分を不当に悪く見ていると主張し、二人の会話の接点はズレていくのである。

なるほどAの主張の背後には、これまでの歴史過程でつくりだされてきて、いまだ超えることのできない人間の差別構造に基づく問題が、社会的レベルにおいても病態的レベルにおいても含まれており、彼個人の問題に還元しきれない集合性の内容とも関連している。そしてそれは、ユング的にいうなれば、人間のもつ〈元型的な悪〉の問題にまでつながっている。Aはその解決を、「全能性」を投影した医師に求め、しかし解決してもらえきれない現実に直面し、ひとり傷つき、ルサンチマンを募らせるのである。

このようなレベルでの怒りを治療者が（ましてや父母が）個人として引き受けるのは難しい。境界性人格障害によく見られる、全能的母を期待し、応えられない生身の人間である母に激しい暴力を振い、怒りを爆発させる例は先に述べた。この怒りは、たとえ治療者が奉仕するレベルで接したり、父母が謝ったりしても、解決する問題ではない。クライエントのこころのなかでは、人間が集合的意識のなかでどこかで身につけてきている「元型的な怒り」「集合的な怒り」からの護りが失われているのである。フロイトがタナトスと名づけ、ユングが神話のなかに見出した「破壊性」と「死」の世界と、この怒りはどこかで通底している。

したがってこの怒りについては、分析的・還元的に個人史のなかで解明できるレベルを超えており、父母の養育態度のみに解決を求めることはできない。たとえばイザナキが黄泉の国との境界を石で塞いだように、どこかで封じると同時に、そのような個人の質を超えた怒りにいまクライエントが憑依されているのだということ、換言すれば、いわばヤーウェがヨブに課したような神の怒りとでもいうべきものにつかまれているのだ、ということを理解してもらう以外には、その解決はないように思われる。

〈集合的意識〉とは、元型に宿る破壊的な側面を封じ、人間にとって建設的なエネルギーを取り出す力の集大成であり、その意味で神話とは、〈普遍的無意識〉の混沌としたカオス的な状態から破壊性を封じ、神と呼応する集合的無意識に宿る超越的な力を借りて、文化をつくりだすための壮大な人間の知恵であろう。私には、箱庭療法で有名なD・カルフ女史が、生前そのセミナーのなかで、ある箱庭に置かれたカバについて、「このカバのもつ破壊的な母性は、神の力によってしか抑えられない」と述べたことが、印象深く残っている。クライエントが激しい怒り・憎悪・ルサンチマンから解放されるのも、神的な地平に立ち帰った時と思われる。それは現実的なレベルで治療の枠が守られることとつながっているし、裏を返せば、面接場面に上述のような超越的な力を治療者・クライエントがどうアレンジできるかにかかっているともいえよう。

エロスとは

〈エロス〉の問題は、基本的には「怒り」と対極に立つ「つなぐもの」「生の方向」を示すものとしてあるが、ここでは《転移》を論ずることが主目的であるため、そのひとつの様態として現れる「転移性恋愛」の問題に限って論じたい。そしてここにもまた、個人的な治療者・クライエントの背後に元型的なものがはたらいており、ユングの〈アニマ〉〈アニムス〉の考えかたが、それを理解するひとつの鍵となる。

「こころの病い」とは、一面的となった「自我・意識」と「無意識」とのバランスの崩れから生ずるがゆえに、無意識の人格的表現である〈アニマ〉〈アニムス〉はきわめて重要な意味をもっており、そこにこれまでの自我・意識を越える可能性が含まれている。たとえば女性クライエントの内的男性イメージであるアニムスが男性治療者に投影され、強い情動が駆り立てられるとき、そこには《転移》が生ずる。その転移の質は多様であり、治療者をして精神性のなかに閉じ込めるものから、神の位置にまで引き上げるもの、そして性愛化され性的欲求も含めた恋愛のかたちから、たとえばローレライのように治療者をして無意識のなかへ引きずり込もうとするデモニッシュなものにまで拡がっている。

先述のように、フロイトが〈タナトス〉と呼ぶ破壊性の対極として、生の肯定である〈エロス〉が何らかのかたちで動かなければ治癒は望めない。かといって、それが性愛的なかたちに固定されるときもまた治癒は望めない。なぜなら、「性愛」とはきわめて強力ではあるが、人と人との身体をも含めた出会いのひとつの様態であり、人間のエロスの体験にはさらに幅広いものが含まれているからである。そして表向きは「転移性の恋愛」のかたちをとりながらも、その背後には父性・母性の問題、あるいは自己・神の問題をも含んでいることが多く、治療者はそれらを識別しつつ面接のなかに包摂していかなくてはならない。

「転移性恋愛」が固定化されるときというのは、治療者がクライエントの投影を受けやすい何かをもっていると同時に、そこにはどこかで治療者の《逆転移》の問題が絡んでいる場合が多いと思われる。治療者が、性愛と結びついている「身体性」と同時に、幅広く「精神性」に開かれ、クライエントの投影の質に鋭敏でなければならない所以である。なおかつ、男性治療者にしろ女性治療者にしろ、無意識へと引きずり込んでしまう「デモニッシュな側面」に意識的でなければならないことはいうまでもない。そして、往々にしてこのデモニッシュな側面が固定化された性愛的側面から始まりやすいことは、ローレライや吸血鬼を例に挙げるまでもなく、数々の民話やおとぎ話および神話が示すところである。

逆転移と転移性恋愛

ここで〈転移性恋愛〉がうまく解消していかなかった一例を挙げてみよう。

高校時代に幻覚妄想状態で発病した精神分裂病の、当時十九歳の女性である。その頃の彼女は、精神病院を退院後、自宅に閉じ籠り外界との接触を絶ち、あまり喋ろうともしない娘だった。この女性に何か動かされるところがあったのであろう、私は他の医療スタッフとともに、彼女にとって何かできることがないかと相談した。そうするうちに、自分の行きたいところとして、ある専門学校の話が浮上し、スタッフの一人である保健師の努力によって入学する運びとなった。最初の一年間は服薬しながら何とか過ぎ、うまくいくかに見えたが、結局二年目に入ると、幻覚妄想状態が再燃し退学、家に閉じ込もる生活となってしまった。保健師のはたらきかけでさまざまなことを行ってはみたがうまくいかず、長い年月が過ぎ去った。

この過程で彼女は次第に私に対する妄想性の〈転移性恋愛〉を発展させていった。自閉的な生活を送り続けていた彼女にとって、当時まだ二十代後半だった私が家まで訪問し、具体的な生きかたの相談に乗ることは、異性関係もまったくなかった彼女にとって大変な体験だったであろうことは想像に難くない。二十年以上経ったいまに至っても、精神病シュープの悪化とともに、「いつまで待たせるつもりか」と私との結婚の妄想に囚われ、語り続けている。

精神分裂病の体験のなかでよく生起することではあるが、ユング理論的に語れば、〈アニムス〉しかも非現実性と超越性を含んだアニムスに自我を占有され、自我・意識による集合性に開かれた識別性も有効に機能させることができなくなった状態といえよう。若かりし私がアニムスのなかに見られるさまざまな様態に自覚的でなく、一方で何とか彼女を助けてあげたいという「献身的な医師」の《逆転移》に陥っていた、手痛い失敗の結果である。

起きてしまう困難

この例においては「異性を感じた」というレベルでの《逆転移》は少ないようには思われるが、このレベルの逆転移もかなり多く、時には不幸な結果を耳にするのは残念なことである。実際、〈アニムス〉の投影を受け、転移性の恋愛が起きてしまった場合、その解消はきわめて難しい。ユングは後述するように、個人的なものを集合的なものから分離することをその技法として述べているが[10]、現実としてはきわめて難しく、私の経験でいうと、治療を中断せざるを得ないケースが多い。

ここでは私が男性である関係から、クライエントが女性である場合の記述が中心となったが、逆でも同じことが起こる。女性である治療者は、クライエントの〈アニマ〉の投影を受け《転移》が起こり、時にはそれが著しく性愛化され、治療者の悩まされるところとなる。その転移の質は、聖母の位置から、身体化され性愛性を帯びるところまで、さまざまな位相があることはいうまでもない。《逆転移》でも同じことがいえ、治療者のアニムスのイメージとの組み合わせ、および「献身的な医師（治療者）」へのモチベーションの度合いのなかで、さまざまな組み合わせが起こり得る。加えて、著しく性愛化され行動化が見られるとき、女性の身体的力の弱さのゆえに、仮にそれが生起したとすれば、事態は深刻であることはいうまでもない。

転移／逆転移を超えるために

冒頭で述べたように、《転移／逆転移》はきわめて難しく微妙な問題である。ユングが強調しているように、転移／逆転移はおのずと生じてくるのであって、生起してくることに無意識になりがちであるというところに特徴がある。[11]はっきりとした分析的・還元的な理由がわからないまま、双方が激しい情動にまきこまれ、時には起こってはいけない行動化まで起こしてしまうことが、決して少なくない。自然に生じてくることは、それをすべて抑圧しきるのではなく、それとともに生きていくほかない。それは行動化するという意味ではなく、情動体験として生きるということであって、それを通してのみ転移の解消を図ることもできるともいえよう。

ユングも述べるように、治療者とクライエントが真の接触、強いラポールという、情動的に調和した関係を作り上げることが困難なときに《転移》は生ずるのであって、転移があれば治癒が起こるということではまったくない。とはいうものの、実際の治療においては、転移が一切起きずに関係が深くなるというのもなかなか難しいことである。そして、起きてしまった転移は解消を許らなくてはならず、ユング的にいうならば、不断に治療者‐クライエント間の〈セルフ〉の関係性に近づけていくということになろう。

転移の解消

私自身、さまざまな病いのレベルでの経験を積みつつも、いまだこの問題を語るには未熟であるように思える。それでも、いくつかの視点を提起してみよう。ユングは《転移》の解消を四段階に分けて考える[12]。

第一段階　まずは、ポジティブにしろネガティブにしろ、こうした《転移》が起こる個人的要素を徹底的に話す段階で、クライエントは自分の情動体験を客観的に認識する。そしてフロイトの転移の「還元的解釈」はここで終わるのだが、ユングの場合はさらに、これらを生み出している、その場ではたらく「主観的要素」および「目的論的要素」を認識することの重要性を主張する。というのは、治療者とクライエントとの相互関係で、お互いに何か引っかかるものがないと、転移にまでも至る投影は存在し得ないし、いったん転移が起これば、それは単に過去に還元できるものではなく、そこには必ず未来志向性が入っているからである。またこれこそが、ユングをフロイトから分ける大きな理論上の違いでもある。

第二段階　次は、先にユングの症例で示したように、「個人的な要素」と「非個人的な要素」を分離することである。そしてこの非個人的な要素こそ、単なる過去の名残りではなく、パニックから身を護るための重要な防衛をなす部分であると強調する。これは幼少時、子どもが王様となって両親の保護を受け、子どもに与えられた基本的な信頼感と関係し、元型的な父母イマーゴの保護の問題と関連している。基本的な信頼感のレベルでの保護の薄い精神病圏のクライエントこそ、この《転移》の質が重要視されなくてはならない。

第三段階　そして、先述した元型的イメージの内容が、治療者に投影され《転移》となっていることの認識が問題になる。いわばこれは、たとえば神や元型的父母、あるいは近づき難い神に近い異性となっていた治療者が、クライエントによって等身大に見られるようになっていく過程である。

第四段階　最後に、非個人的なイメージの適当な対象への移行がある。ユングはここに自身が語る意味での〈個性化 individuation〉の本質があるという。そして、これはもう治療の終結の時期であり、内的な至宝を持つかどうかの認識の時期であるというが、実際ここまで至るのはきわめて困難である。

したがってこのユングの段階説からすれば、現実の治療できわめて困難に直面するのは、おもに第一・第二段階で、そこでは同じレベルでの治療者の《逆転移》も問題になる。

　サミュエルズは、フォーダムの例を引き合いに出しつつ、「幻影的逆転移 illusionary countertransference」と「合調的逆転移 syntonic countertransference」に分けてこの問題を論じている。[13] 前者は治療者の心理的な問題にかかわる問題で、それは治療者自身が教育分析などで解決しなければならないものである。後者はクライエントの投影にチューンし、それに対する治療者の反応がポジティブにせよネガティブにせよ、診断的にも治療的にも利用できる性質のものであるが、ここでは詳しくは論じない。

　この例で示されているように、ユング派では《逆転移》のポジティブな側面を重視している。先述したように、フロイトに逆転移の重要性とその悪影響を少なくするための教育分析の必要性を説いたのはユングであった、というのは興味深いところである。フロイトが、治療者はクライエントの背後に隠れ、クライエントの問題を写し出すスクリーンである、というように考えたのは、「中立的な観察」という自然科学的な実験の考えかたが、神経学者であったフロイトのなかに残っていたことと関係していると考えられる。それに比し対面法をとったユングは、治療者の主観がいっさい影響を与えない中立性など有り得ないと考え、治療者とクライエント各々の〈自我・意識〉と〈無意識〉の四つを、相互作用を示す両方に矢印のついた六本の線で結び、それぞれが影響を及ぼす複雑さを図示した。これはユングが《転移／逆転移》の相互作用をいかに重要に考えていたかを示している。[14]

哲学者の薔薇園

ユングは上述の問題を説明するために『転移の心理学』を著し、そのなかで〈ロザリウム〉（哲学者の薔薇園）という錬金術の図版を使っている。それは十のシリーズから成り、第5図版が二枚あって計十一枚となる〔五九頁〕。そしてこれは、彼自身が触れているように、いわゆる自然科学的な記述を離れた象徴的なものである。《転移／逆転移》とは相互の情動の動きであり、自然科学では捉えきれないところがある、ということを主張したかったのであろう。

意識の構造崩壊

図版は変容の象徴であるメルキュリウスの泉から始まり、王と女王が、抵抗や防衛やペルソナを外し、泉の変容形である浴槽の中で裸で向かい合う。

王と女王は、治療者とクライエントであり、意識と無意識でもあろう。二人はやがて浴槽の中で融合し、一つとなる。これまでクライエントの症状をつくっていた意識の構造が崩れ、みずからの無意識と、さらには治療者の意識、無意識と融合していく過程である。この段階はまったくの方向喪失のなかにあり、治療者がよほど現実的な観点をはっきりさせておかないと危なく、クライエントの精神病的な破綻の可能性を伴っている。いわばサールズの「治療的共生」の時期であろう[15]。

精神性のレベルに向けて

融合し一つとなった体は、象徴的な「死」を表す墓の上に横たわる。

まさにそのとき【第7図版】において、その体からソウル soul を象徴する一寸法師 homunculus が天上へと上がり、一時、体を離れるのである。この一寸法師は、二人の体の融合から生まれたものであるために、地上的 chthonic なものを包摂している。ユングはそれを両性具有の「最初の人間」と呼ぶ。それがいまや天上へと向かい天上の力と結びつこうとしている。しからばこの天上の力とは何であろうか。ユングの述べる〈普遍的無意識〉あるいはそれから発し「神」として体系化された〈精神性 spirit〉の部分と、それと一部重なる「集合的意識の精神性」の部分とも重なっているとでもいえようか。とすれば、いまや地上的なレベルで融合したソウルが、精神性のレベルを獲得するために天上へと上昇するのであり、きわめて印象的である。

この一寸法師がいなくなって墓に横たわる二人の体は、以前の自我・意識のフレームが壊れ融合しつつも、身体は暗闇に沈んでいる。天上へと上昇したソウルが天上の力を身につけ帰って来るとき、暗闇に沈んだ身体は再び、カオティックとなった無意識性を整理する新たな自我・意識のフレームと明るさを手に入れるのである。この天上の力を先に〈精神性〉と呼んだが、それは「神」のごとき超越的な力なのであろう。集合的無意識のなかに宿る元型とは、身体性から精神性そして〈超越性〉を含み、それはあたかも光線の紫外線と赤外線のように、どこかできわめて離れ、どこかでまた密接に結びついている。

新しい光の復活

次に【第8図版】では、天上から露が落ちてくる。

純化 purification と名づけられるこの過程では、天なる露が、墓の中で汚れている黒い体を洗う。ユングはこう語る、「ソウルの上昇後、死の暗闇の中に体は置き去りにされ、いまやエナンチオドロミアが起こった。ニグレド（黒）がアルベド（白）に道を譲った。対極の結合から結果として生じる黒すなわち無意識の状態は最下点に達し、一つの準備がなされる。落ちてくる露は、新しい光の復活を告げる」。[16]

再生そして融合

そして【第9図版】では、ソウルが体に戻ってくる。

このとき図版の左下には、一匹の鳥が体の半分が土に埋まり、その右にもう一匹がいつでも飛べる状態にあり、見つめ合っているのが印象的である。これは、それまで変容を促進してきたメリキュリウスの二つの側面を示している。つまり地上的 chthonic なものと霊的 pneumatic なものである。「空からの露」による純化は精神的なもので、地上的なもの

第１図版

第２図版

第３図版

第４図版

第５図版

第５図版ａ

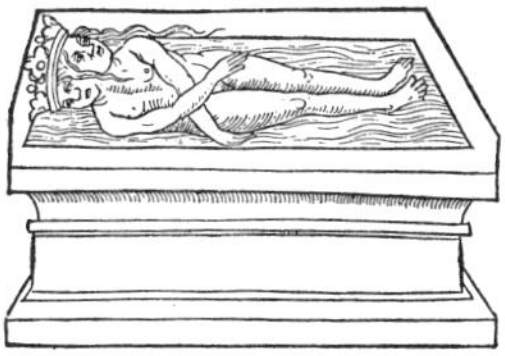
第６図版

第７図版

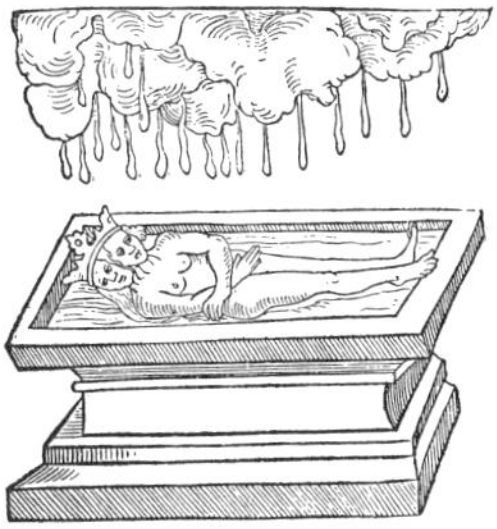
第８図版

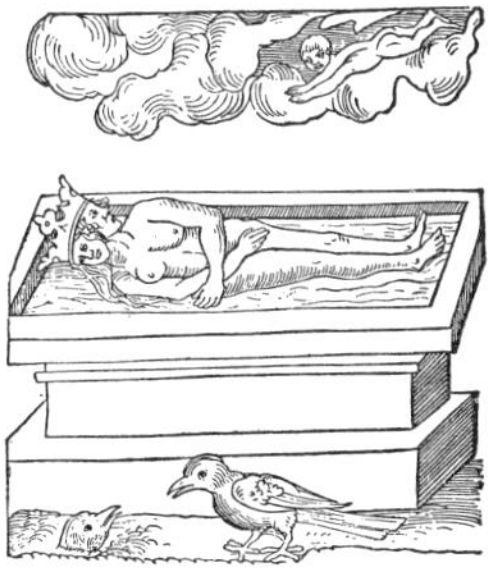
第９図版

第10図版

を消し去り両者を分離するものではないのである。ユングは語る、「彼はユニークな個人であるが、種としての人間としてもあり、集合的無意識のなかにあるすべての動きのあらゆるものを分かち持っているのである」。彼は、こうした集合的無意識と結びつくことの重要性を指摘したうえで、それに一定の境界を与えるものとしての身体の重要性と、破壊的にも創造的にもなり得る集合的無意識から、新しくエネルギーを取り出す機構としての、再生された自我・意識の重要性も同時に指摘している。

こうして、種としての人間の集合的無意識・元型と結びついた治癒像が、王と女王との融合した両性具有像として【第10図版】に示されている。

象徴的思考に馴染まない読者にはいささか複雑な説明であったことをお詫びしておきたい。しかし私には、《転移／逆転移》を述べるにあたって、図版に見られる「ソウルの上昇と帰還」がことのほか重要に思われる。これは、非個人的な側面とつながりを保ちつつ、なおかつより個性的なありかたに近づいていることを示している。それは、意識と無意識の関係のありかたの変容によって、元型に基づく、その個人の本来的な生きかたにより近づくことでもあり、それがまた、自然に、より近い存在のありようにもなるのである。ユングが「個性化過程」と呼ぶものであるともいえようか。

こうした考えかたは、私もかかわった反精神医学的運動に見られたように、《転移／逆転移》で生起してくるもののすべてを社会的・階級的なものに還元しようとするものではなく、ましてや、十九世紀末から二十世紀にかけて強い力をもっていた自然科学主義に還元するのでもない。先述した意味で、転移／逆転移が解消することの意味は、人間が有史以来つねに共にあった「神」の問題ともどこかで通底する、超越的な人間のこころの動きをも含む心的現象にめぐり会った地平なのであり、個人的な二人の関係を超えた、いわば種ないしは類としての人間の存在に共通に開かれた関係性のありかたに辿り着くことなのである。

一方、そうではなく二人の人間がただ還元的に向かい合うとき、《転移／逆転移》は悪循環を起こし、絶望的な状態へと至り、時には死すら起こしかねない。私もまたその痛い体験を何度か経なければならなかった。そして最後にいまひとつ繰り返しておきたいことは、転移も逆転移も自然なのであり、生起してきたことなのであり、治療者とクライエント双方の何らかの象徴的表現、そしてそれの投影なのである。したがってこの問題は、よくあるようにレッテルを貼って知的に片をつけ得る問題ではなく、面接場面のなかに閉じ込めつつできるだけ行動化を避けながら、転移／逆転移から生ずる情動を生き続けなくてはならない、きわめて経験的・具体的な「出来事」なのである。

おわりに

《転移／逆転移》の問題は多様であり、すべてを論じ尽くすことはできない。ここでは元型的問題を中心に論じ、個人的なレベルの転移についてはあまり触れなかったが、決してそれを過小評価しているわけではない。元型レベルのすさまじいエネルギーを、個人のレベルで解決しようとして、転移された全能的にポジティブな父母のイメージを担おうとしたり、一方で、元型的レベルないしは集合的レベルの転移を引き受け「献身的な医師」になろうとして挫折したりする例を、自験例を含めて数々見てきた私の経験にもとづき、その一端を論じてみた〔本章の後半で紹介した「哲学者の薔薇園」については次章でまた別の観点から検討を加えたい〕。

(1) Jung, C.G. (1953) ***Two Essays on Analytical Psychology*** (C.W.7). Princeton University Press.
(2) Jung, C.G. (1953) ibid.
(3) Samuels, A. (1985)『ユングとポスト・ユンギアン』村本詔司・村本邦子訳〔創元社、一九九〇年〕。
(4) Jung, C.G. (1954)『転移の心理学』林道義・磯上恵子訳〔みすず書房、一九九六年〕。
(5) Neumann, E. (1952)『女性の深層』松代洋一・鎌田輝男訳〔紀伊國屋書店、一九八七年〕。
(6) Searles, H. (1979)『逆転移 1』松本雅彦ほか訳〔みすず書房、一九九一年〕・『逆転移 2』田原明夫ほか訳〔同、一九九五年〕・『逆転移 3』横山博ほか訳〔同、一九九六年〕。
(7) 武野俊弥『分裂病の神話』〔新曜社、一九九四年〕。
(8) Searles, H. (1979) op.cit.
(9) von Franz, M.-L. (1982) ***Interpretation of Fairy Tales***. Spring Publications.
(10) Jung, C.G. (1968)『分析心理学』小川捷之訳〔みすず書房、一九七六年〕。
(11) Jung, C.G. (1968) ibid.
(12) Jung, C.G. (1968) ibid.
(13) Samuels, A. (1985) op.cit.
(14) Jung, C.G., (1954) op.cit.
(15) Searles, H. (1979) op.cit.
(16) Jung, C.G., (1954) op.cit

第三章　転移から変容へ
——個の境界を超えた地平

はじめに

ここでは、前章で触れた「哲学者の薔薇園」にさらに検討を加えながら、《転移／逆転移》の問題について考察する。それにあたってはまず、本書の序章で概説した精神医学・精神医療の歴史的背景をもう一度まとめておくことから始めようと思う。

現実社会のなかの精神医療

私は一九七〇年に精神科医として出発した。当時はいわゆる全共闘運動が終焉に向かう時期であり、私自身もその熱心な担い手の一人であった。歴史的事件にいまさら触れるつもりはないが、精神医学分野においても「反精神医学」というものがあり、当時の若手精神科医は、何らかのかたちでその影響を受けずにはおれなかった。R・D・レイン、D・クーパー、T・ザッツなどがその旗手である。彼らはマルクス主義や実存主義の影響を受けて、その主張の大枠は、「精神医学とは、精神病者をラベリングして社会から排除し隔離収容する手段であり、科学の名のもとに体制に都合の悪いものを取り除く思想であるに過ぎない。そしてそのことは、病者の『自分を実現していく過程』を疎外するものである」という観点であった。

当事者としての精神科医

折しも日本の精神医療の現状はきわめて劣悪なものであり、病者の隔離収容主義が一般的で、閉鎖病棟が圧倒的で、その密室性ゆえに、患者のリンチ殺人事件を頂点とした多くの精神病院不祥事が起きていた。この世界史的流れと日本の実情は、多くの精神科医を「精神療法を語る以前に、病者の人権の回復を考えなくてはならない」という考えへと駆り立て、六〇年代から七〇年代にかけて、精神病院開放化運動や精神病差別撤回運動が拡がっていった。それを背景として現在の精神保健福祉法が成立し、不完全ながらも病者の処遇改善がなされた経緯がある〔序章を参照〕。

病者の処遇改善を行っていくことは、必然的に、病者を人間的に扱っていくこととなり、このことは、当時普通にみられた「医師‐患者関係の敷居をいかに低くするか」という考えかたと結びついていった（このことは私の医師としてのアイデンティティを混乱させ、そのなかで、C・G・ユングの『転移の心理学』で展開される深い内容と、それとは意識せずに出会うことになる）。劣悪な精神病院環境のなかではなく地域で患者が治癒していく機会を提供しようとして診療所を開設した私たちに、病者たちは厳しく問いかける、「病気とは、おまえたち精神科医が我々に貼ったラベルではないか。この排除しようとする資本主義の思想に加担したおまえたちは、いかに我々を解放しようとするのか」と。そして「そのためには、おまえたちが医師を続けつつ、常にみずからの存在を否定しつつ、病者解放の運動を我々とともに闘い抜くこと以外にないのではないか」と。

病者の投げかけるもの

彼らの主張のなかには、その個人を超えた、歴史的に差別され続けてきた階級社会で底辺におかれた人たちのルサンチマンが潜んでいる。後に私はユングによって〈普遍的〔集合的〕無意識 the collective unconscious〉なる世界があり、そこには「創造性」も「破壊性」も潜む測り難い〝こころの宇宙〟があることを実体的に知るのであるが、当時は、自分の直面している世界がそれであるとは経験的に繋がらなかった。

ちょうどその頃は、境界例といわれる病者の一群が境界性心性をあらわにし、外来診療で困っているという論調が出始めたときでもあった。病者たちがみずからの陥ったこころの危機を社会の問題として語り、体制・学校・家族をそして医師を攻撃するときの迫力はすさまじい。一方で階級社会のなかで医師となることを選んできた私たちは、差別された側からの攻撃にいかに傷つき易かったことか。病者の欲求をできるだけ受容することをこころがけ、地域で支える場をつくり、運動を組織した。

しかし、狂気が求める「全能性」に医師が応えられる道理はない。境界性心性とは、神なる全能性を医師に投影しているのである。医師 - 患者関係のなかで応え得ることは応え、応えきれないことは体制・社会の問題として共に闘う、という姿勢には綻びが出て、時が進むにしたがってその綻びは大きくなり、ついに診療所が何者かに襲撃され閉鎖を余儀なくされた。病者間の混乱・運動内部の混乱で、自殺者一名、殺された者一名、患者会内部の混乱で傷害を起こし獄死させせられた者一名。他に何が起きていたかは、もう辿れない。なぜかしら抑圧の加担者であることを痙攣的に嫌った「存在の負い目」がつくりだした結果である(1)。

語られなかったこと

私たちはこの蠢きのなかで、徹頭徹尾「この世」的に問題を設定していた。皆がマルクス主義に大かれ少なかれ影響され、帝国主義という下部構造に問題の根本的矛盾をみて、それが労働力を搾取していく疎外の一形態として病態をみていたきらいがある。よって私たちは医師 - 患者関係の「つきあい論」的関係からは実現できない事柄は「大衆運動のなかで」という現世論的な見かたに終始していた。もちろん、他の見かたも大きな影響をもってはいた。しかし私たちが感じていた「存在の負い目」、実存的な危機については、何も拠り所がなかった。当時の私たちは、S・フロイトの治療論的技法を下部構造に還元して切り捨てていただけで、あの自然科学的装いのもとになされる、「語られること以外のこと」のもつ重要性をひょっとすると見逃していたのかもしれない。否、見逃していたのであろう。

ヘルメスの容器としての場

フロイトの重要性に私が出会い直した時期とユング派の分析を受け始めた時期はさほどズレてはいない。そこで私はユングの概念〈影 shadow〉の問題と出会い、面接という時間設定の不可思議さを知ることとなる。マルクスによって「暴力性」の体験化はそれなりにしていた。しかしそれはあくまでも正義へと向かう暴力だった。では、そうでない暴力はどうだろう。「性」はエロス性へと体現され美ともなる。しかしうす汚い野良犬に喰われるような「性」はどうか。陰湿な権力への意志、嫉妬、羨望、貪欲さ、これらがみずからの内面の出来事として生起しそれらをみずからに属するものとして認めるのは、さほど楽なことではない。それらを投げ入れ、面接のなかで出会うことこそが、分析的心理学における「ヘルメスの容器としての面接場面」の意味なのである。このようなことを感じ始めている頃、私は三十八歳、チューリッヒにおいて初めて、ユングの著した『転移の心理学』に出会うことになる。この一冊は私に衝撃を与えずにはおかなかった。

対極の分離そして融合

二者関係のなかで患者のぶつける「歴史性を担うルサンチマン」を私たちが個人で運動として担うことを追求し悲惨な敗北をみたことは先に述べた。ここで起こっていたことは、患者は差別されたものとして真っ白であり、治療者は歴史的な悪としてその〈投影〉を受け、それを消すために運動により真っ白となり患者に同一化するというお互いの《転移》にほかならなかったのである。そことをはっきりと気づかせてくれたのが、この『転移の心理学』であった。ユングはこう述べる。[2]

転移現象を論じることは困難で扱いにくい課題であり、錬金術《作業《オプス》》のシンボル体系をよりどころにしないかぎり、私には取り組むことができなかった。錬金術の「理論」はこれについては立証しえたと思うが主として無意識内容が投影されたものにほかならない。〔中略〕転移も一方では心理療法の過程で、他方では正常な人間関係のなかで、中心的な意味を持っている。

これは『転移の心理学』の結語の部分であるが、私たちの陥った混乱を言い当てている。ユングは錬金術の一連の挿し絵「哲学者の薔薇園」〔五九頁〕を《転移》の観点から解釈して、そのなかで生起することを説明している。

超越のための器　【第1図版】は「メリクリウスの泉」と名づけられた、三本の管から水の流れる泉の図である。これから生起する変容の容器である。メリクリウスとは水銀であり、物事の「変容」を触媒するものであり、精霊に体現される天上の原理と対極の悪魔性をも担う大地性の原理である。西欧キリスト教社会で悪魔的だとして排除されたもののなかに「変容の器」を見ているのは示唆的である。これは面接場面の象徴的表現である。「個人を超えた何か」がすでに布置されている。

秘密の場での関係性　【第2図版】は「王と王女」である。王が太陽の上に立ち、王女が月の上に立って、左手で握手し、右手にはそれぞれ二弁の花のついた枝を持ち、交叉させ、上の方から星から飛来した鳩すなわち精霊がもう一本の枝を交叉させている。ここで話を単純化するために、王を治療者、王女をクライエントと固定して考えよう。ここでの左手による握手は、双方の〈無意識〉に拠る接触を示し、右手による精霊に守られた枝による接触は〈意識〉どうしの接触であり、三本の枝は【第1図版】の三管の泉・メリクリウスとも対応し、ここで大地的・天上なるものの守りのなかで、王の意識・無意識、王女の意識・無意識の相互に向かう六本の矢印の関係性が成立する。ここでは、太陽・月・精霊・メリクリウスと個人の原理を超えたものが二者を取り巻き、護りとなっている。ユングは、この状態では絶対に秘密が守られなければならないことを、錬金術の文章を引用しながら強調している。無意識での接触、暗闇が【第8図版】の露になることは、閉じ込められる、秘する必要がある。心理療法が「閉じられた秘密の場」であらねばならない所以である。

結合へと至るとき　【第3図版】で王は太陽、王女は月と、それぞれ裸で立ち、「裸の真実」と呼ばれる。ユングの概念である〈ペルソナ persona〉を脱いで、お互いが向き合って関係が深くなり性愛性を帯びる。

【第4図版】で二人は六角型の浴槽に漬かる。「浴槽の水に浸かること」である。常にこれらは精霊とメリクリウスの護りのなかで行われる。水に浸かること、それは深い無意識への沈潜である。やがて王と王女は無意識の混沌、深い海へと入りこみ「性交 coitus」による結合へと到る。

【第5図版】の「結合」では、王と王女は海の中で抱擁している。これは無意識のなかで起こる、ユングのいう「神秘的関与 participation mystique」の世界で、もう治療者／クライエントの区別のない融合の世界である。そしてそれは、双方が出会うことによって賦活された「無意識と意識との結合」でもある。【第5図版a】では、抱擁した二人の背中に天使の翼がある。【第5図版】には海の中に太陽と月があり、ここでの翼は、垂直性というこの世的な空間性が意味をなさない、無意識の深さ、そしてなおかつ人間を超える何かにとりまかれていること、を示している。〈普遍的無意識〉のなかに身を置いているのである。コイタスの後に来るのは、けだるさ、そして死である。

【第6図版】は「死」と名づけられ、躯が融合し、王と王女の双頭の型姿が墓の上の石棺に横たわる。これはコイタスとしての生の祝宴に必然的に続く停滞であり、一方では、神話のなかで象徴化される「聖婚」での近親相姦に典型的に示される、アニマ・アニムスに呑み込まれて意識・無意識が融合している状態を示し、他方で、これまでの意識が機能しなくなった状態と表しているといえよう。

新生までのプロセス　【第7図版】は「魂の上昇」であり、「結合」し「死」を迎えた身体から魂は天上へと上昇する。魂はホムンクルス（小人）によって描かれ、天上で「上なるものの諸力」と結合する。残された屍体は、滅びる運命にあるこれまでの人間である。薔薇園の引用によると、「手足を引き裂き、さらに細かくバラバラにし、各部分を殺し、『秘薬の持つ』あの性質へと変化させる」という。つまりそのなかに宿る火と水を見張り、統合を避けるために逃げ出そうとするメルクリウスを留めおかなくてはならない。変幻自在なそれをどう留めおくか、ということの重要性を指摘している。この時が、クライエントが方向喪失に陥る最も危険な状態であり、治療者がしっかりと方向性を保ち、ともすれば屍体のほうへ退行してメリクリウスを逃してしまったりしがちなところを、注意していなくてはならない。退行を許す屍体をバラバラにしなければならないこと dismemberment とも象徴的に表現される所以である。

やがて【第8図版】の［浄化］では、天上から露が滴り、屍体は浄化される。錬金術はこの過程を「白化《アルベド》」とよぶ。神が帰る前触れとしての湿り気である。これまでは、影・アニマ・アニムスなどが融合し、暗いもの「黒質《ニグレド》」であった。露とは水であり大地から蒸発し滴り落ちて来たものである。ゆえに、天上の原理と地上の原理・メリクリウスの双方を体現している。

そして【第9図版】では魂が天上から還ってくる。浄められた躯《からだ》へと。墓の前の地上には飛べる成鳥と半分地に埋まったような飛べない鳥が描かれている。これはメルクリウスの霊的な側面と大地的な側面を示している。

最終の【第10図版】は［新たな誕生］であり、両性具有となった姿が右手に蛇三匹・左手に蛇一匹を持って月の上に立っている、新たな意識の誕生であり、蛇とは「メリクリウスの蛇」であり、地面にはカラスがいて、ともに悪魔的なものと繋がり、背後に「哲学の木」としての太陽と月の木があり、意識を示す。キリスト教的精霊の世界とは全く異なった「大地と天上の原理」の体現であり、女性的な月の上に立つ一方で、翼も持って天上の原理も身につけている。これらすべては王と王女なる個人に還元するのではなく、その双方を超える第三の力に包まれて、元型的イメージのはたらく場面なのであり、面接場面で生起していることなのである。おそらくこの図は最終ではなく、意識・無意識の《転移》のなかにおける結合の一様態なのであり、さらなる「分離」そして「結合」と続くダイナミズムこそが、転移の内実であろう。

おわりに

本章では「哲学者の薔薇園」のごく一部を辿ってみた。《転移》のなかにはたらいているもの、そしてそれを「変容」へと導いていくものは、精霊とメリクリウスが決定的に重要な役割を果たしているように、治療者 - クライエントの二者関係、そして現実的諸関係だけで解決できるものではない。人間の無意識は、人間が言葉によって構造化できるものよりもはるかに広く、そこには絶えず「個人を超える力」がはたらいているのである。錬金術はキリスト教文化の裏で現れ、したがってキリスト教との関係を抜きには語れないが、転移という現象に生起してくるものとしての〝超越的なるもの〟をかくもうまく描き出した書を、私はいまだ知らない。

私たちの運動の問題もここにあったといわざるを得ないとしても、この〝超越的なるもの〟を単純に宗教性に置き換えることはできないし、それは危険でもある。超越性とは、心理療法の過程である瞬間に流れる深い出会いの「神話的時間」なのである。

（1）横山博「心理療法と枠――治療構造と出会う時」横山博編『心理療法――言葉・イメージ・宗教性』〔新曜社、二〇〇三年〕。
（2）Jung C.G. (1954)『転移の心理学』林道義・磯上恵子訳〔みすず書房、一九九六年〕。

第四章　境界を生きること——あまりにも早く逝ったSの鎮魂のために

はじめに

第I部ではこれまで、精神療法におけるスタンスや力動の大枠を、やや理論的に論じてきたが、そのしめくくりとして本章では、実際のセラピーの場でどのようなことが起きているかを、実践的な視点から描き出すことにする。そこで私は、クライエントSとの、彼が十四歳時より十年間続いた関わりの経過を報告してみたい。このことが、苛酷な人生のなかで《境界性人格障害》として生きざるを得なかったSの人生の足跡をこの世に残すこととなり、それが彼の鎮魂にもなればと思い、筆を執る。

こころの深層から湧き起こる破壊性を自傷行為として自分に向けるしかなかったSは、U病院での看護者の真摯な関わりから、対象関係に開かれていくと同時に、境界性人格障害に特有の「依存」と「攻撃」を繰り返した。さらには集合的世界では尋常とはいえないヤクザというヒーロー・イメージの延長にみずからの人生を考え、その行き詰まりのなかで、さまざまな行動化を繰り返した。そして最後には不審死というかたちで果てるSの人生は、私のこころに深く刻みついている。

このSの例を通して、境界性人格障害について「目的論的な見かた」から若干の考察を加えたい。

Sの行動はとにかく喧嘩と自殺企図に満ちている。それらすべてを本章で網羅することは不可能であるし意味もない。また面接も、精神病院という特殊性もあるが、あまりにも焦燥感と身体的不定愁訴が多く、そのつどの対応とならざるを得ず、心理面接という「枠」はきわめてつくりにくかった。原則として週一回・三〇分としていたが、当時、週に三日勤務していた私は、そのすべての日にSと会っていたといっても過言ではない。したがってここでは、面接ごとに経過を追うというかたちをとらず、三つの時期に分けて考えてみたい。

私はSの凄惨な生活史のゆえに、最初はむしろ人格発達障害という情緒障害のレベルで考えていた。しかし様相は次第に《境界性人格障害》の姿をとり、最後には、彼なりの元型的レベルのヒーロー・イメージに囚われて、そして果てるという結果になった。幼少時の護りのあまりにもの少なさゆえに、曖昧模糊としたこの世の集合性のなかにみずからを定位することができず、ヒーローという神的なイメージしか自分の同一化の対象としてもつことができなかった。しかもそのイメージが理想化された侠客のイメージとしてのヤクザであったことは、私にとっては哀れでならない。彼は行動化として、アルコール・覚醒剤・麻薬に手を出したりするものの、人をだましたりワルになろうとした中学一年時を別にすれば、恐喝したり窃盗したりすることとは無縁なのである。

神的イメージを駆け抜ける

かくしてSは、純粋な神的イメージを駆け抜け、そして逝った。享年二十三歳であった。私のこの拙文が彼の鎮魂となり、うまく適応できない子らが境界性人格障害となって生き延びようと必死でこの世に留まろうとし、ひとつ間違えばSのように死と紙一重の位置にいる存在のはかなさを背負っていることが多い、ということを多少なりとも伝えることができれば幸いである。

出会いまでの難路

Sは同胞四人の長子として生まれ、受診時は十四歳だった。

父親は船舶関係に勤めたり大工をしたりしていたが、ヤクザと関連をもちつつアルコール嗜癖の傾向があった。一方で若い頃は、建設労働者の手配師として相当の腕をもっていた時期があったようであるが、詳細は不明である。Sが受診する相当以前から、父親は足を痛めたうえに、アルコール性の多発性神経炎があり、もう働くことはできず、アルコール中毒で二回の入院歴もあって、Sの受診時、父母はすでに別居生活となっていた。

母親には軽度の精神発達遅滞があり、晩発性のてんかん性の大発作があって服薬中というが、発作の発生年齢からして、ヒステリー性との鑑別ははっきりせず、むしろ後者の可能性が強いと推測される。性格上の迂遠性と粘着性は精神発達遅滞からくるものとも考えられ、判断は困難である。Sは、このような話がわかりにくく通じにくい母親よりも、むしろ父親に親近感をもっていて、後に述べるように退院後は父親と一緒に住むことになる。

Sの生活史は、一言で語れば凄惨そのものである。幼少時のことは、いつも彼が引き起こす事件に振り回されていて、父母からも聴くことができず不明である。ただ彼には、先天性の甲状腺機能低下症があり、この病いがあるとクレチン病となり発育が遅れるのであるが、それに気づかれたのが小学校四年生の集団検診だったというから、この事実からしても、Sの母性的な護りがいかに薄かったかが窺えよう。クレチン病は小人症と精神発達遅滞を主症状とし、私が出会った十四歳時で小学校三、四年生くらいの身長であったのに両親は気づかず、この病気の発見時から甲状腺ホルモンを服薬することを勧められるも、両親とも全くフォローできていない。幸い精神発達遅滞のほうはさほど目立たなかったことがせめてもの救いであった。

さらに、本人にとっては重大なトラウマとなっていても不思議ではない事件が、彼の小学三年生のときに起こる。おそらく父親の酒が原因であったのであろうが、両親は喧嘩となり、父親が包丁で母親の腕を傷つけてしまった。母親はそれに怒り、子ども四人を残したまま十箇月間、実家へ帰ってしまった。その後どういう事実経過があったのかは不明だが、Sのみを残して弟三人は養護施設で生活する措置がとられた。残されたSは、酒に浸って肝硬変で血を吐く父親におかゆを食べさせながら看病して過ごしたという。このことはSのなかでどのような体験になっているのであろうか。治療者である私は焦点化して聴いていないし、S自身も語ろうとはしなかった。おそらくは抑圧ないしは解離によって具体的な情動は無意識に沈んでいるのであろう。

小学校四年・十歳時にクレチン病を指摘され受診を勧められるも、充分な両親の配慮もなく、通院を継続できず、中学校へと進学した。彼はこの病いの他にもアトピー性皮膚炎・小児喘息があり、幼少時よりいかにストレスを背負って護られないないまま生きてこなければならなかったかが窺える。

中学校に入り、Sの適応障害は次第に目立ってくる。一年の頃はワルのグループに入り、かつあげ・シンナーなどをやっていたが、クレチン病のため体が小さく、しかも甲状腺機能低下症による甲状腺腫が目立つようになって前頚部が飛び出すように腫脹し、みんなからペリカンと馬鹿にされ、ワルのグループからも次第に孤立し、中学二年生一学期はまだ何とか学校へは行っていたが、二学期からはほとんど不登校になってしまった。と同時に、甲状腺機能低下症からくるものと身体化障害からくるものとが重なったかたちで、体のだるさ・抑うつ感・焦燥感が強くなり始め、M病院（総合病院）にX年の前年に入院するが、看護師とのトラブルが多く、退院となり、X年一月初めにも同じことを繰り返してしまった。

その後、家で過ごすが、次第に焦燥感・不眠が強くなり、希死念慮も出てきたため、M病院の主治医の勧めにより、甲状腺専門の（精神科も併設する）I病院にX年一月後半に通院しだす。しかし来院直後に、投薬を受けた薬を大量服薬しリストカットを行ったため、二月初旬にI病院入院となった。後に何度も続く自殺企図の最初のものだった。

入院中も看護師とのトラブルが多く、院内でもリストカットを行うため、看護不能となり、精神病院であるU病院に、I病院入院九日後に転院し、私が主治医となることとなった。

焦燥感・喧嘩、そして

第一期〔X年二月〜X＋1年一月〕

入院当初は「背中が痛い」「胸が痛い」「不眠」など、とにかく心気的な訴えが多く、自分の思いが叶えられないと『死んでやる』と毒づくことの連続だった。まだ中学二年生で、クレチン病のために小学生くらいの体格しかないSにとって、成人中心の精神病院がはたして適しているかどうかには、主治医も看護者も戸惑いがあり、カンファランスをもち、彼の生活史を説明すると同時に、ともかく受容的に母親的・父親的に接することと、あまりにも多くの裏切りを体験してきている彼であるから、治療者側が約束したことはしっかり守るとともに、彼にも約束したことは守るべきことを説得していくことを申し合わせた。というのは、Sは焦燥感から小さなこぜりあいのような喧嘩を絶えず引き起こし、いつも看護者が仲裁に入り彼を説得しなくてはならなかったからである。

存在の深みでの悲しみ

思春期に入ったSの内的世界は、どう水路をつけてよいかわからぬくらい荒れ狂っていた。彼の言葉は『大人は汚い』であり、自分の要求が通らなければ『殺してやる』と主治医にもすごみ、ちょっとしたことで他の患者と喧嘩になるということを繰り返していた。もっとも、体のまだ小さい彼には勝ち目のない喧嘩なのだったが。

ここに彼の特徴をよく示す夢がある。

夢1　寝るまえに友だちがオレを殺そうとする。怖くて体がヒリヒリする。

夢2　病院の詰所にいた。急にオトンとオカンが現れて二人がオレを叩いた。腹が立ってオトンに殴りかかろうとしたら、目が覚めた。

夢3　家の畳の部屋にいたら、プラスチックのおもちゃの車がオレに向かってきたので、怖くて逃げまわった。

私はSに夢分析を試みたわけではない。これらは自発的に報告された夢であるが、彼が置かれている心的風景をよく示してくれる。

夢1では、友だちは誰とは特定されない。同世代の誰かだと言う。これが、彼がワルにもなれずチャムシップから脱落していき、希死念慮をもたざるを得なかった、同世代からの疎隔感、否それのみならず、迫害性を伝えている。さらにはユングのいう「主体的レベルの夢の見かた」で考えてみると、この年代でふつふつと湧き上がってくる内的な無意識的部分、性も含む身体性が、彼の夢自我に敵対しているのである。このような内的世界をもち、大人ばかりの男性世界に放り込まれた彼が、端からみれば些細なことに過剰に反応し身を守ろうとしたことは、無理からぬことだった。

夢2もまた悲しい。この段階では病院も主治医もまだ護りとはなっていない。彼はハリネズミのように棘をたてて身を護ろうとしている。そこに、本来は護りであるべき両親が入って来て彼を叩くのである。彼はどこで棘を収めたらよいのであろうか。

夢3はもっと厳しい。彼の内的世界は、実際の車とプラスチックの車の区別がついていない。これは精神分裂病〔統合失調症〕に近い「世界の相貌的変化」である。かくのごとく彼の世界は迫害性に帯びている。いったいどこに、この世の集合性に繋がっていく可能性を見出せばよいのであろうか。

これらの夢は入院後一一箇月が過ぎ、外面的にはやや親しさを見せだしたと感じられた時期のものである。その時期で尚こうなのであった。かような内的世界をもつSが現実とどう繋がっていくかという点で、治療者の私は現実的な可能性を考えて、まずは母親との繋がりと、入院の半年前から母親と別居し酒浸りとなり飲んではSの面会に来てSにも病院にも迷惑をかける父親との分離を考えた。というのは、Sが当時『オトンみたいには酒は飲まん』と言っていたことと、次のようなエピソードが重なったからである。

あるとき母親が面会に来て私が会っている折、酔っ払った父親が勝手に部屋に入って来て、いきなり母親の顔面を思いきり拳で叩いたのである。思わず私が『なにするんだ！』と父親の手を取り突き飛ばしたところ、彼は数メートル跳んで仰向けに転んでしまった。私は大して力を入れたつもりはなかったのだが、父親の下肢はそれほどにもアルコール性神経炎で失調をきたしていたのである。

これでは駄目だと判断した私は「退院しても父親は頼りにならない」という内容の話を増やしていった。するとあるときSは突然、怒りだし『先生はなんでそんな、うちのオトンの悪口言うんや』と喰ってかかってきた。私はそのとき初めて「この子は父親の方に愛着を持っている」と気づき、それ以後、一切、父親の批判をやめた。そういえば入院当初から『オトンが好きや』と何度もSは語っていて、小学校三年時の母親による見捨てられ体験なども考えると、両親への愛着の動きとして当然のことと思えてきた。

それ以降、父親に酒を飲んで面会に来ないよう丁寧に話した。実際、そういうことは目に見えて減少し、父親と私の関係も、彼が飲酒ひどく下肢失調を悪化させて入院し面会に来れなくなるまで、良好なまま続いた。私はこのことで「客観的に見た妥当性とクライエントが感じている愛着の動きとは別のものであり、単純に判断できるものではない」ということを改めて学ばされた。これはセクシュアル・アビューズを受けたケースなどではもっと複雑になるが、それを論ずることは本論からズレる。

とまれ、どこへ繋ぐかといった操作的な方法ではなく、彼の心性を尊重したうえで、なおかつ、崩壊した家族の現状に即して福祉などのサポートシステムを使って、「Sがみずからの迫害的世界を今後どう生きのびていくか」という縦軸の方向で考えていくしか道はない、と私や看護者は考えるようになっていった。

Sの迫害的世界の相貌性はまだ続き、時には保護室を使わねばならない事態も発生したが、X年四月頃から外泊を少しずつ繰り返し、看護者の努力に助けられて少しずつ私にもこころを開くようになっていった。先述した夢のうち特に夢3で、私は初めて彼の「存在の深みでの悲しみ」に触れた印象が残っている。

死へと向かって

Sのこのような迫害的心的世界から由来する攻撃性は、とても勝てそうもない喧嘩や、私・看護者への『殺してやる』という毒づきによる行動化によって、多少は他者に向けられるが、多くは自分に向けられ、希死念慮からくる自殺企図が見られた。これはもう、演技的なものも含めれば、数限りない。入院するまえに既に二回のリストカットをしているし、入院してからもリストカットを一度、さらには、お菓子の乾燥剤を飲む、自分の首を紐でしめるなど、数えきれない回数となる。

最も深刻だったのはX年十月の大量服薬であった。これに至るには経過がある。中学も二年生／二学期からほとんど学校に行っていない彼にとって、中学卒業の資格の問題は重大事だった。学齢中学三年となったX年4月頃より「もう学校へ行きたい」という希望を出し、『行かせへんかったら、オマエを殺す』と毒づく彼であったが、元の中学に返ることは、本人も、周囲の状況、担任の教師・児童相談所も含めて、不可能と考えていた。したがって私は児童相談所と相談し、某養護学校の線でSと話をまとめ、児相も了解し、某養護学校も了解のはずであった。そして出席日数などを考えるとぎりぎりの日数となる十月、Sは外泊して予備面接に、母親、児相の相談員とともに、希望を抱いて出かけた。彼と母親の言葉によれば、これまでの相当詳しい経過を訊かれたうえで、結論としては「いまは一杯なので……」という理由で断られた、ということであった。この結論には、彼のみならず、児相、後で聞いた私も、怒りを禁じ得なかった。

このとき家へ帰った彼は、母親がちょっと買い物に出かけた隙に大量服薬をし、帰って来た母親に朦朧とした状態で『オカン、オレもう死にたいわ』『生きとっても、夢も希望もない』『断られてまで学校へ行きたない』と語り、深い眠りに入ったという。驚いた母親はすぐにタクシーで病院に搬送するが、確認された服薬の量にしては覚醒が遅れ、血圧低下もきたし、状態はかなり重篤で、危機を脱するまでに丸二日かかった。覚醒した彼は泣きながら、養護学校を断られたいきさつを語り、『やっぱり生きていく』と語ってくれたが、その姿は、私には痛々しかった。

これでまた生きていく方向を見失ったSは、ふたたび大きな「見捨てられ」を味わったわけで、抑うつ的・攻撃的な状態を繰り返し、私に殴りかかったりしながら、次第に《境界性人格障害》の片鱗を示し始めた。その片鱗とは、人懐っこいほど近づいてきたと思ったら突然怒り出す、感情の極端なシフトを指している。この年末にもう一度、大量服薬をしているが、今回はさほど大したものではなかった。

生きていく方向で

某養護学校への道を絶たれたたれたSは、自殺未遂に示されるごとく、絶望の淵にあった。このとき、私や看護者を中心として彼への共感と同情が生まれたこと、とりわけ彼と怒りをともにしたことは、少しずつ彼がこころを開く契機となっていった。

その意味で十月から十二月の経過は、自殺企図を含みながらも、関係性という観点からは重要な時期だった。体がだるい、胸が痛むなどの身体化症状は相変わらず消長し、気分変動も大きかったが、喧嘩は急速に減少していった。また、身体化障害として見ていた体のだるさに加え、四肢の痛み、関節痛を訴えるため、同年六月に肘関節と上肢のX線写真を撮ってみると、実に私の経験したことのない所見があった。つまりそれは、クレチン病で甲状腺ホルモンも服薬しなかったSが入院して規則正しくそれを飲み始めたため、骨端線のまだ閉じていなかった骨がわずか五箇月で急速に伸び、その成長に筋肉の成長が追いつかぬため骨が湾曲している像であった。これでは、だるさと痛みが来てもまったく不思議ではない。しかしそれは彼の体が成長しきるまで致し方ないことで、対症療法的に対処するしかなかった。この事実を彼にX線を見せつつ説明したことも、彼の不安を軽減することに役立ったと思われる。

あれやこれやのなかで同年十二月を迎え、現実問題としてSの卒業の日付が迫っていた。中学三年生を一日も通っていない彼にとって、学業の点からは卒業などまったく不可能であった。しかし彼は卒業を熱望した。私もまた、彼がいわゆる知識としての学業を修めることにはほとんど意味がないと考えていた。そして児童相談所の相談員とも相談し、私の個人的なツテも使ってとった方法が、公立精神病院に併設する養護学校に三箇月在籍すれば彼の出身校の卒業証書が発行される、というものであった。私の知り合いの精神科医に事情を説明し、その旨お願いすると、彼は快く引き受けてくれた。

Sもようやく出てきた将来の展望に喜び、X＋1年正月、穏便に外泊するとともに、一月中旬には元気に転院していった。私はこのとき「人格はまだ未成熟であるが、行動化はかなり少なくなっている」という簡単な記載をカルテに残している。私にとっては、Sを失う淋しさがある一方、約一年間で四回の大きな自殺未遂、他さまざまな行動化でいささか辟易し、このままどこか別のところに繋がってほしいというところが本音でもあった。というのは、当時Sは十五歳。私には、とても彼がこのまま生きていけるとは思われず、つねづね看護者に「彼は二十歳まで生きられたら生き延びるかもしれない。おそらくそれまでに死ぬだろう」と語っていた。私は、これからも関係が続いた場合、彼の二十歳までにほぼ必ず見なければならない「死」がつらかったのである。

しかし私の本音とは違って、U病院はSにとってかけがえのない場所となっていたのであった。

行動化から境界性人格障害へ

第二期〔X＋1年六月〜X＋6年〕

先のような私の密かな願望は、同年六月までしか続かなかった。

中学校卒業の体裁を整えて某公立病院を無事に退院の後、Sは自宅で過ごし、別居の父親の世話などをしていたが、公立病院へは二週間しか通院せず、六月に入ると次第に周囲に対して被害念慮を抱き、睡眠薬をかなり飲んで出歩き、喧嘩して警察に保護されるが本人はまったく覚えていない、という行動が相次ぎ、みずから危険を感じて、入院を希望して来院するに至った。
入院後は、これまでになく被害念慮・劣等感が強く、そのことで他の患者とのトラブルも多く、身体化障害もこれまでになく強く、特に気管支喘息・食思不振の傾向が目立ち、全体としては抑うつ的であった。このことは私には、Sがこれまでになく空虚感・絶望感を抱いているように見えた。しかしこのことが、看護者とSとをさらに近づける結果ともなったのである。これは、ハリネズミのように構えていたSの内的世界のなかで多少の変化が起き、少なくともU病院の看護者にはこころを開け、その方が絶望感・空虚感を癒せると感じ始めたことを意味している。それに看護者もよく応えてくれた。彼らは、夜になると抑うつ感・淋しさに襲われるSと一時間以上も話し続け寝かしつける、ということも頻繁に行っていた。二人夜勤体制でこれほどまでSに受容的に接する看護者の誠実さには、私は頭の下がる思いであった。

かくなるなかで一年の歳月が流れ、身体化障害も軽快し、気分的にも比較的安定し、行動化も減少してきたため、本人の希望もあり退院の運びとなった。しかし、家での生活は一箇月ももたなかった。アルバイトを試みようとするも失敗し、この頃はもう既に小学生のような体つきではなく身長も一七〇㎝くらいになっていたSは、自棄と焦燥感から街のチンピラと喧嘩し警察に保護されるほどの暴力性を顕わにした。また同時に、中学卒業の体裁を整え働くことを考えるも、彼の内的世界はまだまだ集合的世界と親和的ではなく、そこからくるさまざまな身体化障害は彼を絶望的にさせた。七月に入ると、五度目となる自殺企図で、大量服薬し割腹自殺を計って入院となった。服薬の量もさほどではなく、腹部の傷も一針縫合する程度のものであったが、そうとう追いつめられ、抑うつ感も強く、焦燥感から易刺激的となっていた。そんなSを見つめながら私は「この子は、ここに帰るしか道がないのだな」という思いを強くしたものだった。

この頃からSは私に対して、自己愛性人格障害に特徴的な〈理想化転移〉が一貫して続き始めた。しかし自己愛性人格障害のような「ナルチスティックな自我肥大」や「きちんとミラーリングされないと攻撃的になる」ということもなかった。彼の自己評価は相変わらず低く、生きていく方向も定まらぬままであった。しかし大きな変化は、前回と比べ他の患者との喧嘩が目に見えて少なくなってきたことであり、希死念慮も減少し、それが出たら外泊中、夜遅くでも帰って来ることができるようになった。それだけ病院が彼にとって護りとなってきた証であろう。また、年子の弟が非行に走り少年院行きとなったので「兄として何とかしなくては……」と思ったことや、父親がいよいよ力を失い入院生活になったことも大きな要因であろう。

私は、Sがとり結ぶ人間関係のなかでゆっくり彼の変容を見ていこう、という姿勢に徹していた。ところが私は留学のため、翌年四月から一年半、日本を離れることとなった。一箇月前に彼にそれを告げたとき、彼は『がんばる』と冷静に受けとめていた。

帰国後、病院の都合で私はすぐには主治医になれず、そのときは暴力を振う行為もあったが、表面的には冷静に過ぎていった。したがってこれからの記述は、カルテと、彼、私のあと主治医となってくれた医師、看護者の話にもとづいて、私がポイントをまとめたものである。私の関与度の低いこの時期についてあえて述べるのは、この時期こそ、年齢的に見ても、彼が《境界性人格障害》へと至った重要な時期だと考えるからである。

看護者との関わり

U病院の看護者はほんとうによく関わってくれた。その内容は精神科看護技術協会のジャーナルにも、協会より推薦されて載っている。おそらく《境界性人格障害》の最初期の看護研究報告といってよいだろう(1)。

看護者はSの訴えをよく聴いてくれた。彼にはそれが大きな救いであったと同時に、おそらくは、これまで体験したことのない体験だったに違いない。それもあり、境界性人格障害になっていく人の常として、相手に全能的に受容してくれることを求め、自分が必要と思ったときすぐに対応してくれない看護者に今度は逆に不満・敵意をもつ、ということが繰り返し起こるようになっていった。特に夜間は二人夜勤体制であり、さまざまな処置や、他に興奮患者が出た場合S一人にかまっておれないのは当然のことである。そのことを看護者がいくら説明しても彼はなかなか納得せず、時には、あえて看護者の忙しい時間に詰所へ現れて話すことを要求する、ということも稀ではなかった。

無理もない。Sの求めているものは、遠い昔の幼少時に得ようとしても得られなかった、いわば「融合」の体験なのである。彼は、針は短く軟らかくなっていったものの、U病院一回目の頃はまだ針ネズミのように針を出して、彼に見えてくる世界の「相貌的変化」と戦っていた。彼は分裂病質人格障害とは無縁であるが、ここだけを考えたり二回目の入院当初の被害念慮の強さを考えれば、ほとんど分裂病的世界に近いところにいたことが推測される。そしていま、彼はこれまでと違って、対象世界に開かれ、あたかも失われてしまった母親の愛を求めるように、看護者に全能的な融合を求め続けるのである。そして、それが当然のこととして受け容れられないとき、その思いは敵意となり、対象関係論のいう「分裂機制」を使って自分を守ろうとしているのである。この頃から、Sのにこやかで人なつっこい彼と、その背後にあるすさまじい破壊性との分裂も、明らかになってくる。

私のあとを引き継いでくれた主治医は、先述のような問題と、社会復帰に向けもっと社会のルールのなかで動くことのできるSを目指して、院内での草刈りや洗濯作業という外部作業を考えた。この作業はX＋4年二月の退院まで続き、Sもやりがいをもち、時々の行動化を含みつつも、生の方向に大きな意味があったと思われる。

退院後もデイケアのかたちで、先の外部作業は、Sの生活の枠づくりに大きな役割を果たしていた。これを支えるために看護課はまたしても重要な役割を果たしてくれた。一方、病室を出たSにとって最も人間関係を密にもつ場所は作業での人間関係となり、ここで次第にトラブルが発生し始めた。包容力の強い作業の主任は、現象的にはSの我がまま・自己中心性、主任を独占したい心性とよくつき合ってくれ、看護部長を中心とする看護スタッフも、彼と話し込むなかで対人的トラブルの解消を計る努力をしていった。

しかしX＋5年二月、相当はでな暴力事件を起こし、調べてみると退院以来もう約十回もの暴力事件を起こしていて、周りがもううんざりしている状況となり、主任・看護部長・課長も支えきれない状態となっていた。そしその暴力事件の後、本人希望で三箇月の入院となり、その時点から病院でのデイケア的外部作業は不可能となっていった。X＋5年五月のことであった。

この頃しばらく社会訓練のために、看護課長の紹介で居酒屋で仕事をしているが、周りがびっくりするほどの生真面目さで、彼の内に秘める破壊性・暴力性とあまりに対照的であるのは、ギャングエイジ、チャム・シップすらちゃんと体験しておらず、ほどほどにワルや手抜きをすることを知らない彼の悲しさを感じさせるエピソードであった。

融合と破壊の狭間で

Sの世界は、迫害的相貌性を帯びた世界から、次第に境界例性心性というかたちをとりつつ、対象関係に開かれていった。しかし彼の求める世界は、この世には存在しない「融合」の世界であり、それが裏切られることは必定であった。

融合への渇望と絶望から、攻撃・破壊へ

抑圧・解離の機制と思われる防衛によってSの日常からほとんど遠ざけられている外傷の体験が、ある外泊のときにぽっかり口を開いた。彼はこう語っている。

きのう夕食のときに、オトンとオカンが喧嘩を始めた。オトンが、T〔次男〕が『なんで俺を捨てた』とオカンに怒ったことを蒸し返し、オレがやめろと言ってもぐずぐず自分の小三のときのことも話し出した。オカンは食事をしながら泣いていたが、オトンは止めず、オカンは『そんなに言うんやったら、子どもをみんな渡す』と、自分たちをオモチャみたいに言っていた。どうしようかと思ったが、病院に帰ることに決めて、オカンに『一週間後に外泊する』と言うと、オカンは『知らん。オトンに言え』と言い、また腹が立った。戸をピシャっと閉めてタクシーで病院に帰って来たけど、頭がぼーっとしているので注射してもらった。先生が「親と別居しろ」と言っていることがよくわからなかったが、今回でよくわかった。なんでオレが親の面倒見なならん。反対や。

この昔の心的外傷体験が口を開いた描写といまの怒りが何よりも雄弁に、幼少時のSの護りの薄さと、ぶつけようようのない怒り、ルサンチマンが、個人的父母の範囲に収まりきらず拡がっていくことの可能性を示している。融合的な関係を求めても得られないときの彼の怒りは、次第に等身大の怒りを超えて元型的な怒りへと近づいていった。《境界性人格障害》の常である。それは周囲を悩ませると同時に、ちょっとした日常の食い違いから生じてくる怒りがS自身をも苛み、あとで何度も反省文を書くという行為となった。

ルサンチマンを伴う破壊性は、病棟内的・集合的価値観を超えて次第に拡がり、トルエンに手を出したり、飲酒行為となり、破壊的色彩を次第に強くしていった。この頃には彼は一七七㎝／七五㎏前後の大男となっていて、入院中からバーベルで筋肉トレーニングししていたため、外見上はきわめて屈強な若者に成長していた。ただし、かような破壊性はあるものの、この時期は、希死念慮からくる自殺企図はまったく消えていた。本人二十歳のことである。

対極性を超えるために

「融合性」と「破壊性」という二つのいわば〈元型〉に引き裂かれたSは、この二つから生じてくる情動に振り回され、ままならぬ〈自我・意識〉は大洋に浮かぶ小舟のように揺れ動き、無意識的「不全感」は相変わらず身体化障害、焦燥感、不眠、気分の変動をつくりだしていた。それでも彼の〈自我〉は、この状態から抜け出そうと努力していなかったわけではない。

ギリシア神話が示すように、人間の〈普遍的〔集合的〕無意識 the collective unconscious〉に宿る「破壊性」を抑え込む力こそ、ヒーローの力である。たとえばウラノス、クロヌス、ゼウスと続くギリシアの神々は、巨人で怪物のティターン族と戦いパンテオンの神殿を造った。ペルセウスは、西の果ての髪の毛が総てヘビで、姉二人が不死で、見たもの総てが石と化す、怪物ゴルゴーンの唯一不死でないメドウーサを討ち取った。かくして人類史はヒーローの活躍なしには語れない。特に青年期において自我同一性が不安定なとき、その人なりの惹かれる人に同一化して自分の人生を手繰っていくのはごく普通なことであり、それは〈元型イメージ〉に満ちている。

Sのその対象は長淵剛であり、尾崎豊であり、辰吉丈一郎であった。これは私の推測であるが、この三人はSにとってきわめて象徴的に思われる。長淵剛はややヤクザ性を帯びたヒーローとして。彼は「大人は汚い」と叫ぶ少年の純粋性をもち、ユングの概念である〈影 Shadow〉とは全く無縁であった。言い換えれば、影としてこの世の集合性のなかで〈自我・意識〉に取り込まれていかなければならない心的内容もまだ普遍的な「破壊性」と混交していた、ということであろう。あのヤクザっぽいイメージで、集合的な道徳感からやや外れたところから若者の気持をつかんだ長淵は、いわば彼の目標であった。一方、尾崎豊は、純粋さと存在のもろさを象徴化している。彼の「存在の護りの薄さ」はまるで薄氷を踏むようなもので、二十歳まで生きたという事実が驚きであったくらいである。そうしたガラスのような透明感とその背後に流れる暗い情念の流れは、Sと共通するところが多かった。そして辰吉丈一郎。逆境から這い上がりボクシングの世界チャンピオンになり、網膜剥離を起こしながらなおも挑戦し続ける辰吉の姿に、Sは神々しいものを見ていたのではなかったか。Sもまた筋肉トレーニングに励み、大胸筋の発達は、この子がクレチン病で発育不全だったとは誰も信じられないほどの凄さをもっていた。

それぞれの元型イメージを理想化しながらも、その方向に踏み出して、この世の集合性のなかにみずからの生きかたを定位していくには、Sは、あまりにこの世との繋がりが薄かったというべきだろうか。

女性なるものの不在

もうひとつ、Sにとっての無意識との架け橋としては、女性イメージがある。彼の生活史、母親への彼の思いを考えると、ユングの語る〈アニマ〉イメージがいかなるものであったのかは疑わしい。しかも、性にまつわる外傷体験を中学二年時に体験している。その頃、付き合っている同級生がいて、その子のお姉さんの誕生日パーティに招待され、お酒を飲んで気分が悪くなり、その子の部屋で休んでいたら、その子が迫ってきたが、気持が悪くなり便所で吐いてしまった。それ以来、その子は口もきいてくれなくなった。しばらくは、その子からもらったマフラーを吊るして毎晩見ていたが、結局、捨ててしまった。女性との性体験は、中学一年の時から二人あったという。性体験があったと聞くと、いくぶん救われる気にもなるが、あまりに早い時期の性体験は「体験」とならない。Sもまたその後「体験」となるような女性との出会いはない。院内作業に出た後の十九歳の頃、同年代の女性患者に密かな片思いを寄せることがあった。しかしそれは所詮、実るものでもなかった。彼女もまた私の患者で、非定型精神病を病み、入退院を繰り返していた。この子もまた「この世での護り」の薄い子で、ガラスのような繊細さの背後に壮絶な元型的怒りを抱えていた。そしてこの子もまた、二十一歳時、ビルから飛び降りて果てた。

かくしてSは、対立物を結合するものとしての「エロス原理」「女性イメージ」も、みずからのなかに取り入れることに成功しないままだった。

黄泉の国に引き込まれた龍

第三期〔X＋6年八月～X＋8年五月〕

X＋6年五月、退院後しばらくして一箇月あまり鉄工所で働くが、対人関係の緊張が強く、八月中旬にはみずから希望して入院するに至った。Sにとっては九回目の入院であり二十歳のことであった。このときから主治医は私となっている。彼は入院のいきさつをこのように語っている。

会社では二十人くらいの寮生活だった。ここ〔病院〕へ来て初めて普通に近い言葉を使ってる。会社では『はい』『いいえ』『すみません』だけ。ここに来た理由を言っておきたい。「福祉に直接行ったらうまくいかない」と親父が言ってたし……ここへ来たらみんな知っているし……自分は帰るところないし……親父と居たらストレスたまるし……自分にも波あるし……親父はもう六十やし……。自分には「ほどほど」がよくわからん。五でも一でも話が合わない。

ここに、子どものように純な〈自我・意識〉とその対極性にある境界例的心性を生きていこうとすれば、その場所は病院しかない、というSの気持がよく表れている。

結局その入院は十月まで続くが、次第に内省的なところが生まれ、自分の考えの極端さ、対人緊張の強さなどを次第に言語化するようになる。些細な喧嘩はほとんど無くなっていった。そして十月、本人も充分ではないと知りつつ、みずから希望して退院していった。私もそれを止めず、カルテには次のように書いている、「児戯的であるが、一応、気分の安定性は保っている。分裂機制はまだほとんど解決していないが、退院させて経過を視る」と。一方、いつ頃からか定かではないが、いつの間にかSは酒をたしなむようになり、今回の入院では外泊中、相当量飲酒することが目立ってきた。横で父親が飲酒しているわけで、無理もない話だが、彼の破壊性がこの「飲酒」という方向に活路を見出していくことが、後の経過で明らかとなる。

退院したSは父親のアパートに同居し、ときどき母親のアパートを訪れ、生活保護で生計を立てるという生活が始まる。父親との会話は結構、増えたようで、それとともにアルコールの量も増えていった。これはひとつのエピソードである。

オカンがオトンのところに泊まりに来て嫌なこと言うから、ちょっと飲んでいるうちに、やけ酒になって、二級酒一本グーっと飲んでしもて、親をボロカスに言うたり、近所にワーって言うたり。ゲロあげて次の日いちにち寝ていた。オトンはろくに聞いてくれず「オカンのところへ謝りに行け」と言う。聞いたら〔酔っ払ったとき母親に〕ものすごいこと言っとる。

ここしばらくは相当飲み、昼夜逆転の生活など、破壊性に呑み込まれそうな生活が続いた。そして十一月に自衛隊の勧誘を受け、入隊することに決め旅立つも、長続きせず、翌年二月、結局、自衛隊の厳しい規律のなかでやっていけず、帰って来てしまった。その後、些細なことで大量飲酒してS病院に入院するも、そこで暴れ、看護困難とみなされU病院へ転院となるが、一日で退院してしまった。U病院では見せたことのない態度であったが、S病院では些細なことで興奮し点滴瓶を腕につけたまま歩き回り、血液が逆流した瓶を壁に投げつけたりした様子、かくして彼の「破壊性」「暴力性」は次第に増していったのである。

U病院を一日で退院するも、自衛隊入隊中に父親も入院となっていて、生きていくあてもなく、結局は飲酒に耽り、今度はK病院に入院となってしまった。酔っ払って市民病院のガラスを割ってしまった果てであった。K病院においても扉を蹴ったりの暴力行為で、やはり入院が継続できず、U病院、私のもとに帰らされるものの、飲酒傾向は強くなるばかりであった。しかもシンナーにも手を出し始め、生活はますます荒れ、警察に保護され留置所に止められることも出てきた。

私にはこの荒れ狂う破壊性を鎮める手立てなどなく、ゆっくりつきあっていくしかないと考え、「少しは断酒を考えろ」と忠告はしても、そのようなことでおさまる代物ではないことは百も承知していた。一方どこかで「Sはこれだけ無茶苦茶はするが、殺人は決してしまい」という確信めいたものがあった。殺人さえなければ、少々人を傷つけようが、警察と喧嘩しようが、ものの数ではない、というのが私のスタンスだった。それだけ彼の破壊性は深いルサンチマンに満たされている、という見かただったのである。実際、酔っ払って夜中に警察署に喧嘩を売りにいくことは度々で、警官も適当にあしらっていたようだった。

かくも破壊性を拡大していくSではあるが、一方では断酒の試みがなかったわけではない。二つの断酒会に属し、それは数少ない彼の共同体への帰属の仕方であり、それなりに断酒に成功している時期もあった。しかしそれは長続きせず、また飲んでしまうということを繰り返していた。後述するが、Sは破壊性の増大とともに右上肢と左大腿に刺青を入れ、後悔しそれを切り取るために三八針も縫合するという手術を受けながらも、しばらく後にまた刺青を入れるという行為に出た。刺青とは、これもまた彼のなかにある〈分裂機制〉を超える何らかの投企だったのであろう。

U病院に九回目の入院をし退院して約一年、さまざまな破壊的な行動化を繰り返した後の言葉である。

飲んでないときは、自分でない感じ。飲んだら威勢がよくなる。やめても、人のためにやめている感じ。自分の存在感が無くなる。自分は変わったと思う。人間関係では緊張しなくなり、話してたら楽しい。やっぱり寂しいんや。

彼の境界性をひしひしと感じさせる述懐である。彼は、覗いたらまったく底の見えない空虚性のなかを生きている。年末にSは荒れ、H病院に一箇月入院し、また私のところへ戻って来た。『どうした？』と聞くと、彼は次のように答えた。幾重にも重なる彼の人生のさがを、いったい誰が、彼に、どう背負えと言うのであろうか。運命というものが背負えと言うのであろうか。それとも神というものがそう言うのか。

自衛隊で、オレだけ戸籍謄本を見せてくれず、『知りたかったら、帰って、自分でとって見ろ』と言われた。それで見てみると、弟が生まれてからオレが籍に入っていた……。それで、「親も、保健所も、先生も、自分が悪く出たらどう反応するやろう？」と試す気持になった。

このときは、入院するに充分な飲みかただけでなく、ドライジン二一ccほどをワンショットで自分で静脈注射したりもしている。結局、戸籍の真相は分からぬままであったが。

H病院から退院後、しばらくは土木作業員として働き、「みんな十五歳を越して養護学校から帰って来た弟たちの面倒を見なければ」という気持になるが、どうもうまくいかず、次男が少年院に入ったりで、やはり酒の方へと向かざるを得なかった。左肩に龍の入れ墨を入れたのはこの頃である。

X＋7年六月にはマリファナに手を出し、そのまま警察へ出頭した。彼は生きる手だてを失いつつあり、もう刑務所へ行くつもりだったらしい。しかし警察は「いつものこと」としてとりあわず、適当にあしらわれてしまった。彼はこう述べる、『どうしてオレ、こんな要領わるくて、人がええんやろ』と。私もまた同感である。

破壊的な心性、飲酒、抑うつ的気分は続き、食事も充分とれない状態が続いたが、同年八月頃になると少し飲酒も少なくなり、幼少時の母親の対応への批判や父親への思いを語る。彼は言う。

> 刺青が完成した夢ばっかり、十回くらい見た。龍を仕上げたい。もう仕上がらん。彫り師がシャブ中で。いまはやめてる。オトンは背中に龍を入れ、左手に桃を入れてる。オレも足に桃を入れてる。オトンへのこだわりからかなぁ。将棋も釣りも、オトンから。生きかたが好き。オトンのやったこと、アルコールと墨と、これはオレもやった。オレにオトンのやったことで一つだけ欠けてるのが、ヤクザ。それになりたい。オカンは反対するけど。

ほぼ三箇月後、担当のサイコロジストと私に「昇り龍」の絵をくれた。相当の迫力のものだった。

安定していた時期はしばらくで、やはり飲酒してしまう時期が続き、自己破壊的に希死念慮が出たりするが、『やっぱり死ねんわ』ということが何度かあり、この年は暮れていった。

相変わらず飲酒の状態が続いていたが、X＋8年二月、私は、急に大学教員に転職しなくてはならなくなったこと、そして大学に行っても週に半日だけ来てSと会うことを告げた。彼は表面上は快く了解してくれ、こう付け加えた、『でも、先生でないとわからん。あかんと思うわ』と。私が四月からほとんど不在になることについてはSは一言も触れなかったが、生活は荒れ、飲酒の量は増えていき、下肢静脈の拡張（おそらくは肝硬変による）や下腿浮腫が目立つようになったり、しばらくはぱったりと禁酒したりする時期が続いた。四月になり、私が実際に週半日のみとなると、Sもまた酒を絶って働こうとし、重機の運転の仕事につくが、一週間しか持たなかった。この頃、彼はこんなことを語っていた。

> これまでオカンのことを「あんさん」としか呼ばなかった末っ子が、初めて「オカン」と呼ぶようになった。自分もこれまで「オカン」と言わなかった、「なぁ」としか呼ばなかった。オトンにもリンチされてたから、親と思わなかった。でも、ここ〔U病院〕に来て初めて、一週間に一度面会に来てくれるようになって、「オカン」と呼ぶようになった。

私にはこの言葉は、私の不在の時期が長くなることと関係し、彼の見捨てられ感を強めているとしか思えなかった。

それでも二、三月から比べると酒量もずっと減り、断酒会にも通った。四月下旬、『断酒会の仲間が飲酒して心配や。放っておけへん』『一週間後に断酒して四日目に禁断症状が出てしんどかっけど、飲んでへん』と語った姿が最後となった。

一週間後に私が病院を訪れると、「その数日まえに遊ぶ約束をしていた友だちが、約束の時間に来ないのでアパートまで見に行くと、死亡しているSを発見した」と警察から連絡が入った、とのことであった。私が週三日の病院勤務から週半日にしてから一箇月後のことであった。この長い経過のうち、酔いつぶれて来られないことは何度かあったが、毎週必ず面接に訪れたSの思いがあるだけに、私の痛い気持はいまだ消えそうもない。

この世に留まるために

Sも二十歳を越え、弟たちが養護施設から母親宅に帰るなかで「オレは兄貴だ」という自覚がそれなりに重くその肩にのしかかり、彼なりにこの世に定着することを考え始めた。それが鉄工所で働こうとしたり、重機の運転をしようとしたり、A組という相当厳しいピンハネのある土木作業員斡旋の組で何度か働こうとしたりした、彼の努力のなかに示されている。

働いているときのSはおそらく、手を抜くことを知らないきわめてまじめな作業員だったのであろう。そのことは、たとえば自衛隊へ行って帰ってきたときの言葉に如実に示されている。『どうして帰ってきたの？』という私の問いに彼はこう答えている、『一生懸命やったけど、自衛隊ではグループで、自分はアホやからグループの他のメンバーに迷惑かけるから。それに酒も飲みたかったし……』と。ほどほどのわからない彼の存在のありようがここにも出ている。またマリファナ事件のときも、警察署に何度も「事件にしろ」と迫り、結局は検察庁送りとなり不起訴処分となっている。私からすると「なぜ、そんなことまでするのだろう。放っておけばよいのに」と思うところだが、彼にはそれでは済まない何かがある。警察の方も、事件性は低くそのようなつもりはなかったが、彼にせっつかれて仕方なく事件にした、という感じを私はもった。これもまた「善と悪の対極性」に引き裂かれたSの、この世に留まる努力の一つだったのであろうか。

このようなことを繰り返しながらも、Sの対人関係の世界はU病院以外にも少しずつ拡がっていった。それは主に断酒会を通してであり、ここでの個人的つきあいは結構、彼の淋しさを癒すものだった。彼は地域の保健所主催のものと、アルコール専門病棟をもつ病院の断酒会二箇所に参加し、これは毎週行われ、U病院に来る日とで週三日の義務のある日が出来、それなりの一週間のリズムをつくっていた。このなかでみずからを定位できる「この世」的な存在がつくられればよかったのだろうが、こうしたSの「この世」的な努力の背後に存在する、護りの薄さ、どす黒い暗黒が、彼の〈自我・意識〉の割れ目から浮かび上がり、彼の命を「黄泉の国」へと引きずり込んだのであろう。

超克の契機を求めて

Sのこころが《境界性人格障害》の特徴として分裂していることは前に述べた。ここでは、第三期でそれがいかなる様相をとったか、またSはどのようにしてそれを乗り越えようとしたかを考えてみよう。第二期ではそれを長淵・尾崎そして辰吉が担っていたことは先に述べた。

対極性の超克への絶望的な努力

この時期において、その超克の姿は「刺青」に象徴化されている。Sのなかでは、現実には飲酒酩酊している父親が力を失い入院となり自分の目の前から消える一方で、〈家族内的キンシップ・リビドー endogamous kinship libido〉[2]を感じさせてくれる存在である「父親なる存在」が〈理想化〉され「侠客」的イメージに肥大化し、それに〈同一化〉しようとする。Sに限らず人間すべてが、家族内的 endogamous な親密さ kinship を礎として家族外的 exogamous へとエネルギーの方向転換を行うのである〔第八章を参照〕。

Sは、一度は手術によって消した刺青を再び入れようとする。しかもそれは父と同じで龍と桃。「アルコールと墨は父と同じだが、ヤクザにだけはまだなれていない」ということと、「将棋も釣りも教えてくれたのは父親だ」ということのアンバランスが、痛々しい。

父親への思いも両価的で、どこかに憎悪を秘めていることが経過報告のなかでも窺えるし、刺青をいったん消しているることがそれを雄弁に物語っている。にもかかわらず、まずはこの集合的世界で受け容れられない「侠客」のイメージを同一化の対象としなくてはならないSの心性に、私はやりきれなさを感じざるを得ない。今風のヤクザやその舎弟ならまだ可能性はあるかもしれない。しかし、あまりにも純な彼の自我・意識は、ヤクザになるために最低限必要な悪を平気でやるという〈影〉のイメージの統合を阻んでしまっている。まことに、この世で生活するのは困難な超克である。

アルコールへの耽溺

絶望的な「超克」のイメージを抱き「分裂」を生きなくてはならないSの純な〈自我・意識〉の反対の極である「破壊性」は、いかにして生き延びればよいのであろうか。

この破壊性、両親、そして集合的世界への恨みは、先述した「世界の迫害的相貌的変化」とあいまって、人類史が背負ってきた〈普遍的無意識〉に宿る怒り、破壊性、そしてSにとっては根深いルサンチマンなどなどにつながる。これらの行き先は、生き延びる道を探して、まずは彼の身体化障害をつくり、情動の不安定を形成し、結局、行動化といっても自分に向ける自己破壊しかない彼にとって選べる道は、飲酒しかなかった。

Sは私によく『先生、オレはアル中か？』と尋ねた。私はその度に『いや違う。生きることが不器用で、それがお酒にいっているだけだ』と答えていた。

セクシュアリティ

〈結合〉の原理とはなり得ぬSのセクシュアリティのありかたについては先述した。本当に筋肉の発達したいわゆるマッチョな青年に成長した彼には、生物学的レベルからいっても狂おしいばかりの性欲があって当たり前であった。しかし自分に合った女性を見つけるには、あまりに〈エロス原理〉に開かれていなかった。亡くなる数箇月前に私に報告した限りでは、過去二回、売春婦のところを訪れている。しかし飲酒のうえで訪れるためうまくいかず、女性に対しては良いイメージをもてぬまま彼は逝ってしまった。

かくして二十三歳となったSは、超克の契機になり得たかもしれない〈エロス原理〉にも閉ざされたまま、この世を去っていったのである。

Sの生涯は終わった。けれども彼の声にならぬ叫びはいまだに私の胸を貫く。

境界性人格障害の心性と治療

病いの視かたと生の捉えかた

《境界性人格障害》についての研究の歴史はまだ浅く、私が精神科医となった約三十年前はその病いを「境界例」と称し、精神分裂病とも神経症ともどちらともつかぬ、しかも治療が非常に困難な症例が増えてきたことが話題になりつつあった。当時はまだ生物学的精神医学・記述的精神医学・精神病理学が中心であり、治療論がさほど論じられない状況で、私たちの世代は、こうした従来の神経症／精神病という二分法にあてはまらない患者の増加に戸惑いを感じたものである。

また本書の序章でも論じたように、無意識と直面するパラダイムとして唯一もち得るのはS・フロイトやC・G・ユングが創り出した治療枠だと私が考えたのは[3]、主に境界例の人や境界例的心性をもった患者に対応しきれず、診療所を閉鎖せざるを得なかった経過に拠るものであった。あれから三十年を経て、この境界性人格障害の精神病理学・深層心理学による理解はどの程度深まったのであろうか。私にはそれらすべてを概括する知識も時間的余裕もない。そこで、主に牛島定信やJ・F・マスターソンに従って、概括だけをしておこう。まずはおおむね精神分析学派のなかで注目され始めたといって差し支えないであろう。

精神分析による知見

牛島によれば、P・H・ホックとP・ポラティンの「偽神経症型分裂病 pseudneurotic forms of schizophrenia」(1949)とR・P・ナイトの「境界状態 borderline state」(1953)が、現代的な意味で《境界例》について記載された最初のものだろう、ということである[4]。

その後、精神分析のなかでも特に対象関係論に近い学派の人たちに注目されていくが、まず挙げなくてはならないのはO・F・カーンバーグだろう。彼は自我心理学と対象関係論を組み合わせることによって、臨床例を記述的分析・構造分析に分けて考え、融合が充分に起こっていない口唇愛的攻撃性の優勢を境界構造の中核におき「境界パーソナリティ構造 borderline personality organization」と名づけ、精神病部分をもつもののかなり安定した人格構造をもつ病いとして輪郭づけ、うつ病や神経症との構造的関連性をも考えた[5]。

またJ・G・ガンダーソンらは、境界パーソナリティの診断基準についてはDSM-Ⅳやカーンバーグに依拠しつつ、治療論として次の八項目がほぼ治療者のコンセンサスとなっている、と語る[6]。つまり、①治療枠の安定性、②治療者側の積極性、③逆転移に対する耐性、④患者の現在の行動と感情との結びつきを確立すること、⑤自己破壊活動が満足をもたらすものでないようにすること、⑥アクティング・アウトを阻止すること、⑦「いま、ここ」に対する明確化と解釈に焦点を当てること、⑧逆転移感情に注意を払うこと、である。彼らはこの原理に基づき詳細な事例報告をなしている。

あるいはマスターソンが、M・マーラーのいう個体分離化の発達過程で、再接近期 rapproachement に母親と良い関係をつくることができず、見捨てられ抑うつを感じてしまう、というところにこの病いの障害の中核を見ていることはあまりにも有名である。この病気になる子どもは、母親との関係で二つのかたちの病的自我同盟を形成する。一つは報酬型部分単位〔RORU〕で、子どもが母親へ、分離独立の方向ではなく退行的しがみつき的な対応を示したときに、母親は愛情を備給する。こうしたとき子どもは、素直で良い子にならざるを得ない。二つ目は撤去型部分単位〔WORU〕で、子どもが自立方向へ進もうとするときに母親が愛情の備給を引き上げるなかで成立する。ここでは見捨てられ抑うつが強くなり、子どもは自分を、不適切で、悪い、無力な子だと考えてしまう。この病的自我同盟が境界例ではずっと続き、治療では、患者との直面化によってこの自我同盟を、転移を通して循環的に修正していくことが要になるという[7]。

以上が私のできるほんの一部の文献的概括だが、これらの研究をもとにDSM‐Ⅳでは「人格障害 personality disorder」として分裂病に近いA群、境界性人格障害を中心としたB群、回避性人格障害などを含むC群と、三つに分けて考えている[8]。全く記述的・羅列的だったDSM‐Ⅲと比べれば一定の進歩は見られるものの、まだまだ記述的すぎて、境界性人格障害の定義を見てもわかりにくいところが多い。このあたりが、多軸診断で分類を目的としたDSMシリーズの難点であろう。

これまで、まずは境界性人格障害に注目した精神分析学派の理論について概括してきた。これらの理論に共通するのは、すべて人生最早期のプレ・エディパルな発達過程に固着点を見出し、治療者との転移／逆転移関係の解釈を繰り返すことによって、いわば二者関係のなかで治療を進める、という点である。特に対象関係論が、フロイトが重視しなかったプレ・エディパルな問題を真正面からとり挙げ理論化しようとした意味は大きいだろう。ただし、これらはすべて幼少時に還元する「還元論」であり、二人の分析過程の相互性のなかで解決されるものとされている。ところが、たとえば二人の関係のなかでガンダーソンのいうようにアクティング・アウトを阻止することなど不可能である。さらに、元来この世に生きているかどうかはっきりしないこの人たちにとって、「いま、ここで」といっても、しょせん無理がある。

では、他の見かたはないものだろうか。次にユング派の知見を概観してみよう。

分析心理学の観点から

ユング心理学においてはたとえば、母のイメージの二重性を想定し、呑み込む devouring, terrible 母親と滋養するポジティブな母親が対極に立つことをごく当たり前のことととして考える、チューリッヒ・ユング研究所の分析家K・アスパーは、境界性人格障害の〈元型〉的表現のおとぎ話として〝シンデレラ〟をとり挙げる。[9] シンデレラの実母は亡くなるとき、「おまえはいい子だから神様を信じなさい。お母さんも、いつも天国からおまえを見ていてあげるよ」という意味の言葉を残してこの世を去る。この言葉は、内容の優しさに反して、シンデレラをしてポジティブな母親のイメージに閉じ込め呑み込んでしまうイメージとして機能し、彼女をして〈少女元型〉のなかに閉じ込めることを意味する。シンデレラがこのポジティブな母親イメージから解放され、〈アニムス〉である王子と結びつくまで、継母で象徴化される母親のネガティブな側面にそうとう苛まれなくてはならなかった。その汚れた台所仕事こそ、シンデレラの母親イメージを統一していった大きな作業だったのである。

また、ユングによるミス・ミラー *Miss Miller* というアメリカ人のファンタジーの分析がある。チワントーペルというミラーの〈アニムス〉が〈アニマ〉を探す旅路のファンタジーなのだが、最後には緑のヘビに足を咬まれ、と同時に火山の爆発と地震が来て、チワントーペルはその割れ目に呑み込まれる。ユングはこのケースは境界例だろうと推測している。アニムスの死、大地に呑み込まれることは、エロス原理の死と同等であり、精神病的破綻を予測させるとユングは考えたのであろう。彼は、精神分裂病とは断定できないが、精神病的なケースに心理学的知識を与えることの重要性を指摘し、それは生死の問題であるとさえ言っている。[10] ここには、ファンタジーというかたちで現れた「この世とは違った異次元の世界」の展開がある。そのことを河合隼雄は次のように語る。

河合はV・W・ターナーの『儀礼の過程』[11]のなかで使われる「リミナリティ」と「コムニタス」という概念で境界例の深層心理学的考察を試みる。リミナリティとは境界性そのもので、ここに属するコムニタスはこの世の社会構造を無視した融合体験そのものなのである。ここで河合は、「境界」という概念をたとえば大人／子ども、正気／狂気といった単純な二分法で考えることを強く戒める。そして、子どもから大人へと変わっていくのは、単純な境界線を越えて変わっていくのではなく、ある異次元の世界において実存的な変容をして大人になるのである、と彼は語る[12]。この「コムニタス」の世界とは、原初的な融合の世界であると同時に、〈普遍的無意識〉〈元型的世界〉に近いがゆえに、個人的な父母や対人関係の表層的レベルだけで境界性人格障害の人と出会おうとすると、時にはひどくネガティブな感情をぶつけられ戸惑うこととなる。彼らの表層的世界のより深いところに存在するコムニタス、ルサンチマン、破壊性など、彼ら自身がこの世の原理として対人関係のレベルに何とか持ち込もうと必死に努力している「心的内容の深さ、しんどさ、異次元性」に治療者が開かれていて初めて関係性は安定していくであろう。

それに関連して私は、DSM-Ⅳが最初の症候として挙げている、①現実にまたは想像のなかで見捨てられることを避けようとする気狂いじみた努力、②理想化とこき下ろしとの両極端を揺れ動くことによって特徴づけられる不安定で激しい対人関係様式などは、おそらく治療者側の「この世」的な出会いによって誘発されているのではないかと考えている。

ところで、いま一人触れておかなくてはならないのはN・シュワルツ=サラントである。彼が境界性人格障害の元型的表現を旧約聖書の「ヨブ記」に見ているのは[13]、私はまさに至当なことと考えている。神、ヤーウェはサターンにそそのかされて、ヨブの信仰を確かめるために、およそ耐えることの出来ないと考えられる艱難辛苦をヨブに与える。ヨブはまったくヤーウェに背くことのない敬虔な信者であるにもかかわらずである。ヨブは全財産・家族を失い、ひどい病気にさえなる。周りの人はヨブに信仰を捨てることを勧める。しかしヨブは捨てない。そして最後にヤーウェはヨブを許し、奪ったものを回復させる。

シュワルツ=サラントは明確には触れていないが、ユングは、ここでヨブの倫理性が神を超え、それによって西欧における絶対的善としての父権的神が成立することになるという。[14] シュワルツ＝サラントは、治療者とクライエントのどちらがヨブでどちらがヤーウェであるかというかたちではなく、ヤーウェ－ヨブ二者一組 Yahweh-Job Dyad の元型的ペアが布置されると考える。ヤーウェの激しい怒り、サターンに容易く誘惑される二重の性格、これらを超えるものこそ、二者関係における転移／逆転移の解消といったものではなく、ヨブが耐え続けたこと、そしてそれがヤーウェも変容させるということ、こうした相互性でもありなおかつ二人の意志を超えたもの、つまり元型的布置の第三のものなのである。シュワルツ＝サラントはこれを補償するものとしてユングのコニウンクチオ coniunctio（結合）の重要性を述べ、その第三のもののもつ超越体験に伴うヌミノーシス numinosis 体験を重視し、それを、ユングの『転移の心理学』で使われている錬金術の図版「哲学者の薔薇園」を使って説明している〔本書第三章を参照〕。

ただしシュワルツ＝サラントは、治療者－クライエントという二人の関係性を重視するあまり、対象関係論へと流れ、投影性同一視の概念などを多用している。第三のものを説明するのに、ユングの概念であるサトル・ボディ（身体とこころの中間領域）を相互作用の場として持ってこざるを得なくなっていることからも、彼の概念が多少混乱しているように私には思える。元型的なものが吹き出し、それによって治療者もクライエントも翻弄されるとき、それを収束に向かせるのは、お互いが「祈り」のように感ずる「超越体験」なのである。

異次元性・目的論・二人組

これまで分析心理学的観点からの「境界性」を概括してきたが、彼らの論点を参考にして、私はまず河合の語る「異次元性」に着目したい。

生活史的な体験も大きく影響して、境界性人格障害の人はこの「異次元性」をうまく通過することができない。あるいは、そこにはまりこんで生きて行かざるを得ない事態のなかにある。この異次元性は、人間が大人へと生を進めるときに誰しも通過しなければならない、こころのなかの異次元性なのであり、いわゆる伝統社会のみならず、資本主義社会が自然科学主義の発展で爛熟してくるまでは、神の存在のもとに、通過儀礼のなかでそれを体験することが補償されていた。しかし近世における自然科学主義は、「実証できないものは存在しない」という命題のもとに、何千年と人間のこころのなかに宿ってきた「宗教性」なる〈元型〉的存在を破壊してきた。それは神の実在とは無関係のことである。自然科学によって、少なくとも「宗教性」なる人間のこころのありかたを「破壊」の方向へと人類史が歩を進めたのは事実である。

これらのこと、すなわち青年期の「異次元性」の体験、自然科学による「宗教性」の破壊は、《境界性人格障害》という病いが十代後半に発病するものであること、精神医学界・心理臨床学界で問題とされ始められるのが一九六〇年代以降（なかでも七〇年代以降）であることと無関係ではない。

なぜなら、異次元を体験し生の駒を前に進めるために通過儀礼を必要としているのは、とりわけ青年期だからである。青年期の通過儀礼とは、儀式としてはたとえば昔の元服式のように一回であるが、内的には不断に続く死と再生の連続なのである。それは死と表裏一体の厳しい「異次元性」の通過体験であることは昔から知られ、それは今も変わらないと私は考え、ここに「境界性」心性の増加の一因をみている。

「異次元性」とは、言い換えれば元型世界の創造性／破壊性の体験なのであり、精神分裂病の人は世界の相貌的変化のなかで、急性期のある時期（あるいはずっと）その相貌性に自我・意識が圧倒される。境界性人格障害の人は、背後に分裂病と似た世界の相貌的変化すなわち異次元性を抱えながら、それを「この世」の言葉・関係性のなかで語ろうとし、それが対人関係のなか（特に親子関係のなか）に現れる。彼らは執拗に「本質」を求め、それを手に入れようとする。背後にわけのわからぬ暗い相貌性を抱えるがゆえに「真なるもの」を求めざるを得ないのである。玉のような真実、それは実存哲学によればエッセンシア《essentia》（本質）である。人間はそれを求めて実存《eksistenz》する。異次元性に脅かされ、世界が「破壊性」をも含む元型的世界による相貌性を帯びるときに、本質性（それは神の世界なのであるが）を求める境界性人格障害の人のどこに無理があろう。私には、人間の心性として当然のことのように思える。

したがって、対象関係論は彼らの感情の極端な変化をプレ・エディパルな母性の体験の歪みに結びつける還元論的な見かたをとるが、私はそれを、彼らが「いま、ここで」この世に踏み留まろうとする際の、彼らなりの必死の「世界内投企」のありかたと考える。断罪されるべきは彼らではなく、人類史が創り出した自然科学主義に基づく、宗教性を否定した資本主義末期の負の遺産なのである。ここに《境界性人格障害》が一九六〇年代以降急速に増加した必然性があるといえ、これが私の考える、異次元性に次ぐ二番目の考えかたであり、ユングのつねづね語る目的論的な見かたでもある。

私が着目する三番目の考えかたに、先述のシュワルツ＝サラントの「ヤーウェ‐ヨブ二者一組」がある。

私は境界性人格障害の問題を、表層的な転移／逆転移の問題で解決するものとは考えない。治療者に向けられた怒りが、それは幼少時に体験した母への怒り・父への怒りと解釈を共有したところで、それがどう治療に結びつくか、私にはわかりにくい。クライエントのたとえば母への怒りは、決して個人的な母への怒りではなく、元型的なものも含むこころの深層の暗い部分をこの世の対人関係のレベルで語ろうとするから母に向かってしまっているのである。私はむしろ、そういう深いレベルでの共感が必要と考える。そしてその共感性とは、治療者・クライエントともに、こころの暗い部分も含め「本質」に向かって生きていこうとするが、しょせん二人は人間であり、神の域には達せられず、それにむけて実存する、そういう「祈り」にも似た共感性であると考える。これはコムニタス・融合といったものを含む体験であり、シュワルツ＝サラントの「ヤーウェ‐ヨブ二者一組」にも通ずるものであろう。

ところで、このような原初的な「融合」から〈個性化 individuation〉の道を辿るなかで「分離」していかなくはならないのは言うまでもないことであり、そこには「元型レベルで繋がっている」という内的な体験が包摂されている。これが「いかなるときでも神とともにある」というヨブの倫理性がヤーウェをも変え得たことの内実なのである。もっとも、ここで〈女性原理〉が抜け落ちるのは大きなことで、考察に値する。ここでは詳しく触れる余裕も力量もないが、父なる神の怒りによる裁きのみを中心としたこの元型的表現が中心になっているため、その枠内で視ていかざるを得ない。私はこの病いの人の治療には、コンテインする意味で〈母性原理〉が不可欠だと考えていて、阿闍世コンプレックスとの関連で考察している。[15] この脈絡のなかで、私はよく次のような言葉を使う、「あなたの今のお母さんへの怒りは、個人を超えて神様の怒りみたいなもの、神様には誰も勝てないし、やりすぎたらきっとあなたもあとで後悔するから、少しだけお薬をつかおうね」と。

そして第四番目は〈行動化〉である。先述のようにガンダーソンは「行動化を止めさせる」というが、どうしてそれほど簡単にいくのであろうか。彼は行動化を、転移を自覚することと治療への抵抗であると断定しているが、私にはそうは思えない。むしろ、深層に宿る暗さ・空虚感から来る意味あいが強いのではないかと思える。もちろん命を落とすことを推賞するわけではないが、彼らの治療契約に反する行動化には、相当、治療者は忍耐をもって接しなければならない。第二番目として述べたことが治療者にしっかりと理解されているならば、行動化の背後に、単なる契約違反を超え、そうせざるを得なかった彼らの姿が見えて来るものである。たとえば児戯的にも見えるリストカットなどを、この世の原理である治療契約のみからとらえるのではなく、その背後の「深み」のなかにある、彼らの「本質を求めて苦悩する姿」が浮かび上がらせる行為、すなわち「異次元性」のレベルでの繋がりを求めての行為としてとらえることができるとき、表層的な逆転移は避けられることになると私は考える。

治療の総括として

これまで、各時期におけるSの心性を中心に考察してきた。そこで「治療論」を中心に簡単に総括しておきたい。

強い理想化転移

Sは何度か『殺してやる!』と憎悪をむき出しにすることはあったが、私に直接的に攻撃性・暴力性を向けることはほとんどなかった。このことは何度考えてみてもよくわからない。中学二年生のときにどこからも相手にされなくなったSの行き場所をつくった私の、留学時期および病院の都合でしばらくは私の不在の時期の主治医が彼を担当し続けたとき以外は、ずっと見捨てることがなかったのが大きかったのかもしれない。もっとも、私の留学は一年半で、病院に帰ってからはいつも彼とは顔を合わせ、彼と主治医のやりとりを見守っていて、時間が許せば話もよくしていた。したがって十四歳から二十三歳まで実に九年の歳月のあいだ、実質的な不在は一年半のみであった。このことは、幼少時より数々の見捨てられ・裏切られ体験をしてきた彼にとっては、それなりに大きかったであろう。

彼は他の人たちには『クソ！　また裏切りやがって！　大人は信用できん』と怒りを爆発させていて、同室患者との喧嘩も頻繁であり、看護者に対する攻撃性は次第に境界例性を帯びていった。とすれば私に強い攻撃性が向いても不思議はないはずである。しかしそうはならなかったのは、本人の命がいちばん危なかった、養護学校が駄目となったときの自殺未遂に、共感的に対応したことや、それから先の道筋づくりに日頃はしない個人的努力をしたことなどが影響してるのかもしれない。

しかし私には、もっと深いレベルでの「お互いの暗さ」を共有する何かがあったのではないかと考えられてならない。プラモデルを恐がる夢を聞いたとき、私は彼の内的世界の相貌的変化に、自分にも戦慄が走るほどの驚きを感ずるとともに、彼の、この小さい体で背負わなければならない大変な苦難が伝わってきた。おそらくこのことと、彼がジンをワショットで静脈注射するなどの行動化をしても、私は驚きもしないし、怒りもしないし、むしろ深い悲しみが伝わってきたこと、なども関係していると思える。したがってこの〈理想化転移〉は、父親・母親転移というかたちでは被い尽くせない、深いものを含んでいると私は考える。

Sが〈理想化転移〉をする一方で、私のなかにもある種の逆転移が起きていたように思われる。

夭折した中上健次の小説に一貫してながれるテーマは、路地という地域で、彼は、いわば特殊で貧乏な出自の主人公が、肉体的にマッチョ的な強健さを持ちながらうまく生ききれない姿を、『岬』『枯木灘』から遺作となった『異族』まで描き続け、こだわり続けた。[16][17][18] これらの主人公は決してギリシア神話の神々のようなヒーロー・イメージとは違うが、汗の匂いと日焼けした肌と鋼のように鍛え上げられた筋肉で、一種の神的なイメージすら感じさせている。[19]

私はSのなかに、彼の出自と肉体の強健さ、および彼の境界例性のなかに含まれる「本質」を求める神的なイメージから、それぞれの主人公との同質性を視ていたような気がする。ただSには、中上の主人公たちにあるファリック・

ナルチスティックな傾向はまったく欠けていたが。

理想化転移の是非

〈理想化転移〉は果たしてよかったのであろうか。Sの転移が、その質と深さにおいて、自己愛人格障害にみられる理想化転移とはっきりと異なっていることは、経過を見て明らかであろう。これは私のなかでいまだ結論の出ない問題である。私の思考は二つの軸のあいだを彷徨っている。

一つ目の軸は、私があまりに元型レベルの問題として扱い過ぎることによって、二人関係のなかで現出するものを充分に生きておらず、結果的に「ヤーウェ‐ヨブ二者一組」を相互の問題として生きることに失敗しているのではないか、ということである。そのために治療者である私は、Sにとって侵すことのできない存在となり、私のなかに宿る深い破壊性をも含めて、彼は純な自我・意識と極端な飲酒を中心とした破壊性というかたちで行動化せざるを得なかったのではないか、ということを考えざるを得ない。つまり、私のなかの破壊性もSに行動化させてしまったのではないか、という疑いである。

もう一方の軸は、Sの対極性と行動化はあまりにも元型イメージの表現であるために、少なくとも、いま少し〈影〉のイメージが彼のなかに統合されていくのを待つしかなかったのではないか、ということである。実際、彼の自我は『大人は汚い！』と語るほどに純で汚れなく、飲酒しない彼は礼儀正しく人懐こかった。それじたいが子ども元型の後期をかたちづくる元型的自我そのものである。この影のない自我はしょせん生きて行けるものではない。他方、彼の同一性の対象は父親であり侠客なのである。これもまた日本人の深層に宿る、人間・社会の暗闇も包摂するある種のヒーロー・イメージで、元型的なものである。そしてまた飲酒をはじめとした彼の行動化は、荒ぶる神スサノヲを彷彿とさせる。これらすべてを考えると、彼のもつ神的なイメージを感じるとともに、この世で生きていくにはあまりにこの世との繋がりが薄すぎたと感じざるを得ない。そして私の出来たことといえば、元型イメージに振り回されるSのイメージを、そうした問題としてゆっくり共感的に現認し、傍に居て、違ったかたちでの繋がりを彼自身が見出すのを待つしかなかったのではなかろうか。

この二つの軸はいまも私を引き裂く。しかし未だに私は、二人関係のなかを「この世」的に生き、彼にもっと仕事をするよう促したり、断酒をより強力に勧めたりした方がよかった、という気持にはなれない。

不審死——対象恒常性

Sは逝ってしまった。原因は不明のままである。私が大学に赴任、病院勤務を週半日にして、約一箇月後のこと……痛恨の極みである。

私はこれを偶然の一致と考えるほど楽天的にはなれない。Sは、私が週三日勤めているときは、面接日以外にもよくやって来て体のしんどさを訴え、食思不振のときとはブドウ糖とビタミンの注射を希望したり、ちょっとしたことを相談したりすることがよくあった。私が不在の日でも、彼は他の医師に同様の要請をしていた。しかしあの四月から、私の来院日以外は一度も他の医師に診察を要請をすることがなかった。

これが何を意味するか、よくはわからない。しかし私の病院にいる日が減少したことで、Sにとってほんとうに大事な存在の病院がいささか心理的に遠くなった、ということは充分に推測される。四月初旬には、彼は重機の運転を志すが失敗している。とすれば、断酒会以外で過ごすSの時間の流れのなかで、彼に宿る破壊性はどんなに鎌首を持たげたことであろう。

ここで私は対象関係論の〈対象恒常性〉という概念を使おう。Sにとって「内なる破壊性」の歯止めとして私が存在したことはほぼ間違いない。対象関係論によれば、境界性人格障害の人は「良い対象」として治療者のイメージを保つ（たとえば一週間）のが難しく、場合によっては、治療者が現前するときには「良い対象」としての治療者および「良い自分」が保たれるが、面接が終わるともう既にそれらが保てず「破壊性」が浮かび上がってくるという。

Sのなかにこの〈対象恒常性〉が保てない事態が生起していなかったという補償はない。しかも私は初めての教職で、そこへのエネルギーの取られかたは並のものではなかった。他のスケジュールも忙しく、私にとってはいわば、

U病院の午前中のみが週のうちで唯一、息の抜ける日であった。Sの鋭さと優しさが、それを感じとっていないはずがない。そうすると、わずか週一回・三〇分の面接のなかで彼は何を語れたであろうか。そうなれば、単なる回数の問題のみならず内容的にも、対象恒常性を補償する凝縮性が拡散する。とするとあの激しい彼の破壊性はいかなる運命を辿るであろうか。彼の純な部分を圧倒してしまったのが、他ならぬ運命であった。

おわりに

偶然に境界性の心性を抱えた子どもが《境界性人格障害》をもつ屈強な大人へと成長し、そして夭折していった、Sというひとりの若者の一生を辿ってみた。

私はまだ、言葉にならないような負い目、自責の念を背負っている。それは私のこころに宿る、存在のうつろいやすさ・軽さ、そして負い目と、どこかで通底している。心理臨床に携わり続ける限りこれとつきあっていかなくてはならないと考えている。Sとは私にとって「神的イメージ」であり、どこか別の世界からやって来た「童子神」であり、「荒ぶる神」であった。おそらく今後もそうあり続けるであろう。

本章ではSの事例を通して、マスターソンを中心とした対象関係論がその明解性のゆえに境界性人格障害の見かたの中心的位置を占め還元論に傾き過ぎる傾向を批判し、「境界性人格障害の人たちは、この世に生きるためにこそ、境界性を生きなくてはならない」という目的論的な見解を論じた。

最後に重ねて自責の念を込めて、本章が少しでもSの鎮魂になっていることをこころから祈る。また彼のみならず、社会の片隅で虫けらのように扱われ、そして誰にも注目されることなく死んでいく、境界性人格障害を中心とした多くの人格障害の人たちの生き様を、少しでも伝えることができていれば幸いである。

そして、十四歳時あれほどヤンチャだったSをなだめたりすかしたり、時には叱ったりしつつ、真剣に気長に取り組み、境界性人格障害の最も初期の看護報告例をジャッジのある全国誌に報告したU病院の看護スタッフに、こころから感謝と敬意を表したい。彼らは夜勤のときに二時間も彼の話を聴くことも稀ではなかったという。さらに、Sの治療に関わってくれた若い主治医、サイコロジスト、そして周辺から支えてくれた他の医師の方々、病院スタッフの皆様にも、こころから感謝の意を表したい。

(1) 開正秀ほか・U病院第5病棟スタッフ一同「崩壊家庭に育った思春期患者の看護」『日本精神科看護学会誌』vol.35, no.17〔日本精神科看護技術協会、一九九二年〕。

(2) Jung, C.G. (1954)『転移の心理学』林道義・磯上恵子訳〔みすず書房、一九九六年〕。

(3) 横山博「経験科学としての精神医学――加藤講演論文に応えて」『甲南大学臨床心理研究 4』〔甲南大学心理臨床研究室、一九九五年〕。本書「序章」はこれを加筆修正したものである。

(4) 牛島定信『境界例の臨床』〔金剛出版、一九九一年〕。

(5) 牛島定信、同書。

(6) Gunderson, J.G., Waldinger, R.J. (1987)『境界パーソナリティ障害の精神療法――ケーススタディとその評価』松本雅彦・石坂好樹・金吉晴訳〔金剛出版、一九九三年〕。

(7) Masterson, J.F. (1980)『青年期境界例の精神療法――その治療効果と時間的経過』作田勉ほか訳〔星和書店、一九八二年〕。

(8) American Psychiatric Association (1994)『DSM-Ⅳ――精神疾患の分類と診断の手引き』高橋三郎・大野裕・染矢俊幸訳〔医学書院、一九九五年〕。

（9）Asper, K. (1983)ユング研究所での講義。
（10）Jung,C.G. (1956)『変容の象徴』野村美紀子訳〔筑摩書房、一九八五年〕。
（11）Turner, V.W. (1969)『儀礼の過程』富倉光雄訳〔思索社、一九七六年〕。
（12）河合隼雄「境界例とイメージ」『河合隼雄著作集 ユング心理学の展開 2』〔岩波書店、一九九四年〕。
（13）Shwartz-Salant, N. (1989)『境界例と想像力――現代分析心理学の技法』織田尚生監訳〔金剛出版、一九九七年〕。
（14）Jung,C.G. (1958) ***Psychology and Religion : Wesst and East*** (*C.W.11*). Princeton University Press.
（15）横山博「母性原理と阿闍世コンプレックス」小此木啓吾・北山修編『阿闍世コンプレックス』〔創元社、二〇〇一年〕。
（16）中上健次『枯木灘』〔河出書房新社、一九七七年〕。
（17）中上健次『岬』〔文藝春秋、一九七八年〕。
（18）中上健次『異族』〔講談社、一九九三年〕。
（19）横山博「中上健次『枯木灘』における生・性・暴力と聖――深層心理学的考察」『甲南大学紀要・文学編』一三七〔人間科学特集〕〔二〇〇五年〕。

第Ⅱ部　生のストーリーの導き手

序章および第Ⅰ部では、私が精神科医として精神医療に関わりだし、次第に心理療法へと導かれ、分析心理学（ユング心理学）へ近づいていく経過のなかで浮かび上がってきた「病理論」「臨床論」をまとめ、精神療法で大切な関係性として生起してくる《転移／逆転移》の重要性を述べてきた。

****** ****** ******

私の精神科医としての営為の始まりは、精神分裂病〔統合失調症〕との精神療法的関わりであり、この病いをもつ人との関係のなかで、私はこの病いが「人間の存在の深み」から生じて来るものであるという確信をもつに至った。そこには生物学的な基盤がありながらも、それだけでは理解できるものではない。そして彼らの「存在の揺らぎ」から「叫び」のように生じて来る症状の数々を、彼らがこの世に存在するための繋がれないしは結ばれの表現として理解しようと努めてきた。

この観点は、ユングの〈元型 archetype〉という概念に近づいていく。元型とは、人間の「本能」から「精神性」までに拡がる人間の人間たる行動パターンである。それは本能を赤外線に、精神性を紫外線に喩えた光束のようなもので、プリズムでは光が屈折によって分かれてもみんな繋がって光束をつくるように、元型の両極も、どこかでメビウスの輪のごとく繋がっているのである。

ユングが分析心理学を形成していく過程では、彼の臨床体験が精神分裂病から始まっていることが大きな影響をもっている。彼はこの病いのなかに多くの〈元型的イメージ archetypal image〉が現れることを見出した。これらのイメージは新石器時代から生じているようにも思われる。またさらにギリシア神話・日本神話など世界中に伝えられてきた〝神話〟の数々に見られる「人間の営為の基本的パターン」とも繋がっている。

神話とは、人間の存在を基礎づけるものであり、これをもたぬ民族は皆無であろう。そして神話は人間の無意識状態からその民族の出生の拠りどころを説明する。つまり〈集合的意識性〉を造り出す壮大な物語なのである。そこには人間としての、母親・父親と子どもの関係、男と女の関係、きょうだい関係、他者との関係、超越的な神との関係、自然との関係など、人間の営為の原初的なパターンが「神話素」として含まれている。この原初的なものがあるからこそ人間は、歴史が移り文明の変化があったとしても、さほど変わらない営みを続けているのである。

大胆にいえば精神分裂病とは、その人の生きる時代の集合性のなかに「存在表現」の術を見出せず、存在が脅かされるなかで、最も「原初的（元型的）なイメージ」としてみずからの存在を表現しているものと考えられる。そしてその世界は、神話の「生の方向」での繋がれではなく、異世界性・迫害性・死者の世界・石化という「世界の相貌的変化」のなかに投げ出されているといえよう。これもまた神話の世界なのである。

このように〝神話〟とは、私たちの存在を基礎づけるものである。私たちはその時代その時代に応じた集合性のなかで、なおかつ個人が体験することを通して、〈個性化 individuation〉のプロセスを生きており、そこには人間固有の神話的なものが含まれている。それに触れていく深い経験がみずからの存在を保証してこそ、私たちはこの世に留まっていけるのではないだろうか。そして、この神話的体験から外れたとき、私たちはこころを病むことになる。そうした病いは、「自然」である「身体」との関わりのありかたをも含む。

かくして心理療法とは、自然に属する「無意識と意識の不調和」の結果生じたこころの病いが再び調和を取り戻すことに随伴する営みなのである。この意味で心理療法家はクライエントとともに神話を生きているのである。

＊＊＊＊＊＊　　＊＊＊＊＊＊　　＊＊＊＊＊＊

それではこれから第Ⅱ部で、心理療法のなかに現れる「神話的なるもの」を論じてみよう。ただしここでの私たちの作業は、心理療法のなかで元型的なものを見出し知的に元型的なものをあげつらうことでは決してない。大切なのは、元型的イメージが与えてくれる、鶴見俊輔氏の言葉を借りるなら〃神話的時間〃をいかに生きるか、ということである。

第五章　女性の変容と現代

——個性化をめぐる桎梏と解放

昨今、カウンセリングや分析治療を求める女性がますます増えてきている。そして彼女たちの症状は、古典的なヒステリー症状である喉頭のヒステリー球、うつ病、さまざまな身体化症状 somatization disorder など多岐にわたっている。なかには薬物療法や短期精神療法で立ち直っていく人もいるが、すべてがそう簡単にいくとは限らない。こうして多くの人は、こころの深い層の探索を要し、それを通して意識的態度の変換を図らなくてはならないのである。

女性性をめぐって

青年期にある女性は、みずからの自我のなかに「身体性」も含めた〝女性性〟をいかに統合するかで悩む。このあたりは昨今の摂食障害の増加と無縁ではないであろう。また中年期にさしかかった女性は、母であることと「女性として個性的にいかに生きるか」の狭間で悩んでいる。これは、子どもの授乳などの養育の終わった時期と、子どもが青年期を迎え母から自立していこうとする時期に多い。さらに中年期を越した女性は、老いを迎えることとC・G・ユングのいう「第二半生 the second half of life(1)」の問題で悩む。こういう女性は更年期うつ病のかたちをとる傾向にあり、その数は従来より増えている。

戦後日本の集合的な問題

これらの症状の背後には、簡単な精神療法で治癒している女性も含めて、深い集合的な問題が横たわっているように思われる。

第一にそれは、戦後の不均等な社会の急激な変化と強く結びついている。その不均等性はいまだなお、戦前の家族制度という共同体的土着性に縛られているところから、都会における表面上は西欧的意味で個人主義化されたところまで多岐にわたっている。またさらに、集合的レベルの文化差を越えて、家庭内の葛藤というパーソナルなレベルにまで及んでいる。

そして第二には、そのような変化をもたらした西欧文化じたいが及ぼした影響がある。戦前社会の解体は、西欧文化の急速な流入というかたちでなされた。そして戦後の世代の流れに応じて、西欧文化の影響のしかたは微妙に違っている。一方で河合隼雄のいうように、日本的自我のありかたと西欧的自我のありかたは同じものとして語れないという本質的論議も含んでいる。[2] 西欧的自我に同一化しすぎた場合、内部に大きな矛盾を抱える傾向にあることは、近年増加しつつある帰国子女の問題をみても窺われるところである。

第三の問題として、文明の発展・社会状況の変化とともに、家事労働が戦前とは比較できないほど軽減していることがある。また、避妊法の普及などにより出産の重荷からもある程度解放され、女性が自由に使える時間は増大した。

私はこうした集合的側面による影響とこころの障害のありかたを、三つのカテゴリーに分類して考えている。すなわち①元型的レベル、②集合的意識のレベル、③自我の葛藤をめぐるレベルである。

元型的レベルに及ぼす影響

この場合、問題は〈元型 archetype〉的であるがゆえに、病因論的には、集合的な問題が影響しているとするのは論理矛盾であろう。しかし、すべてではないにしても症状形成的には少なからず大きな影響を及ぼしているのは確かである。たとえば、両親が集合的な問題から不全感を抱き、内的な不安が強くなれば、その子どもがE・ノイマンのいう意味での「自我‐自己軸 Ego-Self axis」[3]を形成していくうえで重大なる影響を与える。このなかで子どもが、堅い（ないしは弱い）自我をもつとすれば、〈普遍的〔集合的〕無意識 the collective unconscious〉のネガティブな側面に圧倒されてしまう。これは精神病レベル、および近年問題となっている人格障害と深く結びついている。

集合的意識がもたらす影響

日本では、河合も指摘するように、母性を重視する傾向が強く、女性の生きかたそのものを「母としての生きかた」に閉じ込めようとする集合的な力がはたらいており[4]、自立した女性としての生きかたを排除する傾向が強い。そしてそれを、たとえばT・ウォルフのいう元型へタイラ[5]が体現するような「穏やかさ」「優しさ」「忍従」など、父権性社会で男性の抱く女性イメージのなかに閉じ込めようとする。これは後述するアマテラスのイメージの父権性社会のなかでの変化と深くかかわっている。したがって、この集合的レベルから強制されるいわゆる「日本的な女性」としての生きかたとどう関係をつけるかが、一人ひとりの女性にとって大きな問題となってくる。

自我の葛藤からくる影響

現代西欧文化はその知的合理主義のゆえに、ユングの意識機能の分類[6]を借りれば「思考機能」優位となり、知性的となるあまり、「感情機能」との接触および身体レベル・地上的 earthly レベルとのコンタクトの喪失という方向で病んでいる。これは西欧における近代合理主義の内包した必然の問題であり、ユングが超えるべく力を注いだ根幹に属するものである。

この西欧的自我のありかたが流入し、背景となる文化の欠如もあり戯画化されたかたちで日本人の心性を捉えるとき、日本的自我のありかたとのあいだに大きな葛藤を孕むこととなる。現代の知的女性の多くは、この問題を多かれ少なかれ抱えずにはいられない。なぜなら、彼女たちが身につけた西欧的自我の合理性から、不合理にしか見えない日本の集合的レベルでの女性の生きかたを拒否するとき、往々にして、そこに生き続ける「身体性」を含んだ〝女性性〟の核心との内的なコンタクトから疎外されることがあるからである。そして結果的には〈普遍的無意識〉に流れる女性性のコアとの接触を失い、自然から疎外され、迷う存在ともなりかねない。

個性化を求めて

このような集合的な問題を絡めつつそのなかで苦悩する女性たちの諸問題は、いかなるかたちにせよ、一言でいえば《個性化 individuation》を求めての煩悶である。なぜなら、複雑な日本の状況は、さまざまなレベルで女性の個性化過程の問題に影響を与え続けているからである。

現代日本や西洋諸国のような父権性社会においては、女性の生きかたを求めることじたいに、本質的に困難がつきまとう。父権性社会では自我意識の発達は多かれ少なかれ「男性機能」と結びついている。物事を切断し分類していく自我の機能は、包み込もうとする「母性機能」とは対照的な機能である。したがって女性も、少女として成長していくための自我の機能は、多かれ少なかれ男性的色彩を帯びざるを得ない。そのうえで思春期前後に到達したとき、産む性としての特徴である生理に直面しなくてはならない。このとき少女のこころに何が生起するのであろうか。

自我のありかたとナチュラルマインド

M・エリアード(7)やE・ハーディング(8)が述べるように、いわゆる伝統社会において、初潮を迎えた少女が儀式として一定期間村から隔離され「産む性」としての自然の摂理を教え込まれたりする習俗は、生理・出産に対して人間が抱く畏怖の念と神秘性を示している。男性の通過儀礼では、自然の摂理ではなく、その部族の成り立ちと、それを守るべく課せられた男性の役割を、神話を通じて教え込まれる。これは対照的である。

そのようにして女性の場合、共同体のなかに生理・出産が位置づけられているということは、それらは単に個体としての女性に生起する事象に留まるのではなく、深く共同体と関わる事柄であることを示している。こうして少女は、いくらか男性性を帯びた自我をもちつつ、身体的側面と共同体性の両方から、「成熟した女性」へ変容を遂げることを要請されるのである。

このようにして変容した女性の自我は、西欧神話に特徴的な男性的自我の元型的象徴である〈ヒーロー〉元型とはおのずと違ったものとなる。父権性社会でのヒーロー元型は比較的鮮明なイメージとして捉えることができ、男性はそれに従ってみずからの男性性を発展させることが出来るのに対し、女性の場合、元型的イメージとしては、〈母〉〈少女〉は捉えやすいが、あとは「母となるのを待つ娘」というかたちで集合的レベルで閉じ込められていたのが、これまでの長い歴史的経過といえよう。この事実が、女性的自我の「個」としての展開をよりいっそう困難にする。

たとえばそうした女性的自我のありかたを、ユングは〈ナチュラルマインド〉[9]、ノイマンは〈母権的自我〉[10]というかたちで、本質的に男性的自我のありかたと違ったものを包摂しているものとして区別しようとする。詳述する余裕はないが、双方とも「産む性としての自然との結びつきの強さが、切断し分類していく思考機能との結びつきの強い男性的自我と違った質をもたらす」と主張する。女性はこのナチュラルマインドないしは母権的自我をみずからのなかに包摂しつつ、父権社会において《個性化》過程を見出していかなくてはならない。

さまざまに開かれた可能性

しかしこのような困難は、なにも女性の「個」としての生きかたの不可能性を意味するわけではない。私はむしろ、父権性社会のなかで男性のありかたとして多かれ少なかれ社会的レベルで〈ヒーロー〉元型と関係をもつ生きかたに閉じ込められている男性と違って、より多様な生きかたを発展させる可能性に開かれている、という積極面も内包していると考える。

たとえばA・グッゲンビュール゠クレイグは、女性はいま、さまざまな元型的多様性のなかにみずからの生きかたを求め得る、時代の大きな過度期にいる一方で、社会的に拘束される男性はまだその余地は少ないという。[11]またユングは、今世紀初頭にすでに次のような興味ある指摘を示している、「現代のヨーロッパでは、これまで認められず、生きることのできなかった、あまりにも多くのさまざまな生きかたの可能性が、女性たちのこころの無意識のなかに蓄積している。そしてその女性の無意識は、たとえばローマ時代の奴隷たちのこころが無意識的にはあらゆるローマ人のこころに浸透していったような効果を発揮しつつある。ちょうど、最も低い身分の奴隷のこころが、神聖なる皇帝のこころと同等になってきたように、いま女性たちは、以前は生きられなかったさまざまな領域に生きようとしている」と。[12]ここには男性的になりすぎた女性へのやや皮肉的なニュアンスも含まれているのであるが、社会的ないし集合的レベルで生きられないことが、まったく切り捨てられ何の影響ももたないものではない、ということを、ローマ帝国においてキリスト教が国教化していく過程を例証しつつ、ユングは主張しているのである。

つまり、意識と無意識のダイナミズムのなかで、これまでは生きられなかったこともさまざまな影響をもち、それゆえにこそ男性をも巻き込んだうねりのなかでしか女性の変容はないといえよう。

このようにして女性の生きかたを考えるとき、そしてとりわけ日本の女性の生きかたを考えてみるとき、日本神話のなかで女性たちがいかに生きているかを眺めてみることは、重要な手がかりとなる。なぜなら、神話とは、国家の成立のいわれを説明するものであるが、同時にそこには、人間のこころの元型的な現れと、その国としての集合的修飾があるからである。そこで次に私は、日本神話の女神たちを検討し、女性としての生きかたがその豊かな元型的イメージとともに存在することを見出し、それがいかに歴史的に修正されて前述の集合性のありかたのなかに「女性イメージ」を閉じ込める結果となったかを論じることにしよう。

日本神話の女神たち

私は先のような問題意識をもとに、古事記の前半にあたる神武天皇の東征までの話に出てくる女神たちの姿を追ってみた。そこで、イザナミからトヨタマヒメにいたる女神たちおよび出雲におけるスセリヒメなどを総覧してみると、二つの大きな特徴が浮かび上がってくる。

一つは、アマテラス、スセリヒメ以外の女神たちは母としてのみ生き、みずからを生きることなく死んだり姿を消したりしていることである。ギリシア神話においては、たとえば太母ガイアやゼウスの妻ヘラのように、夫・男性から受けた裏切りの数々に対する恨みから、激しく復讐することによってみずからを生きているのに対し、日本では、イザナミが黄泉の国でイザナキを追いかける以外は、まったく恨みを生きていない。そして子どもを残したり食物を残したりして姿を消して、その母性および豊饒性が強調されている。ここに河合のいう「母性社会としての日本[13]」の一つの特徴の根があるといえよう。

いま一つの特徴は、アマテラス、スセリヒメの変容である。この二人の女神の変容のなかに、私は現代にも通ずる元型的レベルでの〝女性性〟の変容の姿をみる。アマテラスとよく較べられるギリシア神話におけるアテネにしても、またアルテミスにしても、みずから変容することはなく、アテネはヒーローを助ける女神として、アルテミスは森の中を駈けめぐる処女神として、ともに男性の侵入を受けつけない。一般にギリシア神話においては、ユング的にいうなれば、神々がそれぞれの元型的現れを生きているのであり、神じたいの変容というテーマは少ない。ところが日本神話においては、いわばパンテオンの中心であるアマテラスが男性の侵入を受けて変容するのであり、スセリヒメの冥界からの脱出とともに神話の重要なテーマとなっている。これは西欧と日本の神話の構造の違いと関係しているのであろうが、私の立ち入れる問題ではない。ただ、西欧から離れたエジプトへいくと、たとえばイシスがオシリスの母であり夫であった大女神から、我が子ホルスによって王冠を剥奪され、この神の母神的存在のみになるという変容があり、それが母権性社会から父権性社会への推移と呼応している。そのような例があるのは興味深い[14]。とまれ、アマテラスとスセリヒメの変容の姿は、「母性」が強調される日本文化の集合性のなかにあって、際立った〝女性性〟の変容の表現としてきわめて重要だと考えられる。母性の問題が女性の《個性化》に大きな影響をもっていることは論をまたない〔本書第七章も参照〕。たとえばユングは、母と娘との関係のありかたがいかに娘に影響を与えるかを、四つの類型にわけて考察している[15]。ただしここではアマテラスの変容を中心に論ずるため、この問題に触れることとことはできない。

アマテラスの変容

初めに簡単に物語に触れておこう。

黄泉の国でのイザナミの追跡から逃れて来たイザナキは、川で禊ぎを行い、その際さまざまな神々を産み出し、最後に左目からアマテラス、右目からツクヨミ、そして鼻からスサノオの三人の高貴な神々が出生する。イザナキはいたく喜び、ツクヨミには夜の世界を、アマテラスには高天原を、スサノオには海の世界を治めることを命じる。

しかしスサノオはそれを受け入れず、母、イザナミの世界へ行きたいと泣き叫ぶため、イザナキは怒りスサノオを追放してしまう。スサノオはアマテラスに会うため高天原へと出かけていくが、それを聞いたアマテラスは、彼が暴虐をはたらきに来たと思い、弓矢で武装し土を蹴散らし雲突く大男のようになって彼を迎える。スサノオはアマテラスにお別れを云いに来ただけと弁解し、みずからのこころの潔白を証明するために「うけい」をすることを彼女に提案する。アマテラスもそれを了解し二人は「うけい」を行い、アマテラスはスサノオの剣から五人の男の子を産み、スサノオはアマテラスの首飾りから三人の女の子を産む。

スサノオはきれいな女の子をもうけたのだから自分の潔白は証明された、と過剰に喜び、そのあまり天上の世界の水田などを壊してしまう。他の神々はこのスサノオの暴力に対して怒るが、先程まで彼を討とうとしていたアマテラスが今度は彼を庇うという驚くべき変化を遂げる。暴力的になりすぎたスサノオはさらに、アマテラスと側女が織物をしていた小屋に、皮を剥いだ馬の脚を投げ入れ、驚いた側女は、女陰を怪我して死んでしまう。

あまりのスサノオの暴力にショックを受けたアマテラスは、天の岩屋戸の中に閉じ籠もってしまい出て来ようとしない。このために世界は光を失い、野盗が跋扈し乱れ、八百万の神は困り果て、一計を案じ、鏡などの装飾物を岩戸の前に置き、アメノウズメにいわばストリップショウをさせる。不思議に思って顔を覗かせたアマテラスに『あなたよりきれいな神様が現れたのでお祝いしているのです』と嘘をつき、一歩彼女が前に出て来たとき、背後の穴を石で塞いでしまう。世界には再び光と平穏が戻る。

まず、アマテラスはいかなる女神なのだろうか。

イザナキがイザナミの太母的な質の否定的側面を完全に地下に封じてしまい、しかも黄泉の国の汚れを落とす禊ぎの行為からアマテラスを出生していることは、後のアマテラスの質に大きな影響を与える。それは汚いもの・破壊的なもの・地下的なものを排除した「きれいさ」「純粋さ」であり、それはさらには精神性 spirituality へと繋がる質によって特徴づけられる。

これはノイマンの定義を借りれば、〈こころの上方部分 the upper side of psyche〉[16]との同一化であり、往々にして、強い父親コンプレックスをもつ少女に現れる心性と共通しているものである。そしてこの場合、彼女の〝女性性〟の発達は相当の問題をかかえることとなる。河合はゼウスの子アテネとアマテラスの類似性から、イザナキとアマテラスの結びつきを指摘し、アマテラスを〈父親の娘 father's daughter〉と見ている[17]。

この心性は臨床的には、拒食症 anorexia のかなりの部分、または知的優位になりさまざまな精神医学的症状を呈する女性の心性とも類似している。こうした女性は、無意識からの補償作用ないしは侵入として、ノイマンのいう〈こころの下方部分 the lower part of psyche〉[18]の蒼古的な脅かしに苦しまなくてはならない。なぜなら、こころの下方部分とは、本能性・身体性・母性などを含むものであり、人は、こころの上方部分とあまりに同一化すると、下方部分は抑圧ないしは解離され、それゆえに未発達のまま蒼古的・未分化とならざるを得ないからである。これは一方で、父権性社会における自我の発達の問題と深く関係している。

アマテラスのこうした特徴は、さらには、彼女が他ならぬ父そのもの、しかもその目から出生していることからも特徴づけられる。「目」とは、明るさを見出し、見通しをつけ、物事を見分けていく〈意識〉の機能と深く結びつき、〈無意識〉を象徴する暗闇と対照的な位置にあるからである。

いま一つ重要なのは、スサノオを迎え討つアマテラスの姿である。古事記の記述はその男性的姿を、弓矢で武装し、天に届くほど大きく、砂を腐った雪のように蹴散らして……と表現している。ここにはもう女性としてのアマテラスの特徴はなく男性性そのものである。このいきさつは、アマテラスが精神性のレベルでイザナキと同一化しているばかりでなく、少なくともこの段階では、典型的な男性的自我を身につけていたことを示している。彼女はあらぶるスサノオを迎えるにあたって、女性的方法ではなく、男性的方法で対峙したといえよう。

このように「女性らしさ」の見られない〈父の娘〉アマテラスがスサノオの侵入を受けたとき、彼女は六つの段階を経るなかで変容を遂げていく。順を追って見ていこう。

①うけい

ここで起こっているのは二人の性的結合であるが、性愛的な結びつきというよりはむしろ男性どうしの強い対立であるかのようなニュアンスが濃く出ている。これは、アマテラスがスサノオを迎えるにあたって、女性的な方法をいまだとり得なかったことと、こころの上方部分に同一化し過ぎた女性にとって男性の侵入は常にこのような暴力的なものに見えてしまうということ、その双方を示している。

男性を受け入れる性としての〝女性性〟そして産む存在としての「母性」が抑圧されるとき、男性の侵入はさまざまなレベルで蒼古的となり、闘いの対象でしかなくなる。こうした女性たちが、夢のなかで粗野な男性に脅かされたり、性の領域が動物で表され、たとえば本来人間に最も近い動物である犬に襲われたり、蛇に侵入されたりする現象は、夢分析の過程ではよく見られる。

②優しさの出現

うけいのあとアマテラスは突然、変貌する。彼女の身に起こったことは、五人の男の子を産んだという事実だけであり、したがって私たちはここに彼女の変化の原因を見出さなくてはならない。うけいという行為のなかに性的な意味あい、すなわち神のみに許された聖婚 hierosgamos（ここでいうなら姉 - 弟の近親相姦）が仄めかされていることは明らかであろう。

前述のように、ユングはナチュラルマインドという概念で、またノイマンは母権的意識という概念で、男性的自我と違った女性特有の意識のはたらきかたを提示する。これは「産む存在」としての母性に根ざしたもので、子どもを出産したアマテラスのなかで、これまでは未発達のままかあるいは抑圧されてきたこの意識が動きだしたと考える以外に、彼女のスサノオへの突然の優しさの表現を説明することはできない。

③女性性器への侵襲

こうしたテーマがここにわざわざ挿入されなくてはならなかったところが、神話のおもしろさと凄さであると同時に、心理学的にもきわめて興味深い。

古事記では側女が、日本書紀ではアマテラス自身が、性器を傷つけたことになっているが、深層心理学的には「アマテラスの性器領域へのスサノオの侵入」と考えてよいだろう。女性性器が、象徴的には生殖・豊饒性のシンボルであり、また一方では、女性のエロス的側面のシンボルであることは論を待たない。母性的側面が動き出し優しさを体現したアマテラスが、スサノオのこうした暴力的な侵入を受けなくてはならなかったことは、「うけい」というかたちでの出産の体験の不充分さを示している、と私には思われる。また一方では、母性的側面の開花だけでは〝女性性〟へとイニシエートされていくには不充分だということも同時に示しているとも云えよう。

遠くイシュタルの神殿では、少女から娘への通過儀礼において、少女は神殿の売春婦として名もないさすらい人に抱かれなくてはならなかった。侵入してくるのはこの場合、人格をもった男ではなく、男性性そのものであり、このような荒々しい侵入の、〝女性性〟へのイニシエーションにおける重要性をN・クウォールズ＝コルベットはその著『聖娼』[19]で強調している。この観点に立つならば、「うけい」の段階ではなくこのスサノオの侵入において初めて、アマテラスは女性性の本能的・身体的側面とのコンタクトができる素地ができたといえよう。

④ 洞穴への退去

これも深層心理学的にはさまざまな意味を含んでいる。ここではグッゲンビュール＝クレイグの〈移行期うつ病 transitional depression〉[20]の視点から考察を進めよう。

グッゲンビュール＝クレイグは、たとえば少女から娘というように、一つの元型から別の元型へと自我に主要な影響を与える元型が移り変わるとき一時的なうつ状態が出現するといい、これを移行期うつ病と呼んでいる。そこで起こっているのは「心的エネルギーの内向」であり、これにより無意識が活性化され、臨床的には一時的な退行現象とうつ状態をきたす。そして一定期間の後、〈セルフ Self〉の調整センター regulating center としての役割で、新たな元型がその人のこころのなかで優位を占める布置 constelation が形成される。これを「治療的退行」と呼ばれる現象と見ることもできよう。

〈父の娘〉であるがゆえに男性性・精神性に同一化しすぎた女性にとって、母性・身体性に根づいた女性として生まれ変わるには、大変なこころの作業を要するであろう。短期間に出産と性的凌辱の両方に直面しなくてはならなかったアマテラスにとっても、しばらく洞穴に籠もることに象徴される「無意識への退行」は必然の結果であった。

⑤ アメノウズメとの接触

アメノウズメの存在はきわめて興味深い。

まず彼女は、性器露出の踊りとともに出現する。性器の象徴的意味については先述したとおりである。ノイマンによれば、豊饒性のシンボルとしての性器露出テーマは広く世界雰布している。[21]この性器露出がアマテラスが洞穴から出てくるための重要なきっかけになっていることは意味深い。深層心理学的にみれば、ここにきて初めてアマテラスはスサノオの侵入の衝撃をみずからのなかに統合することができ、プログレッション progression（前進）の方向に進み始めたことを示している。さらに、その契機がアメノウズメの性器露出であるがゆえに、アマテラスは女性の身体的・エロス的側面もまたみずからのなかに体現し得たのではないだろうか。

行われたのはトリックであったとしても、アマテラスがアメノウズメを重要視し重用したことは、以後の古事記の記述でも明らかである。詳述する余裕はないが、アメノウズメは天孫降臨に大きな役割を果したあと、彼女の子孫は猿田の名を賜わり、以後、宮廷の祭祀を司り豊饒を祈願する役割を担っている。アメノウズメが性器露出の踊りで提示したのは、女性の露骨な身体性そのものであり、古事記の記述によればその踊りかたは狂乱的であり、ギリシア神話におけるディオニソスを想い起こさせる。この狂乱と混沌なる caotic 神の体現するものは、純粋性 purity のイメージの強いそれまでのアマテラスに最も欠けていたものであり、だからこそアメノウズメとの接触は不可欠だったといえよう。これはまた、イザナキによって地下に閉じ込められたイザナミのもっていた汚れ・混沌・地上的なものの甦りともいえる。

こうしてアマテラスは、いわばパンテオンの中心としてその後重要な役割を果たす。そこではもう男性的色彩の強いアマテラスではなく、「母性」や〝女性性〟をも体現した存在として君臨したことが以後の古事記の記述から窺える。そしてこの経過は、アマテラスがこころの〈上方部分〉との同一化から〈下方部分〉すなわち身体性・本能性をも統合した存在へと変容したものとして見ることができよう。

⑥アメノウズメとの切断

そのように変容を遂げたアマテラスであるが、時代が神話時代から歴史時代に入るにつれて、様相が変わってくる。倭健命で有名な倭姫命への託宣で、アマテラスは伊勢に住みたいと言う。これにもとづき伊勢新宮が建立され、アマテラスはここに祭られることとなった。不思議なことに伊勢とはアメノウズメの出身地ともいわれる所であった。

伊勢神宮が造られると同時に斎宮制度が作られ、天皇の娘が斎宮としてアマテラスに仕えることとなり、倭姫命がその最初だといわれている。斎宮は、アメノウズメのようにディオニソス的要素をもった巫女と違い、処女性・純潔性を求められ、その身体性を奪われた悲劇を本田和子は詳細に報告している[22]。

梅原猛によればこの変化は、仏教の革命的変化と土着的・シャーマニスティックな神道の双方を排し、国家神道を確立した藤原不比等による、その後の日本的な父権性社会の確立と軌を一にする[23]。また西郷信綱は、これによりアマテラスは、斎宮で聖性を象徴されているものの、太陽神としては名ばかりとなりその脱け殻になってしまったと述べている[24]。ここでアマテラスのイメージは曖昧となり、後世のそれは、斎宮制度の聖性・純粋性の巫女のイメージと重なり、ストリップを踊るアメノウズメのカオティック・ディオニソス的な要素は希薄となり、集合的な文化の中心からも外され、柳田國男によれば、県巫女や、白拍子など文化の周辺で生き続けるという[25]。

これは深層心理学的に見れば、当時の集合的意識のレベルで父権性の勢力が増大したのとともに、母権性社会の強い時代においては集合的意識の中心に位置していたアメノウズメ的要素が次第に分化を迫られ、そこに内包されているカオティック・ディオニソス的側面が抑圧されていくことを示している。そして、それと同時にエロス的側面の抑圧が始まるのも避け得ない歴史の流れであったことを、斎宮のイメージは物語っている。これは西欧において、大女神の活躍するとき、たとえばアフロディテがエロス神を思いのままにし奔放なエロスを生きた時代から、ゼウスの父権的色彩が次第に強くなり、やがてはキリスト教の父なる神が成立していく過程と相応し、興味深いところである。

こうして伊勢神宮の奥深く鎮座したアマテラスからは、母なる神、さらには斎宮から来る聖性・処女性・純粋性のイメージは感じとられても、スサノオに侵入されアメノウズメに助けられ見事に変容していった女性としての姿は伝わってこない。そして以後の集合的レベルにおいては、「母性」「貞淑性」「処女性」が重視される女性像が次第に強くなり、仏教、武家社会の影響を受けつつ現代に至る経過のなかで、河合のいう「母性性社会」の大きな底流をつくることになるのである。

前述のアマテラスの変容を、私はノイマンの言葉を借りて《上から下への変容》と名づけた。この場合、アマテラスがそうであったように、父との関係がポジティブにせよネガティブにせよ大きな影響をもっている。しかも、いかなる質の父性によって影響を受けているかも重要なポイントである。

イザナキはみずから出産する力をもっている点で、いわゆる父権性社会の父のイメージとは違っている。ノイマンはこのような父を〈ウロボロス的父〉[26]と、ユングは〈原初的 primordial 父〉[27]と呼んだ。この父のイメージも多様であるが、イザナキの場合は、混沌・汚れとしてのイザナミを拒否しているところからも、その精神性・汚れのなさが強調されている。したがってアマテラスの場合は、このような父に囚われた存在からの変容の元型的表現といえよう。

そしてこの神話における例は、「上」に囚われた女性がみずからの《個性化》を歩むためには、アメノウズメに象徴される身体性などとの接触がいかに必要かを示してくれる。しかし、これが女性の変容のすべてではない。私たちは神話のなかに、イザナキとは違った質の父、スサノオに囚われたスセリヒメの例を見出す。これを私は《下から上への変容》と名づけ、後の第七章で論じることにする。

父性体験がもたらすもの

「上に囚われた」場合においても、ウロボロス的父に囚われる場合と、いわゆる西欧的な意味での父権的父に囚われる場合とでは、おのずと違いが出てくる。

ノイマンによれば、母 - 娘一体感から離れ、娘が自我を発達させていくには、その一体感へのウロボロス的父の侵入が必要だという[28]。このウロボロス的父のイメージは、まだ混沌をその内に含む神々、ゼウスやハーデス、ドイツの森の神ウォータンによって象徴されるばかりでなく、雷や颪など、自然の猛威としても象徴される。少女は、このウロボロス的父の侵入により自我を発達させていき、初潮を迎え、再度男性の侵入を受け入れなくてはならない。そしてこのとき、ウロボロス的父にはぐくまれ異性の接近にこころの準備がなされておれば、侵入してきた男性はその少女の〝女性性〟を発展させるヒーローとなり、内的には、アニムスのその後の発展の投影の対象となり得る。しかしそれまでの過程で、ウロボロス的父との出会いに問題を残しているなら、侵入して来る男性は、少女の自我に脅威を及ぼす対象となってしまう。

たとえば四十代の女性で二十年あまり精神病院に入院している慢性の分裂病〔統合失調症〕患者は、初夜の体験を、夫が自分のお腹の上でトントンしてびっくりしたと語る。彼女の病いの初発は結婚後一箇月後であった。彼女は妄想のなかで「四歳までに父、叔父、そして天皇に犯された」という父親イメージの混乱を語る。そしていまは、永遠に会うことのできぬ幻の彼女の恋人の幻聴に聞き入り独りでたたずみ、慢性化のなかで一定の落ち着きを見せている〔これも第七章で少し詳しく触れよう〕。

この例は、きわめて問題のある父性体験のなかで、結婚の相手である男性すらを受け入れることができず、性的な侵入が、彼女の自我を根底から揺さ振り、深い分裂病体験に陥れたことを示している。そしてまた、父親イメージとの出会いの失敗のゆえに、彼女のなかの男性イメージはきわめて蒼古的な段階にあり、いわば神イメージと混合するなかで、幻聴というかたちで彼女に語りかけているといえるだろう。女性にとっての男性体験は超越的な体験を含んでいるので、その体験が未分化で蒼古的に留まる場合、元型的レベルで神のイメージ（日本では天皇のイメージ）と重なることは、臨床上よく見られる。アマテラスの場合は、洞穴への退去といういわば退行のなかから、もう一度〝女性性〟を身につけた存在として再生することができたが、この患者の場合は、二度とこの世に帰還できず、深い分裂病体験の夢幻的世界に沈んでいるといえよう。このように、原初的段階での父性の体験の問題性は、深く精神病レベルでの障害と結びついている。

父の娘からの脱出

そのような精神病的障害を起こすほどではないにしても、〈父なるもの〉に深く囚われた場合、また別のかたちをとり得る。

たとえばグリム童話の〝カエルの王様〟のように、深く父に囚われた少女は、目の前に現れる男性をカエルというレベルでしか見ることができない。このとき父親は『ボールを拾ってくれたら結婚すると約束したのなら、ちゃんとそれを履行しなさい』と、少女に対してきわめて成熟した父性の役割をとる。この父の言葉でしぶしぶ結婚することにした少女は、ベッドに上がってくるカエルに我慢ができず、思い余って壁に投げつけた。そのとき、カエルはきれいな王子に変わる。これはいわば父権的父に囚われ、男性的自我のなかでしか物事を見てこなかった少女が、嫌さのあまり、真の情動を思わず発したときに、〝女性性〟の根幹をも動かされ、同時に相手の男性もまたカエルから人間へと変容することを示している。もしも父親が「カエルは嫌だ」という少女の訴えを受け入れてしまったなら、そこには父‐娘の溶解し難い共生関係が生まれ、娘の前に現れる男性はカエルであり続けるのではないだろうか。

臨床例を挙げてみよう。ある二十四歳の女性は、力強い父親の溺愛を受け、明朗な〈父の娘〉であった。ところが大学四年のときに、父親の女性関係の発覚とともに母親が混乱し、彼女が家の中心となってなんとか家庭の傷を癒した後、深刻な抑うつ状態と摂食障害に陥る。以下は彼女が回復期に見た夢である。

> 友だちとキャンプ場に来ている。ボーイフレンドの双子の弟もいる。みんなが部屋から出ていく。するとピンク色でゼリーのような、なめくじのような、山椒魚のようなものが宿の入口から入って来ようとする。ドアを閉めると二つに切れる。しかしくっついてまた一匹になる。『何だこれ!』と大騒ぎしている。車に乗っていて竹藪を見ると、何匹も同じものがいて、『あそこにもいるよ』と言っている。

これは、父の娘であり、また父の浮気によっていっそう男性的なものの侵入を拒否しようとする彼女にとって、身体的・性的なものがナメクジまたは山椒魚で象徴され、すぐ近くまで迫ってきたそれを受け入れるのが困難であることを示している。しかし彼女は夢の中でさほどこの奇妙な動物に嫌悪感をもっていない。このことと、夢をとりまく明るさは、少しずつではあるが彼女のこころのなかで「性」を受け入れる準備がなされつつあることを示している。

このような女性たちは、身体的・性的レベルが、夢のなかで侵入してくる動物のイメージで表現され、なかなか人間の男性と接触がとれない。夢のなかに男性イメージが出てきても、迫害的なものになることが多い。これを受け入れ、夢のイメージも受け入れられるものへと変容していくには、彼女たちは大変な苦難の道を歩まなくてはならない。アマテラスの例が示すように、この身体性を受け入れ、男性の侵入を受けとめることなしには、女性のエロス的側面を開花させ〝女性性〟を発達させるのは難しいのである。それをユング的にいうならば、アニムスとのそれぞれに応じた接触なしには、女性性の発達もまた困難だということになろう。父との同一化から男性的自我に女性の自我が占有されるとき、身体性へと通ずるアニムスのイメージはどんどん蒼古的となり、自我に敵対するものとして彼女に迫ってくるのである。

エロス的側面の包摂

これまでアマテラスとの関係で「エロス的側面を包摂した女性性」について述べてきたが、その包摂は、特に日本の土壌ではさほど簡単なことではない。

たとえばアマテラスが「うけい」の段階で留まっていたら、はたしてどうなっていたであろう。「母なるもの」に開眼し、母性としての「優しさ」をみずからのなかに体現しておれば、それはそれで一つの変容であろう。そして実は、この段階での女性たちが、これまでの日本では、前述の集合的な圧力もあって圧倒的に多かった。彼女たちこそが、いわばノイマンのいう〈母権的自我〉を中心に生き、日本の家族制度を背後から支えて来た大きな力であり、《個性化》としての〝女性性〟はさほど彼女たちの課題になってこない。そしてこの場合、父との関係もまた、さほど明確に意識され解消されるということなく残り続ける。

イザナキが〈ウロボロス的父〉であったように、河合は日本における西欧的な意味での父性の弱さから、その父親像はウロボロス的であることが多いとし、神話のなかに現れる父‐娘結合について考察している[29]。これは、前述したアメノウズメとの切断のあとの集合的な父と娘の関係のありかたに相当するものであり、伝統的価値規範の強いところではいまなお根強く文化の底流をなしている。こうしたときには、父との関係が深く繋がったまま結婚・出産と進み、解消しきれない父‐娘結合の枠内で生きていくことも可能となってくる。

しかしこの状況は、戦後の社会構造の急激な変化のなかで変化を遂げつつある。女性を生活に縛りつけてきたこれまでの社会システムは変化し、ウロボロス的父‐娘結合や「母性性社会」に閉じ込められてきた女性を揺り動かし、さまざまな元型的可能性に目を開かしつつある。

ウロボロス的父との絆が緩み、一方でよくいわれるように、グリムの〝カエルの王様〟の王女の父親のようにはっきり切断できるいわゆる西欧的な父権的父も欠くとき、女性の《個性化》は大変な仕事である。まして、アマテラスの父からの離脱は、イザナキが冥界に閉じ込めたイザナミ的質の甦りであるアメノウズメとの接触を通じて初めて可能になったように、そのエロス的・カオティックなものまでにコンタクトをつけなくてはならないとすれば、それはいっそう困難なものとなる。ともすれば、カオティックなものに圧倒され悲惨な結果を招来することもあろう。

この困難を見据えつつ、なおかつエロス性をいかに自分のなかに統合していくかが、《個性化》を求める「上に囚われた女性」たちの課題であることを、アマテラスの神話は示してくれる。スサノオとの「うけい」に始まる彼の暴力的な侵入は、アマテラスをして洞穴に籠もらせるほどこころを震憾させるものであり、それだけこころの深部に達するものである。だからこそ、アメノウズメとの接点が出来てくるその過程の困難をもまた、それは示している。

開かれた「変容」への扉

本章では女性の《個性化》をめぐって、現代日本の女性の諸問題の現れかたを、①元型的レベル、②集合的レベル、③日本的自我と西欧的自我のありかたの葛藤をめぐるレベルと、三つのカテゴリーに分けて考察したうえで、現代はさまざまなかたちでの元型的な生きかたに女性が開かれつつある時代であることを指摘した。

そして日本神話における女神たちの生きかたを検討し、アマテラスの変容は父なるもの・精神性・純粋性に囚われた女性の見事な変容の元型的表現であることを浮かび上がらせ、それを《上から下への変容》と名づけた。このなかでアメノウズメとのコンタクトは、その本能性・身体性のゆえにきわめて重要な役割を果しており、とりわけ女性のエロス的側面の発達のためには不可欠の課題である。

さらには、これほど見事な変容の例を神話にもつにもかかわらず、その後の歴史過程で次第にアメノウズメ的な質を集合的意識の中心から排除し、「母性」や「貞淑」に女性の生きかたを閉じ込めてきた、現代まで続く動きについても若干の考察を行った。

ここでは、女性の変容の一つのモデルとしてアマテラスの例を検証したが、父への囚われはこれだけに限らない。同じく「上」への囚われにしても、ウロボロス的父といわゆる父権的父ではその様態が違ってくることは臨床例によって明らかである。また父との関係においては、イザナキとは違った質をもつ「スサノオに囚われたスセリヒメ」の例もあり、私はそれを《下から上への変容》と名づけて考えることにしている〔第七章を参照〕。

（1）Jung, C.G.(1960) ***The Structure and Dynamics of the Psyche***（*C.W.8*）. Princeton University Press.
（2）河合隼雄『日本人とアイデンティティ』〔創元社、一九八四年〕。
（3）Neumann, E.(1973) ***The Child***. Maresfield Library, Karnac.
（4）河合隼雄『母性社会日本の病理』〔中央公論社、一九七六年〕。
（5）Wolf, T.(1985) ***Structural Forms of the Femenine Psyche***. C.G. Jung Institute.
（6）Jung, C.G.(1971)『心理学的類型』佐藤正樹訳〔人文書院、一九八六年〕。
（7）Eliade, M.(1975) ***Rite and Symbols of Initiation***. Harper & Row.
（8）Harding, E.(1971) ***The Way of All Women***. Rider & Co. Ltd.
（9）Jung, C.G., recorded and edited by Jaffe, A.(1961)『ユング自伝』河合隼雄・藤縄昭・出井淑子訳〔みすず書房、一九七二年〕。
（10）Neumann, E.(1953)『女性の深層』松代洋一・鎌田輝男訳〔紀伊國屋書店、一九八〇年〕。
（11）Guggenbühl-Craig, A.(1979)『結婚の深層』樋口和彦・武田憲道訳〔創元社、一九八二年〕。
（12）Jung, C.G.(1964) ***Civilization in Transition***（*C.W.10*）. Princeton University Press.
（13）河合隼雄、前掲書。
（14）Neumann, E.(1971)『意識の起源史』林道義訳〔紀伊国屋書店、一九八四年〕。
（15）Jung, C.G.(1959) ***The Archtype and the Collective Unconscious***（*C.W.9*）. Princeton University Press.
（16）Neumann, E.(1971)op.cit.
（17）Kawai, H.(1965) ***The Figure of Sun Goddess in Japanese Mythology***. Jung Institute.
（18）Neumann, E.(1971) op.cit.
（19）Qualls-Corbett, N.(1988)『聖娼』菅野信夫・高石恭子訳〔日本評論社、一九九八年〕。
（20）Guggenbühl-Craig, A.(1985) 京都講演。
（21）Neumann, E.(1971) op.cit.
（22）本田和子『少女浮遊』〔青土社、一九八六年〕。
（23）梅原猛『神々の流竄』〔集英社、一九八三年〕。
（24）西郷信綱『古事記の世界』〔岩波新書、一九八一年〕。

(25) 柳田國男『妹の力』著作集9〔筑摩書房、一九四二年〕。
(26) Neumann, E.(1953)『女性の深層』松代洋一・鎌田輝男訳〔紀伊國屋書店、一九八〇年〕。
(27) Jung, C.G.(1954) *The Development of Personality* (*C.W.17*). Princeton University Press.
(28) Neumann, E.(1971) op.cit.
(29) 河合隼雄『昔話と日本人の心』〔岩波書店、一九八二年〕。

第六章　魔の深層人間学——ひとの闇とこころの病み

前章では、現代女性をめぐる集合的な問題、女性性における元型的な問題、そしてこれからの女性の変容可能性を探ってきた。そのなかで、人間の底に流れる〈普遍的〔集合的〕無意識 the collective unconscious〉がいかに強い力をそなえているかが明瞭に浮かび上がったわけだが、本章では続いて、普遍的無意識が広く深く影響を及ぼしている世界、人間文明・現代社会や私たちの人生を考えるにあたって避けては通れない世界、すなわち〝魔〟について考えていこうと思う。この質こそがイザナミやアメノウズメが体現している質だと考えるからである。

現代に息づく魔なるもの

まずもって〝魔〟とはいったい何であろう。広辞苑では「魔羅」からくる魔とされ、第一の意味としては「人の善事を妨げる悪神、不思議な力をもち、悪事をなすもの」という意味になっている。その第一義は「神の反対」ということになろう。さらに魔には「魔もの」という意味あいも含まれている。そして広辞苑では第二の意味が「不思議な力、神秘的なもの」という具合になっている。こうなってくると、第二義的には、魔のなかに含まれるいわゆる「悪」という意味が少し落ちてきている。このあたりが、魔を考えていく視点で重要になるのではないだろうか。

このように考えると、まず一番目には「悪なるもの」、西洋的にいうならば"devil"や"evil"、これが、西洋が「悪霊」「悪魔」「魔女」などに込めた意味なのであろう。神とは反対の概念として悪魔というものが、サターンとして西洋文化のなかに脈々と流れているということは周知のところである。

こころのフォークロア

二番目の意味としての〝魔〟というのは、やはり「神秘的なもの」という意味内容をどうしても含んでくる。第一の「悪」だけであれば、いわゆるユング心理学でいう《影》の問題として、普通の個人的な影から元型的な影までさまざまな段階がある。「悪」だけなら、そのような影の問題として語れないことはないだろう。しかしこの第二の魔は、超越的なもの・神秘的なものという意味あいをどうしても含んでくる。つまりそういう意味では、「神と同じ質」に達してしまう、というようなところが出てくるわけである。

これはユング派ではよく使う概念であるところの、超越的transcendentalなものでヌミノースnuminousな感じを与えるもの、そういう何ともいえないものである。たとえば私たちが素晴らしく感動的な瞬間に出会ったときに思わず平伏したくなるような「何かを超えて自分に伝わってくるもの」「大いなる力を与えるもの」として、〈超越的なるもの〉という言葉を使うのであるが、そうした内容をこの第二の〝魔〟は含むと考えられる。神の出てくる以前のいわく言い表せない「凄いもの」、何かそのような「人智を超えた力をもったもの」という意味あいが魔のなかに入ってくるのではないだろうか。

聖であり穢れであるもの

このような内容が、たとえば非近代社会におけるいわゆる「未開」な世界のなかで魔術として使われ、ブラックマジック／ホワイトマジックという力を成立させていることになる。ブラックマジックというのは、人に対して悪をなすもの、とにかく呪いをかけるもの、というかたちでなされる。日本でも行われるような、藁人形を五寸釘で打ったりする行為は、一種のブラックマジックを願ってなされていることになろう。逆にホワイトマジックというのは、人を助けるものというかたちで、シャーマンとかメディスィンマンといわれるいわゆる「未開」な世界のなかで祈祷師がなす行為として広く知られる。このような魔術に照らすと、特にブラックマジックに通ずるところに〝魔〟の世界というものがあるのではないかと考えられよう。

このような神秘的なものにはよく〈マナ〉という言葉があてられ、〈霊力〉とも言い換えらる。これも良いほう／悪いほう両方の意味があり、たとえば「マナ人格」という具合に呼ばれたりすると、この人は非常に超越的な力をもった人格、つまりシャーマンやメディスィンマンになることのできる人、という場合もあるだろう。

いわゆる「未開」な世界の他にも、日本の民俗学にも出てくる習俗としては、女性の生理・経血などが〈マナ〉的な力をもつという考えかたが生きていた。したがって女性は生理のあいだしばらくは村から隔離される、そうすることによって災いを避けるということが行われていた。さらに出産においてももちろん出血を伴うため、村はずれに産屋を建ててそこで出産するというようなことが、昔の日本ではなされていたのである。そのような「女性がもつ不思議な魔力」を表すときにもマナという力が考えられる。

この〈マナ〉はある意味では「聖なるもの」であるけれども、やはり「穢れ」ともどこかで通じている。たとえば女性が生理のときには神社のなかに、つまり聖域のなかには入ってはいけない、というようなしきたりが民俗学的に残っている。それは、不思議な力・神秘的な力・超越的な力としての〝魔〟と通底しているのではなかろうか。私はこの力を、とりわけ父権社会に入ってから、出産という人間の神秘をめぐって男性が女性に対してもっていた、畏怖と差別の混交したものと考えている。

意識の隙に入って来るもの

私たちは日常的に「魔がさす」という言葉を使う。

あとで考えて「なぜ、あんなことをしたのだろう」と考えてしまうことはないだろうか。人はときどき、意識のもつ集合的側面から判断するなら「やってはいけない」こと、「そんなことは普通やらないだろう」というようなことを、ついついしてしまう。つまり、集合的側面の主体性を乱すことがこころからパッと現れてきて、自分が意識せずにやってしまったり、言ってしまったりする。このようなときに「魔がさす」という言いかたがされる。そうしたいわゆる「意識の集合的側面を混乱させるもの」としての〝魔〟ということも考えられるのではないだろうか。もちろん、集合性から離れた個人的価値観に入ってくる「思考の流れの亀裂」の場合も同じことがいえよう。

さらに、このあたりはあとで大きな問題として触れるが、私たちのこころは決して「明るみ」ばかりではない、ということがある。つまり〈こころの闇の部分〉としての〝魔〟が、本章のテーマである〈普遍的無意識〉と関係してくるところなのである。それは、先述のようにC・G・ユングのいう《影》の問題と結びついていると同時に、たとえば《エロス》の問題にも結びついている。

こころのダークサイド

《エロス》は、本来は人間を関係づける非常に大事な要素なのだが、あるときには「死」へと通じていくこともあり得る。たとえば映画監督の大島渚が『愛の亡霊』(ある意味では『愛のコリーダ』もそうなのだが)で、そのようなエロスのもつ非常に破壊的な死の側面というもの、そしてそれが官能性と結びついていることを、みごとに描き出した。そうした〈普遍的無意識〉のもつ「破壊的側面」としての〝魔〟も考えていかなくてはならないだろう。ユングのように、あらゆることを二重の側面(ポラリティー)で考えるのは重要なことであり、その意味では、あらゆるところに魔は潜んでいる。たとえば〈母〉なる元型が「子どもを育み滋養する」側面と「呑み込み無意識へと引きずり込む」側面の両方をもっているように。

暗闇への怖れ

また「暗い闇」と切っても切れない深い関係があるのが〝魔〟である。

私たちは近代文明のなか、至るところで照明に照らされているが、古代においては、夜の灯りは「火」しかなかった。その火を神から盗んで人間に与えたことによってプロメテウスが大変な罰を受けたことは、周知の神話的事実である。それほど「火」というのは大事なテーマになる。日本では、イザナミが火の神カグヅチを生みだすことによって女陰を火傷して死んでしまう。そして西洋においても日本においても、火を人間が手に入れて文明なるものが造られていく。「火」「光」とは、西洋・日本、おそらく他の神話においても主要モチーフになるほど大事なテーマとしてあり、人間の〈意識性〉を体現する。それは暗闇を照らし出すものの源泉なのである。

その対極として「暗闇」があり、その暗闇にはこそ〝魔〟が入り込む。小さい子どもは、暗闇のなかで眠ることをとても嫌がる。それはやはり、生まれ始めようとしている自分のちっぽけな〈自我〉のようなものが暗闇に吸い取られてしまうことへの恐れ、つまり象徴的には、みずからが魔に吸い取られてしまうことの恐れという具合にみてもよいのではなかろうか。

あるうつ病の患者で、相当長いあいだ暗闇のなかで眠れない方がいた。うつ病というのは、ひとつの見かたではあるが、結局、意識的に自由に使えるエネルギーを失ってしまって、そのエネルギーが無意識に潜行していろいろな症状をつくってしまい、自我意識にエネルギーを還流させることがうまくいかない状態というように考えることもできる。そうすると、この方の場合は、暗闇で眠ることを非常に怖がる、というかたちで症状に出ている。これもやはり同じように、象徴的には「エネルギーを失った自我・意識が魔の世界に引きずり込まれる恐れ」として捉えることができるかもしれない。

冥い死への眼差

いまひとつ、人間にとって決して避けることのできない事柄として「死」の問題がある。これは私たちにとって運命としてあるわけで、歴史のなかでは「冥界」「幽界」といったかたちでさまざまに語られてきた。この「死」の問題とかかわらずには、やはり〝魔〟というものを考えることはできないのではないだろうか。

こころの自然

次に考えなければいけないのは自然との関係での〝魔〟である。自然には測り難いところがあって、私たちはそこに怖さと同時に「畏怖」の念を禁じ得ず、加えて「美」「豊饒」などさまざまな感じかたがある。

ネイチャーとの相克

「自然」と聞いて最初に思い浮かぶことのひとつに「災害」があるのではなかろうか。

自然は、人間の力ではどうにもコントロールすることが出来ない大変な力を有している。スマトラ島の津波、アメリカや中南米でのハリケーン被害、日本でも大きな雪害に見舞われたことは記憶に新しい。一九九五年の阪神・淡路大震災もしかり。こういう事は誰も予測できず、ある日突然襲ってくる事に、私たちは直面するしかない。昔の人がこれを〝魔〟の引き起こすものと考え、江戸時代の鯰絵や、イタリアではみずからの尾を咬む地中のウロボロスの絵を残しているのは無理からぬところであろう。自然科学は地震の原理は説明してくれた。しかし予知能力はまだまだ充分ではない。というような、「災害」として現れる自然の魔がまず想起される。

そうはいうものの近代の自然科学はかなりの部分、自然を予知しコントロールする術も手に入れてきた。そこで一方では、その科学じたいが、核の問題や環境破壊の問題として、人間文明のなかに〝魔〟を生み出しつつある時代に突入しているといってもよいのではないだろうか。ダイオキシンを中心とした環境ホルモンが大変な話題になっている。たとえば宮崎駿の『風の谷のナウシカ』は、近代科学じたいが巨大な腐海を作り出したという壮大な作品である。(1)

つまり、現代科学はずっと「明るみ」を追求してきたけれども、一方で科学技術じたいが次第に魔をつくりつつあるという時代の入口に私たちは立っているのではないか、という感を禁じ得ない。日本が唯一の被爆した核の問題もそうである。武器の近代化で大量の殺戮を行った第一次世界大戦に懲りず、また日本においては日露戦争における突入戦で大量の死者を出したにもかかわらず、世界は第二次世界大戦へと突入し、原爆により多数の非戦闘員の死者を出した。これが近代科学のつくりだした魔でなくて何だろう。とりわけナチスドイツや、日本帝国主義が行った悲惨な殺戮は、人間のこころに宿る魔としかいいようがない。

イルネスとの対峙

これも自然に関することであるが、「病魔」という言葉がある。近代医学は病気をかなりの程度、解決してきた。ペストや天然痘が撲滅されたごとく、感染症は相当の部分が解決され、現在では「悪性新生物」「老化」「臓器移植」などの問題が話題になりつつある。しかし一方で「鳥インフルエンザ」からの変異型ウィルスが警戒されていたりと、いまだ人間と病気とのいたちごっこは続いている。ＨＩＶの問題も地球的規模で深刻化している。血液製剤からくるエイズの問題は、血友病という病気に対して国家が起こした人為的な犯罪であり、いろいろな政治的・倫理的問題を含んでいるのであるが、一方、性交渉を通じて伝わっていくエイズという病気は、まさにに人間の「暗闇の部分」から広がっていくもので、現代のドラゴンとして〝魔〟と繋がっているのではないだろうか。その原因のひとつでもある性産業にも魔は潜む。かつて梅毒が花柳病といわれたように、また世界史的にみて売春婦が人間の最も古い職業であるといわれるほど、今東西を問わず、それは人間とは切り離せないもので、絶えず「暗闇」のなかに分類されてきた歴史がある。こうした「病魔」に宿る魔も、人間と自然の関わりのなかで忘れてはならないだろう。

リチュアルな防衛

そのような自然から来る〝魔〟を避けるために、人間はさまざまな工夫をしてきた。

なかでも、シャーマンやメディスィマンがいわゆる未開な世界のなかで役割を果たしてきた、「儀式」というものは注目に値する。古代日本のアメノウズメの系統を引くようなシャーマニスティックな神道の巫女の役割もそうである。こうしたことは現代社会でも消滅したわけではなく、シャーマニスティックな宗教がたくさん残っている。それらはさまざまかたちで社会問題化してもいるのだが、通底している要素は「儀式によって魔を避ける」という意味あいではないだろうか。いまでも家を建てるときの地鎮祭は廃れていない。そのようなことをしても仕方ないとはわかっていても、「なにが襲ってくるかわからない」ということで必ず御祓いをする。これは一種の〝魔〟を避ける儀式であろう。他にも、風水思想や、いわゆる陰陽道のなかにある方違えなど、トイレの位置を選ぶなどして災いを避ける儀式的行為を行う人間の思考パターンは、科学的思考が隅々まで行きわたった現代にも連綿と受け継がれている。

後ほどまた触れるが、人間は、災いを避けるための一つの防衛機制としての「儀式」をたくさん持っている。それは少なくなってはきているものの、いまだわれわれの文化のなかにも残っている。あるいは見かたによっては、個人の領域での儀式が「強迫神経症」といわれるものかもしれない。つまり、強迫機制・強迫儀式というものは、人間の基本的な防衛機制であり、それが〝魔〟を避けるための、宗教も含めた儀式、災いを避ける儀式 apotropaic ritual であるとも考えられるのである。

ここでは神秘・暗闇・自然といった視点から、今を生きる私たちにとっての魔の考現学を試みたが、次節では、人間のこころの深みに脈々と息づく大いなる〝魔〟をとらえるために、〈普遍的無意識〉の創造物をとりあげよう。

魔なるものの深淵

〝魔〟という大きなテーマは、人類の〈普遍的無意識〉が創造してきた神話や、おとぎ話・民話・昔話などのなかにも、きわめて鮮明に描き出されている。人間のこころがこの世的・事物的なものごとに留まらぬ深さ・広さをもつことの表れであろう。それではまず神話について考えてみたい。

神話に体現される魔

神話というものの起源、すなわち神の物語なのか、神が私たちに与えたもうた物語なのか、それとも〈普遍的無意識〉が創り出した物語なのか、ということについてはここでは不問にしておきたい。たとえどんなに小さい部族でも、神話をもたない部族はないだろう。

よく読まれている児童文学にル＝グィンの『ゲド戦記』がある。これは魔法使いゲドが「影との戦い」から魔法使いとして大成し「アースーシーの風」へと至るなかで、テナーという女性の魔法使いと結ばれ、テハヌーという虐待を受けた子どもを娘として育て、龍の世界・死者の世界との仕切りをつけ、ゲドがいわば個性化 individuation していく過程を描いた壮大な作品である。[2] 作者は物語の完成に二十年以上を費やしている（ことさら印象的なのは、第Ⅳ巻のあと第Ⅴ巻を書き終えるまでに十年の歳月が流れていることである）。そのようにしてこの作品は、児童文学でありながら、死者の世界、さいはての国、龍との出会い、そして仕切りと、神話的モチーフに溢れた興味深い作品となっている。

このゲドのモデルとなったとされるのが、ル＝グィンの母親が書いた本『イシ』の主人公である。これはカリフォルニアの砂漠で石器時代のような生活をしていた最後の原住民で、保護されて、ル＝グィンの父親が博物館で一緒に生活しながら色々なことを聞き出して大きな研究を成し遂げた。その人類学的な研究書[3]とイシが語り伝えてくれた神話を児童文学化したもの[4]の二つがある。その部族が追いつめられて十人か二十人くらいの集落になって、最後はもっと少なくなり、イシの母親が死亡し、一人になった後、彼は保護されている。イシという名も白人がつけたもので、本当のところはわからないままなのである。彼の伝えてくれた生活の様相は、まさに神話そのものの世界を生きており、近代の意味での「個人的な自我」というものがない。季節ごとに行う営みが決まっていて、性的差異が儀式として厳密に区別され、その営みの根拠を神話が与える。文字など無い文化で、それは伝承によって伝えられる。動物と同様に本能のみに従って生活するという全き自然からは疎外されて存在し、火や石器などの生活手段、武器を使う人間という存在を基礎づけるものとして、神話が存在している〔イシについては次章でも詳しく触れる〕。イシたちの生活からもわかるように、結局、神話というのは、いわゆる原初的な混沌にある暗闇・魔に打ち勝ち、一方ではそれらを多少は含みつつ、いかにして国が出来ていったか、という物語といえよう。原初の状態において、生を脅かす「闇」「病み」すなわち〝魔〟から襲ってくるものに、人間がいかに脅えていたか、想像に余りある。

ギリシア神話の対照性

それではまず、神話の代表ともされるギリシア神話を見てみよう。

ゼウスがオリュムポスにパンテオン神殿を建設することになるのだが、このパンテオンの建設には相当の年月がかかっている。最初、ギリシア神話はやはり混沌のなかにある。その混沌のなかからウラノスとガイアが、人間なるもの（人間神なる神々）を造り出すわけである。ウラノスは天空、ガイアは大地でありカオスである。この大女神は男の手を借りずにウラノスを産み出している。その後、ガイアは息子と交わり、ティタン神族を産み出し、クロノスはそれに属する。ウラノスは自分の子どもに嫉妬し、産まれようとすると子どもをガイアの体に押し返すため、ガイアはクロヌスを助け、ウラノスを殺してしまう。このクロヌスと地母神レアとのあいだに出来た子どもがゼウスである。クロヌスもまた競争相手が現れることに嫉妬し、子どもを呑み込んでしまうので、レアはガイアの助けを借りてゼウスを逃し、ゼウスは長じてクロヌスを倒す。その後、ゼウスにつながる系譜とクロヌスを支援したティタン族との十年戦争となる。ティタン族というのは巨人族で一種の魔物であり、この二つの系譜が出来上がるのであるが、最初は極めて錯綜している。これは創世記における「光と闇の混乱」であろう。そしてゼウスは、このティタン神族との戦いを続けて、ようやくパンテオンの神殿を造りあげ、一方、敗北したティタン神族を冥界の最深部のタルタロスに閉じ込めてしまう。

光と闇のコスモロジー

こうしてギリシア神話のなかでは、ゼウスは光、つまりパンテオンを形成する「明るみ」の部分を構成し、ティタン神族というのは一種の闇、つまり〝魔〟を形成していることになる。

おそらくこの「光が闇を放逐する」というかたちでパンテオンが形成されていくという繰り返しとして、西洋の文明、キリスト教文化に受け継がれていったのだろう。すなわち、いわゆるこの過程が西洋文化の礎を造っていると考えられる。文明を形成するうえでまずこの闇〝魔〟を放逐しなければならなかったということが印象的である。

ただし、ギリシア神話が光のなかだけ世界を造っているわけではないところが、また意味深い。そこに注目してみよう。パンテオンが光の世界を造る一方で、今度はゼウスの兄弟であるハデスが冥界の支配者として登場する。ハデスも海の神である三叉の槍を持つポセイドンもクロヌスの息子で、クロヌスに呑み込まれていたのをゼウスが助けている。これでゼウスがオリュムポスのパンテオンの神殿と天空、ハデスが冥界、ポセイドンが海、そしてこの神の姉妹であるデメテルが豊饒性とそれぞれに支配する神、女神として君臨し、ここに至って壮大な宇宙論cosmologyが完成する。「人間の神」として残るにはティタン神族はあまりに「魔もの」であり過ぎたといえよう。

生と死をつかさどる神々

ハデスの支配する冥界は〝魔〟と深い関係を持っている。冥界が「死者の世界」であることからして、それは当然である。ハデスはゼウスと相談して、デメテルの娘であるペルセポネを誘拐して、お花畑から冥界へと連れて行ってしまった。するとデメテルは、ペルセポネが誘拐されたために嘆き悲しんで放浪し、娘を探し歩く。デメテルは豊饒の女神であるために、この女神がオリュムポスを去ったあと、ギリシアでは稔りと緑が失われてしまった。それでゼウスが困り果て、ハデスとゼウスとデメテルとで交渉して、とにかくペルセポネをこの世に帰してくれるよう話をつけようとするが、ペルセポネは柘榴なる冥界の食べ物を食べているので、全部は帰れない、では半々にしようということで、半分はこの世で過ごし半分は冥界で過ごすということで妥協が成立した。こうして再びこの世に稔りが戻ってきたのである。この経緯は春から秋にかけての「豊饒性」という収穫期の神話的説明譚であると同時に、魔と深い関連がある死者の世界と生ある世界を区別していくことの神話的表現でもあるといえよう。

そのようにギリシア神話は、ハデスという冥界をやはり造らざるを得なかった。ゼウスという「光」とともにハデスという冥界を、ティタン神族という「闇」を征服したあとでも造らなければならなかったのである。ここに人類にとっての大きな意味があるのではないだろうか。

「死者の世界」は、人間にとって、それどころか当時の神々にとっても、想像を絶する「闇」なのであり、この世界の区別は、たとえばオルペウス神話で繰り返される。竪琴の名手であったオルペウスは最愛の妻エウリュディケを失い、悲嘆に暮れ、冥界へと至る。彼の竪琴の調べのみごとさで妻を連れて帰ることを許されるが、ただし、この世に帰り着くまで妻を振り返って見てはいけないという「見るなの禁」を課される。しかしオルペウスはこの世に至らんとした最後の瞬間に、射して来た光のなかで美しい妻を見てみたいという欲望断ち難く、振り返り、妻を失ってしまう。オルペウスはその後、魂が抜けたようになり、竪琴も奏でられず、最後には八つ裂きにされるという悲惨な運命に終わる。

この話もまた、この世とあの世の境界は人智をもってしても神々の力をもってしても踏み超えられないものであることを示唆している。「死」とは、かくも途方もない〝魔〟を含んでいるのである。

魔物退治という使命

ところで、ギリシア神話の奥深さは、「死」を語って〝魔〟の問題が済むというわけでないところにある。つまりギリシア神話のなかには、あの世そのものではなくとも、この世ならぬ怪物がたくさん出てくる。

たとえば最も典型的な〝魔〟の体現者といってよいゴルゴンがいる。ゴルゴンは西の果てに住む怪物で、髪の毛が蛇から成り、不死の二姉妹と唯一不死でない末妹のメドゥサがいて、これを直接見る者は石になってしまうというとんでもない存在である。「石になってしまう」ということは、完全に生命が奪われてしまうか、生命性がなくなるということを意味する。これは精神分裂病〔統合失調症〕緊張型の蝋屈症（不自然な姿態をとったまま長時間動かない症状）やカタレプシー（たとえば医師が患者の上肢を挙上するとそのままの姿勢を長時間続け、能動的行動のない状態）を連想させる。また、ユング派でいうところの石化 petrification のテーマでもある。

ここでまた「人間がこの世に生き抜くためには、この世の果てに住む〝魔もの〟を退治しなければならない」というテーマが出てきた。この世ならぬものにはティタン族がありハデスがあったわけだが、次にこのゴルゴンの登場である。

二人の姉妹は不死で、如何ともしがたい。唯一メドゥサのみが不死でないため、退治し得る。このメドゥサを退治したのが、有名なペルセウスという英雄で、ギリシアの女神アテナより青銅の盾を、ヘルメスより硬い剣をもらい、ニンフたちより、被ると見えなくなる帽子、翼のついた飛ぶことのできる靴、斬り取った怪物の首を入れる袋をもらう。彼は、アテナの楯にメドゥサを映して見て、直視することなく石になることを避け、唯一不死でなかった末妹メドゥサの首をヘルメスの剣で斬り取って、帽子で自分の姿を見えなくして翼のついた靴で逃げて帰ってくる。その帰途、海の怪物に捕えられていた美女アンドロメダを救い出し結婚を遂げた。西洋のヒーロー物語のプロトタイプの一つはここにあるのではなかろうか。

これだけ何度も何度も、人間は「闇」と対決してこの世を造ってこなければならなかった、ということがギリシア神話の系譜を見てわかった。

人智を超えた手だしのしようのない自然の闇、人間の姿をした神々によって体現される闇、死・病気・疫病などによって体現される闇、この世に属するものの、退治できるもの／できないものを含めた怪物的存在で体現される闇、これらはすべてユングの概念である、人間のこころの最深部の〈普遍的無意識〉に宿る〝魔〟であり、それは、精神分裂病を中心とした精神病的世界のなかでも体現される。

日本神話の相補性

さて今度は、視線を一転して日本神話を見てみよう。

イザナミは火の神カクヅチを産み出し、女陰に火傷を負って亡くなり、黄泉の国へ去ってしまった。それをイザナキが連れ戻しに行くのだが、イザナミは『もう帰れない』と言う。しかしイザナキがあまり懸命に頼むものだから、イザナミは『地下の大王に相談してくるから、そのあいだ絶対に自分の姿を見ないでくれ』と言い、そう約束させた。ここにもギリシア神話と同じく「見るなの禁」が出てくる。しかしあまりに長く待たされたために、イザナキはイザナミの姿を見てしまう。するとイザナミの姿は、とてつもない破壊性・醜悪性を体現していた。つまり、蛆虫で蝕まれ、雷が八つ付いていて、とても二目と見られないものであった。これも「闇」の表現であろう。ただしここでは、西洋に比して、死の世界の「穢れ」ということがより強調されている。後にも述べるが、これが日本の〝魔〟の系譜の始まりではないかと私には思える。そしてイザナキは、そこから一生懸命逃げ出し、禊ぎをして、ようやく日本の〈集合的意識性〉の礎を造り出すことになるアマテラスとツクヨミとスサノオの三貴子を産み出した。

日本神話の最も初期の混沌から数えてイザナキ・イザナミは神代の七番目にあたるのだが、ここでもやはり、これだけの「魔」、闇と対決しなければならなかったということが注目すべき点であろう。

醜悪なるものの系譜

次に、イザナミに始まる〝魔〟の系譜の体現者として、アメノウズメ、サルタヒコに登場してもらおう。

アメノウズメは、前章でも触れたが、スサノオが暴虐したあと天の岩屋戸に籠ってしまったアマテラスを導き出すために、洞窟の前で裸踊りをし、それを神々が笑い、この様子につられてアマテラスは引き出されてきた。その後アマテラスは、アメノウズメをずっと大事に自分の元に仕えさせていて、孫のニニギの命が天孫降臨するとき、アメノウズメに前もって様子を見させている。そこでアメノウズメは土地の神で大変な力をもつサルタヒコと対峙し、ここでも自らの女陰を開陳することで、サルタヒコに支配力を及ぼすようになる。天の岩屋戸といい、サルタヒコの場合といい、女性性器の開陳は猥雑であり、豊饒的であり、エロスのもつ危険性とも結びついているがゆえに、〝魔〟に近い存在といえるのではないだろうか。

この経過でアメノウズメはサルタ（猿田）の姓をアマテラスより賜り、皇室の収穫祭である大嘗祭や新嘗祭の祭事を任されて、巫女としてシャーマニスティックな傾向の強い初期の神道の中心となる。そしてアメノウズメの一族はサルタヒコとの関係で猿女族を名乗り、その子孫が古事記の語部となった稗田阿礼だ、と柳田國男はいう。そのような、裸踊り、カオス的なもの、またシャーマニスティックなものを体現したものの流れがずっと日本の文化の底流に流れていて、その始まりがイザナミであり、アメノウズメだったのではないか、というのが私の見かたである。

私は、こうした醜悪なるものが日本の文化の底流にあると考える。私のユング派の資格論文のアドバイザーであったチューリッヒの分析家ジョン・ヒルが「ほんとうに日本の文化は不思議だ。ひとつは、アマテラスや、斎の宮という斎宮制度、一切男性を近づけてはいけない、いわゆるアマテラスに仕える巫女、そういう伊勢神宮に伝わる非常に『清浄』な系譜がある。それからもうひとつは、アメノウズメとか懸巫女《あがたみこ》とか、そういう売春を含めた『醜悪』なるもの、ときには魔なるものを体現する、出雲大社に繋がる系譜がある。この二つにきっちり分かれている」と指摘してくれ、大きな印象を受けたことを想起する。[5]

ヒルのいう後者が、日本のなかで〝魔〟の系譜を担っているのではないだろうか。懸巫女や白拍子は、神と交信でき、一方で春を捧げることも行い、どこかで魔の道である「鬼道」ともつながっているように私には思える。ちなみに鬼道とは、仏教によれば、餓鬼・夜叉・羅刹の世界で、幻術・妖術の通用する世界である。[6]

闇を抱えながら生き延びる

このように神話を考えていくと、ギリシアの神話にしても日本の神話にしても、まずは、「闇」とどう対決して

「光」をどう守っていくか、そこどう折り合いをつけていくか、ということが大きなテーマとなっていることがわかる。それほどに〝魔〟の問題が人間の存在にとって一大事だったことが窺い知れよう。

心理学的に考えるなら、結局、人類共通の〈普遍的無意識〉のもつ破壊性、および人智の及ばぬ自然の猛威、そして魑魅魍魎の「闇」から人間が生き延びる手立てのようなものが、神話というかたちで再構成されたのではないだろうか。それほど、自然のもつ、そして自然的存在としてある人間のなかにある（あるいはまた人間が意識をもつにあたって固有に存在するこころのなかにある）破壊性・攻撃性が、ものすごい力を有していて、それがあるときには〝魔〟をつくり、あるときには「破壊性」をつくるというかたちで続いてきているものと考えられる。S・フロイトがエロスとタナトスの双方を本能として考えざるを得なかったのも、このあたりのことと関係しているのであろう。

したがって神話は何十年も何百年も、あるいは何千年も受け継がれる。非近代社会におけるいわゆる「未開」人の部族におけるイニシエーションの儀式では、勇気を試す儀式的行為、母親との分離の強制の他に、成人になる男性に必ず「神話」が教えられるという。そのなかで少年（青年）は「その部族を守るために、おまえは戦士として戦わないといけない」という男性原理を教えられるのだが、そういう神話の内容は、〈普遍的無意識〉の「破壊性」を封じ込め建設的に人間を前に進ませる、つまりプログレッション progression（前進）へと駆り立てる壮大な〈集合的意識〉の礎として存在したのではないか、というように私は考える。

死から生への反転

逆に考え、イザナキがイザナミから逃げたという例をとってみよう。

精神病とりわけ精神分裂病などにおいてよく起こっているのであるが、それは、いわばイザナミの体現する「破壊性」と対面することによって〈自我・意識〉が正常に機能していない状態と考えられる。それどころか、そのようなこころの病いに限らずごく普通の状態でも、私たちは夢の世界を通して、非合理な世界と日々体験している。たとえば悪夢といわれるものは、何らかの意味で覚醒時の自我・意識が危機に瀕しているか、あまりに一面的 one-sided になった状態であり、そのイメージは時には精神病と変わらぬ元型的《archetypal》・蒼古的な相貌をとる。「破壊性」の世界とは、そこが人間のこころの源泉、カオス的で最も原初的なところであり、イザナミがさまざまな自然、そして文明にとって欠かせないない火、明かりの原初形態である雷の神、カクヅチを産み出したように、未分化な「創造性」も併せ具えているのである。

原初の「破壊性」の凄まじい世界と接することによって、「創造的エネルギー」を摂り入れるという面も同時にある。つまり、イザナキがこの世のものではない恐ろしいイザナミを見て、つまり人間のこころの最深部まで退行し、そこでおぞましい破壊性を見ることによって、反転して、プロブレッションの方向へ逃げて帰って来る。そしてそこには、プログレッションに当然含まれる「創造的エネルギー」の源泉も携えている、というような人間をプログレッションさせる役割も、神話には、「破壊性」や〝魔〟を描くことによってあったのではないだろうか。

また、破壊性と接して反転することによって創造性をつくりだす以外にも、たとえば、人智、光なる神をもってしても適わぬものから逃げ去ることも、大きな英雄的行為のひとつである。私の経験からして、拒食症・摂食障害の人は、体重の増減という医学モデルからの接近だけでは治癒へと至りにくい。特に難治性の人は、どこまでも自分を死の世界に近くする。そして治療者が生のぎりぎりまで関係性のなかで付き合いきることができたときに（私は一応、三〇kgをめどにしている）、ユングのいうエナンチオドロミア《enantiodromia》、「死の極から生の極への反転」が起こる。つまりこの人たちにとっては、本人がイメージとして意識するにせよしないにせよ、限りなく「闇」すなわち〝魔〟に近くなることで「死のおぞましさと接触して逃げ去る」という意味合いも含まれているのであろう。

受け継がれる両義性

前節では神話における〝魔〟を考えてきたが、次におとぎ話・民話・昔話に表れる場合を考えてみよう。ここでも同じテーマが繰り返されているのではないかと考えられる。

西洋のおとぎ話にはたくさんの魔女が登場する。たとえばグリム童話集の〝野ばら姫〟もそのひとつである。王・王女は子どもを待ち焦がれていたが、なかなか恵まれなかった。するとカエルが予言して、そのとおり、お姫様が産まれた。ところが、その祝宴の場にある魔女（神通力をもった女）を招待しなかったがために、「姫が指を紡錘《つむ》に刺されて百年の眠りに落ちる」という魔力にかける魔女が出てくる。他にも〝ヘンゼルとグレーテル〟の魔女もいれば、吸血鬼のテーマや、悪魔そのもののそそのかしの話など、さまざまなお話がある。こうしたものが絶えず出てきて、西洋では、魔女を倒すということがひとつの大きな英雄的行為として見られてきた。それは、この世に開いている「闇」の力を放逐することを意味する。

そのような話は民話のなかにもある。たとえばギリシア神話には、セイレンと呼ばれるものが出てくるが、それは地中海に棲んでいたといわれる半分が鳥で半分が人間の女性で、美しい歌声で呼び込んで船乗りを水の中に引きずり込んでしまう恐ろしい存在である。同じように美しい歌声で水の中に誘い込んでしまう長い髪の美女ローレライのイメージは、あまりにも有名なドイツ民話のものである。こうした〝魔〟を体現する存在は、民話のなかにもおとぎ話のなかにも登場し続けて、決してなくなりはしなかったのである。

それらは結局、西洋の場合には、悪魔退治すなわちドラゴンファイト dragon fight という「魔の駆逐」のテーマとして具現化されていく。いわば旧約聖書の『ヨブ記』を通して、父なる神と悪魔とがはっきり分離していくように、クリアーカットに〝魔〟なるものが退治の対象となる。そしてこれがキリスト教社会をかたちづくり、近代の啓蒙主義・合理主義につながっていくのだろう。

一方、日本のおとぎ話・昔話には、鬼や山姥が登場する。

まず「鬼」のイメージを考えてみよう。それは、西洋の「龍」ほど具体的にはっきりと悪を体現するイメージでは出てこない。桃太郎の鬼は、最後は桃太郎に服従してしまう。坂田金時の鬼も、どこか異界を体現しているけれども、いわゆる西洋の龍のようなクリアーカットなイメージではない。そのあたりが日本的特徴として挙げられるのではなかろうか。「山姥」もしかり。小僧さんを追いかける山姥というのはかなり恐いが、一方では十二様のように山の神様となる。また鬼子母神も、子どもを捕って食う鬼のような母親だったが、仏様に諭されて、結局は子どもを護る神様なっている。

こうした具合で、日本の場合きわめて両義的であって、豊饒性と破壊性の双方を体現し一面的には語られない、というところが日本民話の「魔もの」のひとつの特徴かと思われる。

現代につながる多様性

次に人類の歴史そのものを見てみよう。西洋の場合、創造主たる天上の父なる神と、贖罪者キリストとして世に現れた子なる神、信仰経験に顕示された聖霊なる神という三位一体、それと悪魔との対立ということが大きなテーマになってくる。神をそそのかすサタン・悪魔が『ヨブ記』に出てくるあたりがひとつの境目であろうか。つまり、信仰心の篤いヨブの信仰は偽者だとサタンは神をそそのかす。そのことから神はヨブにこの世にあらん限りの災禍を与える。しかしヨブの信仰は変わらない。個人の力を超えた、現世利益的なものを超えた神の存在を疑わないヨブの信仰の篤さに、神は奪ったものを返しヨブを労り、神も、天上の父なる神へとより深化する。また同時に、サタンは悪魔として神から遠い存在となる。

西洋の「対立」構図

そこでやはり天上の神と悪魔という対立が出て、結局、その神というのは父なる神で、父権制であって、そこが光を担うことになる。以後、父なる神がずっと光を担っていくということになる。またその一方で、父権制であるがゆえに「女性原理」というものがどうしても軽視され、非常に単純化していえば、そこに〝魔〟の系譜を担うという構図ができてきたと思われる。その典型例が中世の魔女裁判だろう。魔女裁判ではいろいろな人間の《影》の部分が、魔女と目された女性に投影され、それから多くの精神病者、そして異教徒たちにも投影され、たくさんの人が殺戮された。魔女「狩り」という言葉が示すように、すさまじい勢いで殺されたといわれる。こうした負の側面が「魔女」というかたちで女性原理に負わされていったのである。

そうして女性に〝魔〟を押し付ける一方で、男性の場合には「龍退治」といういわゆるドラゴンファイトのイメージで西洋的自我が出来上がっていったと考えられる。このドラゴンには、「反キリスト的なもの」「無意識」「母なるもの」など、さらには男性を無意識へと引きずり込む「女性イメージ」が含まれている。ここでも西洋的自我は魔を克服することを基本としている。龍と戦って討ち負かす絵が多く描かれているが、それらはあくまでもクリアーカットに「無意識・闇を克服していく」ことを示している。

そこから啓蒙主義へ、そして近代の自然科学主義というものが生まれてくるという系譜を辿るだろうというのは周知のことである。それはずっと「明るみ」の世界であって、おそらく十九世紀から二十世紀の初頭のフロイト、マルクスあたりまでは、このような一種の「科学の勝利」というものが信じられていただろうと考えられるし、その流れはより細分化して続いているように思われる。その自然科学主義の軛に疑いをもち始めたのがニーチェでありユングだったのではなかろうか。こうした傾向が、つまり近代的自我・西洋的自我というもののイメージ、「自我が一つである」というイメージとなり、それが揺れ始め、ユング派の内部でも問題にされている。

日本文化における「恨み」の底脈

一方、日本では、これまでも触れてきたように、西洋のようなクリアーカットなかたちでの「天上の神と悪魔の対決」ということにはならなかった。いわゆる多神教といわれるように、神道と仏教、儒教や陰陽道の影響を受けて、日本では明確な一神教をとらないかたちになっていった。

しかしだからといって〝魔〟というものがなかったわけではない。私はその魔の原点をイザナミの〈恨み〉に見る。イザナミの恨みがアメノウズメ、猿女族へと流れ込んでいくことについては先に述べたが、それが延々と懸巫女や遊女に受け継がれてきて、さらに山姥や鬼道に受け継がれていく。そのような「恨みの系譜」が日本のなかには残っているのではないか、と私は考えている。たとえば能にはそのようなテーマが多い。有名な「井筒」を見てもわかるだろう。男にないがしろにされた女性が向こうの世界に行くことができなくて、旅の僧にそのことを切々と訴える。そして向こうの世界に送ってもらう。そのように恨みのテーマを「女体」に託すことが、能の世界には非常に多い(7)。

このような〝魔〟を体現するものとしての〈恨み〉という考えかたは非常に大事なのではないだろうか。たとえば徳岡香織は日本の妖怪を研究し、妖怪には圧倒的に女性が多く、やはり恨みを媒介にした妖怪がとても多いことをうまく描き出している(8)。そして私は、その恨みを辿るとイザナミにつながるのではないかと考える。これが日本の歴史が産み出す魔の様態のひとつであろう。また男性の恨みの系譜もあり、一例として菅原道真の怨霊が挙げられよう。道真は天神様として奉られているので、恨みをいまどれほど体現しているのかはわからないのだが、そのことからしても、日本では、西洋の「天上の神／悪魔」という明確な対立はないことがわかる。歴史上あれほど大きな祟りを起こしたといわれる道真も奉られることによって神になるほど、神‐魔の関係は相対的なのである。

複雑な「鬼」なる存在

先に触れたように〈鬼〉も複雑な存在だが、日本の鬼は、西洋の龍と同じようには考えにくい意味合いを含んでいる。鬼は非常に破壊的な部分と豊饒をもたらす部分の両方を含んでいるのである。また東北地方の「なまはげ」の習慣などでは、子どもをプログレッション（前進）させる存在であったりもする。

ここで「鬼の子小綱」という昔話を紹介しておきたい。父親が鬼で母親が人間で、自分がこのままこの世に留まっていると鬼が攻めてきて人間世界がつぶされるということで自殺する、という筋書きで、自分が死んでこの人間社会を救うというテーマ、いうならば片子のイメージを表している。これについては河合隼雄が論じているが(9)、「半分が鬼で半分が人間」というモチーフは、どこか私たちに訴えてくるものがあるのではなかろうか。

このモチーフをさらに考えるなら、現代に生きる私たちは、土着的に根づいている存在ではなく、どこかで異邦人的な狭間感を有しているのではないか、という仮説も立てられよう。それは西洋と東洋の狭間ともいえようし、日本的農民的社会・家父長的世界と都市社会・核家族的世界の狭間であるかもしれない。そういう境界に内的・外的に立つ人たちにとっては、先の「鬼の子小綱」の話は非常に胸を打つ話であろう。その昔、西洋人を「赤鬼」と呼んだように、ここでは鬼は「異邦人」、この世の共同体性から離れた存在として描かれている。

このような〈鬼〉の役割を見ると、それを龍に並置することはできないし、まして〝魔〟と断定することは不可能であろう。つまり、そう簡単に「退治」の対象とはならない多義性を含んでいる存在といえる。そうしたことからも、西洋のクリアーカットな側面と日本の多義的な側面が、神話でもおとぎ話や昔話でもそれから歴史のなかでも、対照的になっていることが明らかなのではなかろうか。

闇が迫るこころの病み

本章の最後に「こころの病みとしての魔」の問題に触れて、現代人がどのようにして〝魔〟と付き合っていくべきかを考えなくてはならない。残念ながら私たちはもはや、お祓いのお札《talisman》に頼るわけにはいかないのである。こころの病みという現象は、そのマージナルなありかたが、あるいはその先に予見されるものが、どこかしら私たちを揺さぶってくる。そのすべてを述べることはできないので、ここでは二つの例を挙げて考えてみよう。

魔の手から守るために

まず強迫神経症という病いを見てみよう。その症状はいろいろなかたちで現れる。たとえば「不潔恐怖」に悩む人。何でも汚いと思う人は、手を三十回洗わないと気が済まないというような強迫儀式をつくってしまう。頭のなかでは「こんなことしたって何の意味もないのに……」と思いながらも、そうしなければ気が済まないということで悩まされ続けるわけである。また、同じ道を通らないと何か災いが起るとか、鍵をちゃんとかけたか何回も確認しなければ気が済まないとかいうように、いろいろなかたちで強迫神経症は起こってくる。このように非常に幅広い病いなのだが、これは一体どういうことなのだろうか。

不気味な存在との折り合い

端的にいえばそれは、無意識で意識に許容されない心的内容がその人にとって不気味になり過ぎて、「不潔」とか「確認」とか「忌避」とかという象徴化された症状として現れているのである。ということは、その分だけ、いろいろな心的内容の側面の抑圧（たとえば性的なことの抑圧など）が起こっているのである。抑圧が強くなれば強くなるほど、それは自分にとって不気味な存在になっていく。不気味になっていくと同時に、たとえばそれが性的なものであったとすれば、もともと人間にとって根源的に大事なものであるがゆえに、浮かび上がってこようとする力が非常に強くなってくる。そうすると、何とかそれを抑え切らなければならない、ということで、意識と無意識の妥協の産物として強迫症状と強迫儀式が生まれることになる。つまり、ずっと浮かび上がってくることが、その無意識の内容に近づいて、強迫儀式を行うことでそれを取り消す、ということになる。

たとえば、強いネガティブな母親コンプレックスをもっている男性がいたとしよう。そのコンプレックスは意識に入ることなく抑圧され、それゆえにより蒼古的となり、無意識的な殺意にまでなっていた。その男性が母親から指輪をプレゼントされた。すると彼は、ある日から、橋に差し掛かったときにまず指輪を抜いてポーンと空中に投げてそれをキャッチするという行為をしなければ橋を渡れない、という症状が出るようになった。自分では「こんなことをしても何の意味もない」と思うのだけれども、そうしなければその場から一歩も動けないのである。単純化してこの深層心理学的意味を考えると以下のようになろう。つまりこの男性は、指輪を抜いてポーンと放り投げることによって母親を川の中に捨てている。捨てて川に落とすことで「母親を殺す」という無意識的な願望を満足させている。ところが「あぁ、これじゃあいけない」ということで、それを手でキャッチすることによって取り消している。つまりこの行為によって自我・意識を満足させていることになる。

不潔恐怖でも同じことがいえよう。ある洗浄強迫の女性は、何度も手を洗わないと気がおさまらない。彼女の場合、「不潔」ということには明らかに性的意味合いがある。ここでは不潔と感ずることによって抑圧している性的内容に近づいていて、無意識的願望を満足させている。そして「それではいけない」と洗浄強迫を行うことによって、自我・意識の願望を満足させて取り消しを行っているのである。

重要な守りの儀式

このようなかたちで強迫症状は、無意識的なるもの（場合によっては精神分裂病的にまでひどくなって現れてくる無意識的なるもの）への防衛として使われていることが多い。だから強迫神経症の症状は、ある意味で、不気味となって〝魔〟となった無意識から起こってくるこころの病みに対峙した際の、ひとつの「守りの儀式」であるというふうに考えて差し支えないだろう。

抑圧する力が強くなればなるほどその心的内容は蒼古的となって、その人のこころのなかの〝魔〟を形成する。〈解離〉や〈分裂機制〉でそれが排除されていけばいくほど、自分の心的内容が「異界」となる。したがって私たち心理療法家は、強迫症状を取り去ることだけを目的とするのではなく、非常に慎重に取り扱っていかなければならない。なぜなら、下手に取り去ってしまうと精神病に至って破綻してしまうということも大いにあり得るからである。

魔に取り囲まれた世界

〝魔〟なるものがこころの病みとして最も大きく現れるのは、精神分裂病と呼ばれる世界においてであろう。これほど難解でわかりにくく、基礎的存在の最深部から生じてくる病いは他にない。精神分裂病では、世界が相貌的に変化してしまう。自分の周りが迫害性を帯びて迫ってくるというように、普通の世界の見えかたとはまったく違うものに取り囲まれる。たとえば幻覚妄想状態で「おまえは馬鹿だ」とか「殺してやるぞ」とかと、しょっちゅう言われるという相貌的な変化を起こしてしまう。これほど恐ろしいことはない。

世界が変わってしまう

その世界はさまざまな文学や絵画に描かれているが、なかでも最も知られているのはムンクの絵画『叫び』だろう。あの差し迫った表情は、戦慄におののく精神分裂病者の世界の変化を伝えて余りある。ムンクも含めこの人たちはすっかり〝魔〟に取り囲まれてしまっている。迫害的なこの世ならぬ世界に住まなくてはならない、という意味において。したがってこの〈相貌的変化〉こそ、その異世界性がゆえに魔そのものではないかと私は思う。

相貌性 physiognomic とは「太陽が楽しげに笑い、悲しげに顔をくもらせると感ずるように、生命を持たないものが人間と同じような表情を表し、身振りをし、欲望を持つと感ずること」〔広辞苑〕である。つまり、人間的なもの／非人間的なものの区別・識別がなくなり、分裂病の場合は、悪意・迫害性に満ちた相貌性となる。そこは「Aは非Aではあり得ない」というアリストテレス的真理が成立しない世界で、その象徴性においては〈夢思考〉にも近くなる。

〈夢思考〉ということに近づけば、私たち人間は誰でも無意識のこころのなかにそうした分裂病的な思考となる質をもっていることになる。そしてある種、世界との関わりかたが危機に瀕したとき、相貌性が日常的世界に裂け目のように入り込んで来る。この現れようには、その人のもつ素質、生活史、そのとき彼〔彼女〕を取り囲んでいる世界のありよう、布置など、さまざまなことが影響しているだろう。一応、発病を免れている者は、意識性でもってその侵入を抑えながら、ないしは〝魔〟の破壊性を建設的なものに変えながら、日々生活している。ところが精神分裂病になっていく方にあっては、その意識性のどこかに裂け目ができて、世界の〈相貌的変化〉という魔の世界がふっと突出し、出て来てしまう。そこがこの病いの特徴であろうと私は考えている。

いのちの瀬戸際で

ところで先に触れたように、おとぎ話には「石になる」というテーマがよく出てくる。これはまさに大きな世界の変化だろう。石になるということは、すべての生命性・感情性を失うことになるがゆえに、血の通った人間世界から離れることになる。たとえば精神分裂病の症状のひとつカタレプシーが「石化」の表れで、彼(彼女)は体全体がかちかちとなり、手を上に挙げさせるとそのままの姿勢をいつまでも続ける。

おとぎ話の例をあげるなら、有名なグリム童話〝忠臣ヨハネス〟では、王の影となるヨハネスが王を救うために石となり、そのヨハネスを救うには、王は自分の子どもの首を刎ねるという大変な犠牲を覚悟しなくてはならなかった。この物語は、精神分裂病とはこのような生命性のぎりぎりのところで起きてくる病いであることを見事に示している。また、浦島太郎が海底の竜宮城へ行きそこで暦歴的な時間を忘れ三代の歳月が流れてしまう、というのも〈普遍的無意識〉の「無時間性」であり、夢思考そのものでもある。これもまたある意味で〝魔〟の一種といえよう。かようなかたちで、こころの病みには闇が潜み、そこに〝魔〟が顕現してくる。

魔を受容し超える力

人間という存在が「神」とともにあった頃、そのほぼ同じ時期から人間は〝魔〟とともに存在していた。こころのなかの破壊性も含めて、人間は古来、魔と共存しており、〈普遍的無意識〉に宿る「超越性」を帯びた破壊性としての魔なるものは、決して否定され放逐されてしまうものではない。悲しいことではあるが、みずからの属性としてそれをどこかで受け容れざるを得ない。人間は魔を受け容れていかなければならない存在としてこの世にあるのではないだろうか。

これまで近代の自然科学主義で発達してきた西洋はそれを排除し過ぎてきた。日本もやはり西洋化していくなかで、あちらこちらにいた妖怪を放逐してしまった事実は否定できない。そのような現在、世界史的な視点から、人間のこころのなかにある「闇」の部分つまり〝魔〟の側面とどう付き合っていくか、ということをいまいちど見つけ出していくことが、私たちの大きな仕事としてあるのではないだろうか。

私たちの共有している近代合理主義というものが、宗教を超えて、人間のこころのなかにある魔や、闇に跋扈する魔や、自然がもたらす魔を放逐する力をもっているとはとうてい思えない。それどころか逆に、環境破壊の問題に顕在化しているように、かえって〝魔〟を生みだしつつもある。『風の谷のナウシカ』で宮崎は、文明の終末が章気という毒を発生させる腐海を産み出していく経過を描き出している。私たち日本人はすぐに、核の悲惨さを思い出すだろう。皮肉なことである。自然科学とは、すべてを「明るみ」に出していく真理そのものであるのではなく、ひとつのイデオロギーに過ぎないことがはっきりしてきたのである。

宗教もまたさまざまな〝魔〟とりわけ人間の文明がつくりだす魔を超克する力をもっているとはいえない。キリスト教文化は、世界を凌駕し西洋文化の礎となった。しかし天上にある「明るみの父」なる神は、地上の「暗闇」を排除し続けてきた。かくして魔の問題は、宗教を超えた(宗教をも含み込む)巨大なパラダイムを人間はいまだ生み出し得ていない、という大きな問題へと通ずるのではないかと思われる。

身近にもそうした問題は象徴的に現れている。さまざまな少年事件、似非宗教、オウム真理教による大量殺人事件など、とにかく日々いろいろなことが起きてきており、それらはことごとく人間の深層に蠢く〝魔〟の問題と深く関わっている。非常に困難なことではあるが、魔なるものも含めて超えるような大いなる力を求めていくことが、私たちに求められているのではないだろうか。

(1)宮崎駿『風の谷のナウシカ 1~7』〔徳間書店、一九八五~一九九五年〕。
(2)Le Guin, Ursula K.(1968,1971,1972,1993,2003)『ゲド戦記 I~V』清水真砂子訳〔岩波書店、一九七六~一九九九年〕。
(3)Krober,T.(1971)『イシ——北米最後の野生インディアン』行方昭夫訳〔岩波書店、二〇〇三年〕。
(4)Krober,T.(1977)『イシ——二つの世界に生きたインディアンの物語』中野好夫・中村妙子訳〔岩波書店、一九七七年〕。
(5)横山博『神話のなかの女たち——日本社会と女性性』〔人文書院、一九九五年〕。
(6)半村良『産霊山秘録』〔早川書房、一九七三年〕。
(7)梅原猛『地獄の思想』著作集4〔集英社、一九八一年〕。
(8)徳岡香織「日本の妖怪——心理学観点から」甲南大学人文科学研究科修士論文〔一九九八年〕。
(9)河合隼雄『日本人の心』著作集8〔岩波書店、一九九四年〕。

第七章　神話を生きる――光と闇を映す心理療法

第五章では女性性を、前章では魔を論じるにあたって、〈普遍的（集合的）無意識 the collective unconscious〉が顕在化する場であり現代人が未来を切り拓いていくうえで重要な指針となる〃神話〃を参照してきた。本章ではさらに踏み込んで、私たちの生を明に暗に動かし方向づけてやまない神話の内奥を探っていきたい。

神話的時間への眼差

C・G・ユングが『変容の象徴』[1]を著すことによって、S・フロイトが強くとらわれていた自然科学的思考とエネルギーの性的還元論と袂を分かったのは、画期的なことであった。なぜなら、そのおかげで私たちは、自然科学的還元論のくびきから離れることができ、人類が長く語り継いできた物語つまり〃神話性〃に開かれたからである。そして私たちは、こころの病いを抱えた人たち（とりわけ精神分裂病〔統合失調症〕者）の妄想的世界を、異物としてではなく、そのひと個人のこころとして、より現象学的に理解する方法論を手にした。

〃神話性〃に接近し得るのは、こころを病んだ人を通してばかりではない。中沢新一は『カイエ・ソバージュ』[2]のなかで、対称社会の思考を「神話的思考」と呼び、それと精神分裂病者の思考と夢の思考との類似性を指摘した。つまり私たちはこころのなかで、毎日の睡眠を通して「夢思考」すなわち神話的思考に近づいているのであり、また人類史を通して、石器時代から西暦開始まで、そして現代まで、人間の営みはさほど変わらないのである。そこには人間の人間たる所以、ユング的に語るなら、力強いダイナミズムをもって〈元型 archetype〉の力がはたらいている。

村上春樹が『海辺のカフカ』[3]でアポロンの託宣のようなかたちで呪いと近親相姦を描き、この世に踏み留まる思春期の少年のこころを描くとき、その姿は現代の私たちに深い感動を起こさずにはおかない[4]。また、アテネオリンピックの前にアテネのコロッシアムで上演された蜷川幸雄の『オィディプス王』[5]の物語は、深い嘆息とともに私たちのこころを捕らえて放さない。それは、近親相姦の罪というものが、人間が文明をもち始めたその時から、「愛着と分離」についての奥深い元型的物語であるからに他ならないだろう。

本章では、そうした姿を描き出そうと思う。心理療法を営む私たちがいかに〝神話的時間〟に出会うかが伝われば幸いである。

元型なるものの煌めき

前章でも触れたように、T・クローバーの書いた北米最後の原住民の物語で『イシ』という作品がある。それには彼女の児童文学[6]と文化人類学書[7]の二種があるのだが、あたかも石器時代を生きていたような人間が突然文明社会に連れ出された（文明が乱入し陵辱してきた）物語である。

誇り高きイシ

イシとは、一九一一年にカリフォルニア州の屠殺場で発見され、石器時代を生きる最後の原住民として保護された、とある中年の男性につけられた名前である。

当時、カリフォルニアを中心に、白人系アメリカ人による東部から西海岸に向けての開拓が進み、壮絶な「インディアン」殺戮が行われた。襲撃する白人は殺戮した原住民の頭部の皮膚を剥ぎ、それを持ち歩いたり、収集したりと、およそ信じられない人間の命に対する冒涜をはたらいていた。そのような状況のなかで、かの有名なジェロニモに率いられたアパッチ族の抵抗あり、その結果、多くの原住民が殺戮された。イシの現認者であり、彼の保護者となった人類学者であるクローバーの夫の言葉を借りれば、「類のない忍耐力と強固な性格によって、有名なジェロニモに率いられたアパッチ族より二十五年も長く文明の流れに抵抗し続けた、世界で最小の自由国家」を形成したヤヒ族の最後の生き残りがイシであった。

世界最小の自由国家の末裔

イシ「発見」から四十年ほど遡る一八七〇年、白人が三人の原住民を捕虜とした。彼らを取り返すために十二人のヤヒ族の使者がやって来たが、手違いが起きて十二人は逃げてしまい、あとに五本の弓が残された。クローバーはこう書いている。

> 五本の弓を差し出したことは、ヤヒの歴史において、その将来の針路全体を決める最後のクライマックスをなす行為であった。弓を引くことのできる最後の五人〔イシが大きくなるまでという意味〕、戦ったり狩りのできる最後の五人の男が、交換のために、そしておそらくは講和を申し出て、自分たちの武器を捨てたのである。五は、北部カリフォルニア内部のインディアン種族にあっては、聖なる数であった。もし五がヤナ族〔ヤヒ族を包括する部族〕にとっても聖なる数であると見てよいなら、弓の提出はさらに象徴的意味を持つことになる。

こうして交渉は失敗に終わり、またもヤヒ族の潜伏期が来て、食料の不足から彼らが盗みを働くまで、その痕跡はまったく消えた。イシが発見される三年前に測量隊が原住民たちを追い立てたこともあったが、保護するに至らなかった。後にイシが語ってくれたところによれば、その頃はもう残りは五人となっていて、自分は老いた母親とともに過ごし、従妹と思われる女性と他の男性二人は別行動をとり、おそらくは死んだであろう、ということだった。
彼は母親の死後、屠殺場で保安官に発見されクローバーの夫に保護されて、博物館を生活の場所とし、ヤヒ族・ヤナ族の神話・伝統を伝えた。しかし文明社会における免疫力を欠いていたために、一九一六年、肺結核でこの世を去った。死体は彼に関わった人たちの手によって、彼の先祖のヤヒ族の霊のあいだで地位を占めることができるようにと正しい身支度をして、死者の国に到達すべく段取りされた。すなわち、棺の中に、彼の弓の一つ、五本の矢、一籠のどんぐり食、十個の歯貝、彼がためておいた一箱の貝殻ビーズのお金、一袋の煙草、三個の指輪、黒曜石のナイフ数本を入れた。いずれもイシが希望していたものであった。

神話的世界での営み

十二人から五人へと減少するヤヒ族の潜伏生活を強いられながらの自由国家は、現代的意味で個人として生きる生活を不可能にされており、それだけによりいっそう神話的世界、生まれた土地に結びつけられて共同体のなかで生活を営んでいた。クローバーはこう述べる。

カリフォルニア・インディアンは真の意味で土地の人間であった。また無口で瞑想的で哲学的で内向型であった。生活のあらゆる相に浸透している超自然的なもの、神秘的なものとなごんで暮らした。神秘的な真理を直接に実証できる「具体的な」真理と区別したり、超自然と自然を区別する必要を感じなかった。彼らの価値や知覚や信念の体系の中では両者とも明示されていたからである。〔中略〕一生は誕生から死を通ってその彼方へという、よく知られた適切な型にのっとって進んだ。そのリズムの繰返しにアクセントをつけるのが祭式、求婚、踊り、歌、宴などで、それぞれ世界の始まりにさかのぼる慣習によって確立されたものであった。世界の始まりは生活様式の確立に関するその後の出来事と共によく知られたことであり、種族の、口伝ではあるが詳しく具体的な歴史の中に物語られていた。

かように〝神話〟とは、その種族の存在の様式を基礎づけるものであった。

彼らはほとんど裸の生活で、祭式用の正装や防寒用の毛皮を除いては、男性は鹿皮の腰布、女性は慎ましさの必要を満たすための木の皮の前垂れと縁なしの帽子だけを身に着けていたようだ。食物は採集生活で、どんぐりの粉を粥またはパンにしたもので、槍・刀・銛・石投げ器などが戦いの武器にもなった。もちろん鉄はなく石器である。

彼らにとって「春」の強い風は、再生を告げる喜ばしい知らせだった、その後、温かい雨が来て、すると奇蹟かのように一夜にしてシロツメグサ〔クローバー〕の新芽がふき出し、高原や丘や草原が鮮やかな緑色に塗り替えられ、女たちはそれを籠に摘んだ。陽が温かくなり、鮭が川を上り、男たちはそれをやすで突いたり、網でとったりし、宴と感謝祭が行われた。「夏」には、暑さは過酷であるが男も女も採取、狩猟に励み、とりわけ男たちは一昼夜以上かけた狩りに出かけた。イシもまたそうしていたことであろう。夏は男も女も草葺きの屋根以外なにもない家に眠り、星について、雲のない空における星の位置、名前、星がそこに存在するに至った物語、などを学ぶのであった。

「秋」には、欠けていない月つまり中秋の月と狩猟月は最も収穫の多い時期である。木の実や秋の鮭の遡行があり、冬に備えた。クローバーによれば、この収穫期はヤナ族にとって一年で最も社交的な時期であるという。春よりも幸せでのんびりしており外に開いていた。春の祭は家族と馴染みの人々に限られており、そこには、月の循環および血の関連という女性的原則のなかに潜む善悪の力に対して、ヤナ族や近隣の種族が感じていた呪術的神秘的な激しさがあり、感謝祭の宗教的側面である、飢えと寒さから解放された熱狂的な興奮があるという。秋の収穫期のあとは、それに比して、なごやかに隣近所と談笑する時期である。やがて冷たい「冬」が訪れ、男も女も生活用具の手入れを行う。少年たちは男の家へ行き、男の仕事や義務を学び、男にふさわしい言葉使い、女性に対する、特に自分の妻に対するヤナ族の考え方を学んだ。他方、少女は家に残り、母親や祖母に対する仕事の他に、娘は女としての仕事だけではなく、夫に対する義務や、自分の性につきまとう作法や禁忌の知識と、実行において怠りがあれば夫に害を加えることになる怖ろしい女性原理の力のことを学ばねばならなかった。こうして四季を繰り返し、生と齢を重ね死へと向かう。

彼らは誕生後、男も女も母親に育てられ、姉や祖母がそれを助ける。したがって、子どもたちが使う言葉は女の言葉使いで、男の子は九歳から十歳頃になると父親・兄・叔父のところへ行き、第二の言語である男の言葉使いを学んでいく。彼らにとっても、生の衝撃のなかで、成熟は最も重要な、最も危険なものとおそらくは見なされていて、それは儀式や禁忌に囲まれており、少年少女は、いったん成熟を始めると、一緒に遊ぶことや同じ屋根の下で寝ることさえ禁じられた。そして兄妹ですら、おたがいに複数形で呼び掛けあい、単数形は固有を指すものとして不作法とされたのである。クローバーは、この形式ばった話しかたは、フロイト的近親相姦への怖れとそれを防ぐ心理的クッションを示すが、しかしそれは行儀作法に関する一連の禁制のひとつに過ぎないという観点から見ることが必要である、と述べる。

そしてやがて死を迎える。ヤナ族は自分の村の近くの墓地に埋葬したが、ヤヒ族だけは火葬である。骨と灰を籠に集めて、墓の目印のためと動物を近づけないために石でケルンを作ってその下に埋めた。彼らは死者の魂がときおり帰ってくるという事実を冷静に受け入れ、その魂は外にある水を飲むと思われ、いつも水を汲んで備えていた。死者はいったん死ぬと、愛された者も儀式と喪によって死者の国へと旅に出され、それからはその遠い国こそが彼の住むべき場所になるのであった。

自然と人間の神秘的関与

イシの世界がどのように構成されているかをクローバーに従って概説してきたのだが、彼にとっては、近代でいうところの「個性」や「自我的特性」というものはほとんど問題にならない。イシが非常に誠実な人柄であったということ以外にはほとんど伝わっていない。彼はクローバーの調査には誠実に応えた。前章でも触れたが、彼との交流やそこから得た知識が、クローバー夫妻の娘ル＝グィンの『ゲド戦記』(8)の下敷きとなったことは間違いないであろう。

イシの伝えてくれた世界とは、まったく特殊な条件下で培われた石器時代の思考そのものであり、自然のサイクルと人間の営みが矛盾なく存在し、神話が神話そのものとして構成メンバーの世界観となっており、自然から人間が動物とわずかに異なって世界を基礎づける知恵をもった最も原初のかたちを明瞭に示している。それは自然との関係では、ユングの「神秘的関与《participation mystique》」[9]の世界、中沢によれば対称社会における「神話的思考」[10]である。そこは、現代的意味での個人的な思考のない、元型に彩られた集合性の世界である。また一方で人類の人類たる特性として、超自然的なもの、近親相姦タブー、血にまつわる性としての女性のもつ怖ろしい属性が、神話のなか、そしてそれにもとづく儀式・禁制のなかで生きていることが興味深い。

クローバーは児童文学『イシ』でその世界を美しく描き出した。なかでも、思春期におけるシロツメグサの生い茂る野原での、イシと彼の従妹と思われる女性の抑制の効いたこころのときめきの描写は美しく、また最後で、測量士に「襲われる」場面での彼の恐怖は痛々しい。

父なるもの・母なるもの

これまで二十世紀初頭、アングロサクソン系民族による「インディアン」虐殺の歴史のなかで、結果的に文明から隔絶されたところでの神話的世界の現実性の姿を見てきた。それは自然との調和から疎外されていく人間の歴史性、存在の根拠性を基礎づけるものとして神話の必然性が存在していたことを示している。次に日本の『古事記』における人間史の最も原初的なかたちを見てみよう。

自然を産んだイザナミ

『古事記』では神代が七代続いたあと、イザナキ・イザナミの二柱の神が現れて国造りをする。メタファーとして語られているが、行われるのは、おおらかな性の祭典である。兄妹である二柱は神のみに許される聖婚《hieros gamos》を行い、おのごろ島を初め、海に漂うくらげのようであったところに日本の大地と海の神、風の神、山の神などを造り上げていく。そして火の神カグツチを産んだとき、イザナミはホトすなわち女性性器を火傷し病み臥し、ついに世を去った。イザナミは今の和歌山の南にあるイザナミの窟より黄泉の国へとみまかったという。西郷信綱は書記一書を次のように引用し、イザナミが疫の神として遇されていたと述べる、「〔イザナミを〕紀伊国、熊野の有馬村に葬《オサ》めたてまつる。土俗この神の魂《ミタマ》を祭るには、花ある時には花以ちて祭り、また鼓吹幡《ツヅミフエハタ》用ひて、歌ひ舞ひて祭る」[11]。彼は、これは紛れもなく鎮花祭で、花が飛散する季春の候に疫神分散して災いをなすものを防ぎ鎮める祭であるという。

これらのことを考えると、イザナミとは、まずは国を産み出す存在であり、また疫病の質をも体現している。この疫病の質は死者の国の汚れと通底していて、この女神は、おおらかな性を営み最も基本的・原初的な大地、自然を産み出す存在から、黄泉の国すなわち死者の国の存在までを併せもつことになる。

イザナミには、中近東のイシュタルやイナンナのような、またギリシア神話におけるデメテルやイランのアナヒーターのごとき大女神が体現しているような「豊饒性」はない。日本神話ではその質は、アマテラス、オオケツ姫が担う。アマテラスはスサノオの暴虐から天の岩屋戸に籠り、世が光を失った結果、稔りが失われた。オオケツ姫は躯の穴から食物を出したためスサノヲ〔日本書記ではツクヨミ〕に切られ、死して後に五穀の豊饒を残す[12]。ただイザナミは、自然の他に一柱だけ人間的存在の神を産む。それが障害をもったヒルコである。女神イザナミが先に回ったからという説明が古事記にあるが、その意味はともかく、最初に産み出した人間神ともいうべき存在が障害をもっていて葦船で海に流されるといういきさつは興味深い。ともあれ以上のいきさつのなかで、イザナミは自然を産み出した最も原初的な母性神であることがわかった。

その女神が「火の神」を産み出したときに女陰を火傷して死ぬということも興味深い。よくいわれることであるが、ギリシア神話においてゼウスから火を盗み人間にもたらしたのはプロメテウスという男性神であり、その咎としてゼウスから厳しい迫害を受けなくてはならなかったのに較べて、日本神話においては女神がみずからの死をもって産み出したのである。「火」とは、人間が動物と区別され文明を手に入れるに至る過程の最も原初的なものである。人間は火を使いこなすことにより文明を形成してきたのである。したがって「火の神」を産み出して死へと至るイザナミの姿は、その原初性を際立たせている。

火は一方では「光」であり、人間は火を使うことにより夜の暗闇を避けることができた。前章でも論じたように「暗闇」とは無気味なるものであり、アマテラスが隠れると太陽が失われさまざまな災いが起こったと古事記は記す。このことは逆に、イザナミの「暗闇」との関連を深く示している。黄泉の国とは暗闇そのものであり、イザナキが妻を連れ帰ろうとしそれを頼んだとき、イザナミは「見るなの禁」を課す。光はイザナミにとって許すべからざることであった。長く待たされたイザナキはとうとう禁を破り、みずからの櫛の歯を折って明かりをつける。そこに見たのはイザナミの蛆虫に喰われ八つの雷に取りつかれたすさまじいばかりの姿であった。驚いたイザナキは、裏切られたイザナミの追っ手と女神自身の追跡を逃れ、この世へと帰り、黄泉比良坂《ヨモツヒラサカ》を登り逃げきり、千引きの岩でもって死者の国と生者の国の境を閉じ、死の国の汚れを洗い浄める。そのときにアマテラス、スサノヲ、ツクヨミの三貴子が生まれる。

　この過程でイザナミの質に新たなものが付け加わる。黄泉の国つまり死の汚れを担った存在という他に、壊れゆくその姿は、とんでもない「醜悪さ」と「破壊性」を示している。さらには男性神の裏切りに対する深い「怒り」と「恨み」である。女神は毎日千人の命を生者の国から奪うという。

　こうして私たちはイザナミの〈母親元型〉を見た。そしてそれが、ものごとを産み出す最も原初的なかたちであり、同時に死者の世界を担うものであり、さらに「破壊性」「怒り」「恨み」をも含む質であるものである、ということを目の当たりにした。まさに〈母なるもの〉の象徴的表現である「大地」は、すべてを産み出し、死してすべてを呑み込む物であり、「海」もまたあらゆるものを産み出す根源であったし、荒れてすべてを呑み込むものである。二〇〇四年の暮れに起きたスマトラ沖地震はインド洋で前代未聞の大津波を引き起こし、一五万人を超える人々を一瞬に呑み込み、その破壊的な恐ろしさを顕わにした。母なるものとはかくなる多義性に満ちており、一方でまた、不浄とも畏怖の対象ともされた女性的原理の血と出産のもつ神秘性とも通じている。これは前項の「イシの物語」で見たのと同じ質である。太母 Great Mother 性の所以であろう。日本神話の礎を造るにあたっては、産み出しもするが全てを呑み込みもする〈女性原理〉を黄泉の国に閉じ込める必要性があったのであろう。ただし、イザナミに体現化される女性原理の一見「負」のようでもある原理は決して消失しない。それはアメノウズメや白拍子、売春婦などを通した、清浄さとは別の原理として、いわば〝魔〟の原理として現代でも生き続けている[13]〔前章で詳しく論じたところである〕。あるいはまた、次節で論ずるスセリ姫も同じ系譜と見ることができ、それは〈エロス原理〉とも深く繋がっている。

イザナキの断ちきれぬ思い

ひるがえって、このようにして日本の礎を造ったイザナキの質はいかなるものであろうか。

少なくとも、生者と死者の世界が分かたれる必要があった。死者は黄泉の国に閉じ込められなくてはならない。古事記はそれを分かつために、境を岩で塞ぎ、死者の国の穢れを落とすための禊ぎを行った。そうしてイザナキは穢れのない「清浄さ」を体現する。この質はアマテラス、伊勢神宮、斎宮制度のなかへと純化され、国家神道を中心とした伊勢神宮に象徴される神道の重要な柱となっていく。そして日本の〈男性原理〉の大きな側面をなすことになったと考えられる。

一方でイザナキは、みずからの妹（母なるものかもしれない）イザナミへの退行的渇望を捨て切れず、黄泉の国へと至り、イザナミの解体していく破壊性・穢れなどを見て、ようやくにして生者の世界へと到達し、この国の礎を造る。

死者に対する渇望を捨てきれぬ思いは、ギリシア神話では、アポロンの息子といわれる竪琴の名手オルペウスによって体現される。彼は妻エウリュディケに対する思い断ち難く冥界へと至り、妻を連れて帰ろうとするが、冥界を出るまで妻を振り返って見てはいけないという禁を守りきれず、振り返り、彼女を連れて帰ることに失敗する。これもまた「死者は死者の国にあらしめる」という生あるものの定めとしての元型的表現である。またギリシア神話のゼウスは、父親クロヌスを殺し、ティタン族との十年戦争を戦い抜き、パンテオンの中心となる。闘うことなく逃げて日本の礎を造ったイザナキとは大きな違いである。

ここで日本的自我と西洋的自我の違いに触れる余裕はないが、第Ⅲ部で〝猿の婿どの〟を論じながら、この問題に言及していこうと思う[14]。『古事記』の編纂を命じた藤原不比等はなぜ、かくなる父親像・男性像、そして天皇家の始まりとしての父性的イメージを必要としたのだろうか。梅原猛が指摘したように、藤原家の娘に男の子を産ませ国母とし、みずからは祖父として権勢を振った、という藤原と天皇のあり方と無関係ではあるまい[15]。しかし国史の編纂であるからには、まったく創作とはいかないはずである。どこかで当時の権勢のありかた、つまり〈父なるもの〉との関係のありかたと関係があるのではないだろうか。

ともかくこの違いは〈日本的父性〉のありかたに影響を与えずにはおかないし、この問題抜きに「強い父親」像をもってきても意味はないだろう。私たちは元型的父親の日本的集合性の影響を受けた〈父なるもの〉の影響のもとにあるのである。

かくして本節では、ユングの述べるように、あらゆる個人的父親の背後にある〈原初的父親 Primordial Father〉を見て、あらゆる個人的母親の背後にある〈太母 Magna Mater〉を見てきた[16]。そして私たちは現在においても、さまざまな局面において〝元型的なるもの〟の煌めきを体験している。それはまさに神話的世界そのものなのである。

変容する女神たち

本書第五章では「女性の個性化」の観点から、アマテラスの変容を《上方からの変容》と呼び、父の娘から女性的存在となっていく変容過程を論じた[17]。そこで明らかになったように、「父の娘」的な存在は、多くのおとぎ話が示すように、精神性や知性の優先、感情の抑圧、ユングの概念によれば〈アニムス優位〉の存在になりがちであり、一方では身体性から疎隔される。しかし「産む性」としての身体性との結びつきの生物学的所与性を避けては通れない。

上方からの変容と幽閉

アマテラスが高天原でスサノヲを待ち受ける姿、誓《ウケ》いの後、スサノヲの陵辱を経て変容していく姿、これらは《上方からの変容》過程をみごとに示している。天の岩屋戸からアメノウズメの裸踊りに誘われて出て来るアマテラスの姿は、スサノヲと対峙した際の武人的姿とは正反対で、「自分より美しい女神がいる」と聞いて出て来た。

その後のアマテラスの目立った姿といえば、『古事記』のなかでは、天尊降臨をなす孫のニニギの命を非常に可愛がる母性的な姿である。その後、倭姫への託宣を契機として伊勢神宮へと祭られ、アメノウズメとも別れ、斎宮によってかしずかれるようになると、アマテラスは、イザナキの清浄さをよりいっそう際立たせる存在となる。[18] このことは、いったん変容を遂げたアマテラスをもう一度〈父なるもの〉の「清浄さ」に閉じ込めたことを意味する。また、その背後に実質権力を握る藤原家の祖父がいることも窺われるかもしれない。なお、伊勢がアメノウズメの生まれ故郷であり、だからこそアマテラスが伊勢を選ぶにもかかわらず、アメノウズメ的な質が排除されていくのは興味深い。

下方からの変容

ではスセリ姫の場合はどうだろう。姫はアマテラスの対極にある黄泉の国の生まれで、父親はスサノヲである。ここはイザナミの国でもあり、先述のように死者の世界・疫病・恨み・破壊性などあらゆる〝暗闇〟を担っている。

スサノヲは日本神話では唯一の龍ともいえる八股大蛇《ヤマタノオロチ》なる大蛇を退治した後、母の国、黄泉の国へと至る。西洋にあってはこのようなドラゴンファイトは英雄 hero の条件とされ、それは〝暗闇〟すなわち無意識との闘いであり、その英雄によって集合的世界の意識性が確立していく。かたや日本では、快挙であるはずの龍退治の後、スサノヲはそこ〔出雲〕の支配者になることもなく黄泉の国へ行っているのが特徴的である。スサノヲは英雄的行為の後、光すなわち意識を求めるのではなく、暗闇へと至ったのである。おそらくスサノヲは、冥界の大王としての物凄い力をもっていたに違いない。これは、ギリシア神話においては、ゼウスに対するハデス、アポロンに対するディオニソスを想起させる。これらの神々は光に対する闇、死者の国であり、理性・意識性に対する狂乱・カオスなのである。こうした意味から、ゼウスが〝光〟を背負ったウロボロス的父親とするなら、スサノヲは〝闇〟を背負ったウロボロス的父親といえよう。

そのようなスサノヲの娘スセリ姫もまた、父親と同じ質をもっていたに違いない。象徴的思考ないしは神話的思考に従えば、この暗闇・カオス性は「大地性」「身体性」へと通じ、関係性の根源的なありかたである「エロス性」にも通ずる。ということは、イザナキが体現した「清浄性」とは対極にあることになる。

スセリ姫の逃避行

スセリ姫がスサノヲと同質性をもっていたことは『古事記』ですぐに提示される。オオクニヌシが兄弟に殺されそうになり、母サシクニワカ姫に勧められて、スサノヲに相談すべく、紀伊の国を経て黄泉の国へ至るやいなや、スセリ姫とオオクニヌシとは恋に落ちる。オオクニヌシも艶福家であるが、スセリ姫も性愛的に開かれていなければこうしたことは起こり得まい。アマテラスとスサノヲの出会いの瞬間とはまったく対照的である。

ただ、二柱の神の恋は簡単には成就しない。スサノヲが近親相姦的ともいえる力でスセリ姫を占有しているからである。父親による娘の占有は、アマテラスの場合のように、彼女を精神性の世界に閉じ込め、身体から疎隔させるか、近親相姦ないしはそれ的な性愛的で占有するかどちらかであろう。スセリ姫の場合は後者であった。スサノヲはさまざまな試練を与えてオオクニヌシを殺そうと試みる。その度ごとにスセリ姫は逃れる方法を教え、二柱の神は黄泉の国を去る。詳細は拙著に譲ろう[19]。

ここで特筆すべきことの一つは、スサノヲは、蛇・蜂・蜈蚣など、まずは人間の手なずけには乗らない原初的な動物を操ってオオクニヌシを殺そうとしたことである。そしてまた、スセリ姫が布を振ったり、ごまかしたりと、呪術的な力でオオクニヌシが殺されるのを防ぐ方法を知っていたことである。このことは同時に、スセリ姫自身がスサノヲのもとを去ろうとしていること、つまり父親の占有の軛から逃れようとしていることを示している。〈永遠の少年〉として多くの女性と関係をもったオオクニヌシが変わるためには、また、スセリ姫の父親に捕われた内的男性イメージ〈アニムス〉が変容していくためには、かように原初的な動物のレベルから始めなくてはならなかったのである。こうした呪術的世界は、この世ならぬ異世界のものであり、臨床心理学的にみれば精神病的世界であろう。この世界、夢の世界は、先述したとおり、神話の世界ときわめて親和的な世界である。

特筆にあたいする二つ目としては、二柱がスサノヲから逃げきるとき、スサノヲの琴と太刀と弓矢を盗んで逃げていることがある。そのとき琴が木にあたり大地がどっと鳴るほどの音が出て、気持よく眠っていたスサノヲが目を覚ましてしまう。スサノヲは出来事を察し、二柱の結婚を認めるとともに『出雲を平定せよ』と叫ぶ。太刀と弓矢も、オオクニヌシの闘いを好まぬ〈永遠の少年〉から「闘う男性」的存在への変容を示して興味深いが、スサノヲとオオクニヌシが琴に重要な価値を置いていることも興味深い。スサノヲは『古事記』のなかで初めて歌を詠む神であり、オオクニヌシもスセリ姫も詩歌を好んでいる。アメノウズメもそうであるが、ここにも、その後の日本の歌舞音曲の起源があり、芸術性と深く関わっているのである。

闇の国から光の国へ

スセリ姫はこのような過程で、スサノヲに占有された黄泉の国の〝暗闇〟の漆黒からいまや、オオクニヌシの助けを借りて、この世の〝光〟を得ることができた。姫は女性らしくたおやかに生きる。そして出雲を制圧した後も、相変わらず女性関係が絶えないオオクニヌシに向け、嫉妬の念を歌に詠む。かいつまむと「あなたはあちらこちらで女性と出会うが、わたしにはあなたしかない。わたしの柔らかい胸を愛撫して、玉のように美しい手を枕にして、安らかにお眠りください」という内容である。二柱は仲が良く、縁結びの神として鎮座している。かつてスセリ姫は、いわば父親に占有され暗闇のなかで身体性に埋没し、ないしは近親相姦と区別のつきがたい世界、父性的愛情なのか性愛的愛情か区別のつかない世界にいた。この女神がそうした「識別のなさ」から解放されるためには、他者なる異性の存在を必要とした。その役割を果たしたのがオオクニヌシだったのである。

私はスセリ姫のこの変容のありかたを《下方から（上方に向けて）の変容》と名づけ、アマテラスにおける《上方から（下方に向けて）の変容》と対照的にとらえることにする。

二つの変容の現代的意義

この二種の変容は、こころというものを媒介にして「精神性」と「身体性」そして身体性の先にある〝暗闇〟の部分の元型的表現を示している。『古事記』の編纂された時期には既に父権性社会の姿が随所に見られるのであるが、その後の歴史的過程は〝女性性〟の抑圧を強め、それを「母性」のなかに閉じ込め、女性的なるものが紡ぎ出す〈エロス性〉の「秩序を超えようとする力」を、その後の集合的意識は怖れてきた。

とりわけ現代の女性における摂食障害の増加、つまり身体とこころの乖離（意識による身体の搾取）は《上方から（下方に向けて）の変容》の必要性を示しているし、また境界性人格障害における性的逸脱行為は、〝暗闇〟のなかで「性なる身体に絶望的に埋もれる姿」を示しているように私には思える。

神話的表現としての病い

武野俊弥は精神分裂病における幻覚・妄想を「自我意識が無意識との対話を失ったことによるもの」として捉える。そして、我‐汝の関係で無意識と対話し、元型的レベルでの〈個人的神話〉をいかに形成し得るかが分析的心理療法の鍵であると考えた[20]。私はユングに従って分裂病を「神経症の域を超えて、元型レベルの普遍的無意識が意識に侵入してきた様態」と考えるがゆえに、武野の考えかたに近い。ただ、武野は「元型レベルで個人神話をいかに形成するか」に重点を置いて考察しているが、ここでは私は「その個人神話がいかに元型レベルに開かれていることが必要か」について、事例を通して見てみたい。神経生理学的にも、生化学的精神薬理的など、生物学的にみてさまざまな仮説はあるであろうし、当然そうした生物学的変化が伴っていよう。ただし私は、この病いは人間存在の根底から生じてくるものとして、あくまで臨床科学的・精神現象学的に見ていくことに徹したい。

現存在の頽落から生の方向へ

M子は二十代前半の幼い印象を残した女性。

同胞は兄・姉で、M子は末っ子である。家は父親の兄の家業の店を父が手伝い、さほど裕福ではない。母方祖母が同居し、この祖母は四十歳頃より不動さんの声を聞けるようになり、小さい信仰宗教の教祖であり、実母もまたその信者である。信仰内容は、先祖と結びついた因果応報的なお告げのようである。M子たちは兄の家の裏に住み、いつも分家としての肩身の狭さを味わってきた。

祖母は不動さんのお告げにより、M子の小学校四年頃より次のような神話的雰囲気をかもし出し、そのなかで彼女は育ってきた。曰く、M子は楠木正成の妻久子の子孫で、正成がその子、正行《まさつら》・正時《まさとき》・正儀《まさのり》が南北朝の闘いで戦死するとき、久子のみが京に逃れ、貴族の妾になった。その罪がM子に祟り、その前世の罪で病気となっている、という。発病後には祖母とともに伊勢神宮や四条畷にある正成由来の神社にお参りしたりした。曰く、そのためかなり祟りは落ちたが、十八歳時、初回入院のときに好きになったH君との関係が罪になって残っている、という。

そもそも生活史上、本家（表）と分家（裏）の確執があって、M子はそのあいだに立たされ、早くから「自分が家にいると迷惑になる」と思わされてきたらしい。実母が分家に嫁ぎながらも、実母であるM子の祖母との関係を断ち難く信仰まで同じにしていることは、M子の父親（本家・表）にとって面白くなかっただろう、と容易に想像がつく。

最初の矛盾は次のように顕在化する。M子はきわめて成績が良かったにも関わらず県立進学高校受験に失敗したことより、彼女を取り巻く様子が変わってきた。大学進学の夢を捨て切れず、彼女は勉学に励み、私立高校ではトップクラスの成績となるが、その進学の夢は、本家（表）とそれに遠慮する父母の意志で断たれた。不本意ながら専門学校に入った秋に、破局は訪れる。本家からは「貧乏人のくせにお嬢さんぶって」という視線を投げかけられ、祖母は進学とは「貧乏人の高望み」と語る。この頃、表と裏の葛藤が激しく、祖母の圧力でM子は母親の実家の姓に変えている。

これまでのことで、M子のさらされた状況が見えてくる。つまり、①自分が存在することに罪を感ずる構造、②祖母によるその神話的位置づけ、③進学における生きていく方向性の挫折、である。こうした状況が彼女の神経を苛んだ。高校三年時の秋、「頭のなかで雨がザンザン降るみたいで、鞄で頭を押さえ付けられた」状態が続いた。祖母は「久子の因念が現れた」と騒ぎ、それをM子の姓変えの必要な理由とした。④さらには同年十二月、祖母の強引な決断で、分家（裏）から引っ越してしまう。このことは彼女の表との緊張をより高め、罪意識を強くしている。いわば祖母・母の宗教的・神話的世界のなかによりいっそう取り込まれていくことになったのである。

十八歳の秋に突然、「自分は東久爾宮信彦親王の妹のような気がして、東京に出ようとするが、二人の男に車に連れ込まれ乱暴されて」保護され入院となっている。精神分裂病の初発である。二人の男性に犯されたかどうかは定かではない。しかしここで第⑤の契機として、自分が皇室に繋がる存在であるという妄想、第⑥には、男性的なるものとの関係の混乱が始まる。そして、この入院中にほのかな恋心を抱いたことが「久子の罪、淫乱」とつながり、「兄との近親相姦」「子どもを十人産んだ」「三笠宮と一緒になった」「明治天皇の子どもだった」などといった荒唐無稽な空想的な妄想となる。そこでは男性的なものに陵辱される。その繋がりはどこかで皇室なる血統妄想的なものと繋がる。

これらは「久子の罪」という宿業を背負うM子にとって、生き抜く方向での手立てであったのであろう。つまりそれは、精神分裂病という「現存在の共同相互存在からの頽落した存在様式」ではあったが、彼女がこの世に繋がる最後の手立てでもあったといえるのではなかろうか。

しかし第一回目の男性への淡い恋は、罪の意識と裏腹である。彼女は「礼宮が生まれたとき、針を呑んだ。申し訳ないことをした。自分は死ななくてはならない」という妄想様観念にとり憑かれる。それは前青年期に頂点を迎える「自分が存在することが家全体に迷惑なのでは……」という罪の意識に通底し、彼女の第二回目入院のテーマ「消え入る」ということへと繋がる。

電車で三時間以上かかる他府県から私の勤める病院に来たM子は「消え入ること」「死ぬこと」以外、考えなかった。X年春のことである。彼女は服薬も頑強に拒否し、スタッフの目を盗んでベッドの金属の柵の上に立ってそのまま後ろ向きに頭から床に倒れ落ちたり、眼球に指を入れていじくりまわし目を真っ赤に出血させたり、器具を使わずに指の爪を全部引き抜いたり、たばこの火で手の皮膚を焼いたり、ほとんど手のつけられない状態が続き、私は毎週、頭部のX線写真を撮って骨折していないことを確かめて血腫から二〇〇cc程度の血液を抜き取ることが仕事であった。入院して一箇月あまり、困り果てた私は祖母を呼び出し、お願いだから薬を服薬してくれるよう説得してください、と頼んだ。向精神薬の注射も、臀筋に硬結をきたし不可能になりつつあった。ある種、威厳をもった白髪の祖母は、私の願いを受け入れ、M子を説得してくれ、彼女はようやく服薬するようになってくれた。しかし「自分を消したい」という優格観念ともいうべき死への願望はさほど簡単には消えず、なお六箇月続くことになる。

変化は唐突に訪れた。ある晩のことである。

ナースステーションの前の観察しやすいところに、M子ともうひとり重症の人がいた。当直の回診時、この患者がショックを起こしていることに気づき、徹夜で治療行為を行うも、残念ながら救うことは出来なかった。一晩中ベッドサイドで苦労する私を、M子はベッドに正座したままじっと見ていた。その翌日から急速な変化が現れ、あらゆる自傷行為は治まってしまったのである。

何が彼女のなかで動いたのか、定かではない。彼女の内的世界には二つの方向性があるといえよう。一つは、祖母の宗教的・神話的世界によって強められ、彼女自身の家庭内力動からくる「自分がいないほうがよいのでは……」という不全感と、進学という生の方向での挫折から来ているであろう「消え入りたい」願望と自殺企図である。二つには、それでも生き残ろうとする〈生の方向〉、すなわち、自分を皇室との関係で集合的に格上げし、兄や恋心を抱く男性、子どもを産むという方向である。この二つは微妙に絡まっているが、圧倒的に後者の方向は弱く、しかも恋心は「久子の淫乱」という罪を背負わされ、少なくとも入院後六箇月あまりは〈死の方向〉が布置されていた。

そうしたなか、私の徹夜の救命処置が彼女に何かを引き起こしたことはほぼ確実だろう。〈生の方向〉が布置されたのである。これは神話的レベルという深さでの〈エロス（生）の方向〉への動きだと私はみる。

生きる方向を結果的に選んだM子は、目を見張るほど症状的には改善した。

以前はうつろだった表情はニコニコとした自然なものに変わり、作業に勤しみ、もともと彼女の得意であったミシンによるタオルの縫製作業も器用にこなし、開放病棟で生活し、翌年四月には退院していった。あれほどまでに憑かれていた「死」への妄想的世界も、どこかに消えたか、彼女自身が壁を破るように異世界性から出て来たかのようであり、そのことを尋ねても祖母の語りとして距離をもって、追求しようとしても彼女にもわからぬようであった。ただ、どうも京都に落ち延びてからの久子の子どもでもあるらしい正春というM子の子どもの声で、かわいらしく彼女を励ましてくれる幻聴のみを残していた。したがって、M子のなかの「死」へと繋がる罪の方向と、かすかではあるがエロスと血統妄想と結びついた生の方向は、何ら解決をみないままであった。私自身、彼女のまとめのノートで次のように書いている、「いま退院している身ではあるが、おそらく同じ段階にぶつかるであろう。そのとき彼女は逃げ場のない状況のなかで何を選択するか。再び消え入ることの主題か。それとも現実への新しい一歩か」と。

十箇月後の答えは、残念ながら前者であった。

退院後、M子は本屋に勤め、月一回、三時間あまりかけて私の病院を訪れた。当時の彼女は生き生きとしていて、本屋での勤務について楽しそうに話した。そしてX＋一年十月、店長が彼女のことを褒めていたということを間接的に聞く。そのことを彼女は嬉しそうに話していたが、私は一沫の不安を禁じ得なかった。

十二月二十七日、破局は突然訪れる。彼女は『母親が死んだ』という幻聴を聞き、「自分も死ななくては」と、蒲団に火をつけ焼身自殺を図ったのである。幸い小さい火傷で済んだが、それは、ときどき罪を咎め「死」へと促す幻聴と、第一回目入院の際の「男性との結婚」をテーマとした幻聴の乱舞であった。彼女によれば、十二月に入ると店長からプロポーズがあり（妄想か）、家族に相談したところ、祖母を中心としてすべての人が反対して、自分も納得したうえで十二月二十五日付で退職した。その二日後のことであった。

彼女の視線は、宙を舞っていた。そのころ病院の混乱があって、M子と私との関係は彼女の入院を契機に途絶え、その後、病院の内紛で私自身も病院を去ることになり、その後の経過は辿れない。

M子にとっては、生きている世界そのものが太古的《archaic》・神話的・宗教的世界に満ちていた。しかしその世界は「イシの物語」の場合と違い、世界を基礎づけ、生きていく原理を教えるものでは決してなく、過去の因念にM子を閉じ込めるものでしかなかった。家族内的にも罪の意識を感じざるを得ない彼女にとって、この神話的世界は桎梏でしかなく、本来の〝神話〟の意味を失った世界である。彼女は血統妄想で自分の来歴を否認したり、恋愛妄想としてかぼそいエロス原理をもとうとするが、それは儚い世界であった。この世界こそ、神話的にまた集合性に位置づけられなくてはならないにもかかわらず。私の救命処置ということが、何らかのレベルで彼女の〈生の原理〉を動かしたのだろう。彼女の神話的世界と生の原理との折り合いは、正春の幻聴というかたちでついていた。しかし生身の男性である店長の存在は、彼女の〈エロス原理〉を根底を動かすほどに揺り動かした。再び、いや三度、彼女の現存在は精神分裂病的世界へと頽落していく。

神話的世界をたどる

S子は二十代前半の女性。

姉・妹の同胞三人であり、父母そして父方祖母の六人家族である。父親は繊維関係の自営業でかなり裕福である。ただ、姉とはわずか十箇月の違いで、このことは養育上大きな意味をもっているようであった。姉・妹とも優秀でS子は常にカイン・コンプレックスや劣等感コンプレックスを抱いて大きくなってきた。

高校三年時、試験勉強の無理がたたったことを契機に、S子は退行症状を示し、感情的に不安定となり、心気的となって、学校で突然倒れ、日赤病院を受診、「ヒステリー性幼児適応症」の診断を受けて通院している。彼女は依存的性格が強く、高校二年時、男性教師に恋愛感情とも幼児的思慕ともつかぬ思いを抱き、それが生徒のあいだで話題となり、教師のほうも意識し、彼が文化祭に婚約者を連れてきたことから、彼女の「恋」は破れ、そのことがまた噂になるというつらい思いをしている。

S子は短大へ進学するが、九月になると、「いままでの友だちは、みんな男だ」というジェンダー・アイデンティティの混乱を思わせる症状や、「近所がみんな自分のことを悪く言っている」という被害妄想を強くし、自分で日赤に入院している。半年入院し、翌年復学するもすぐに悪化、今度は入院を嫌がり、させても無断離院をするためすぐに退院となる。しかし、被害妄想が強く「父親がハサミで自分を殺そうとする」「近所の人が火つけると言っている」といって不安・不穏が著しいため、私の勤務する病院に入院となり、私が主治医となった。

被害関係妄想・幻聴・強い罪業感・思考化声・思考伝播など、精神分裂病を特徴づけるさまざまな症状を呈し、寛解状態がごくわずかな期間しかなく、いつも不安に捕われていることを考えると、症状的には典型的な分裂病であった。ただ、症状にヒステリー的依存性が目立つこと、退行症状が強い点などからすると、病前性格はどちらかといえばDSM‐Ⅳにおける演技性人格障害に近いものであった。

それから二年近く私は主治医を務めた。

症状と、症状の背景を特徴づけるものとして、生活史的に影響を受けたことと密接に関連して、思春期心性へとうまくイニシエーションを遂げることができず、それゆえに父母に対する強い依存性と「呑み込まれ殺される」恐怖のあいだで揺れ動くなかで、不安に苛まれ続けていた、ということを挙げておこう。

まず精神分裂病を特徴づける症状としては、第一に、世界が相貌的に被害性を帯びていることを指摘できる。高校（とりわけ女子校）は彼女にとって残酷な場所だったようである。思春期心性に入って行けず、幼児性を残す他者との関わり（とりわけ男性教師との関係）は同級生の猟奇の視線の的となる。サリヴァン Sullivan, H.S.のいう「親密な関係 chum relation」は彼女に無縁であり、発病時に同性がすべて男性に見えるほど、彼女にとって友だちは異和的だったのである。それが被害的な妄想・幻聴へと変わるのは時間の問題であった。

第二には、思考伝播にみられる自我漏洩症候群である。彼女はいつも見透かされていて、秘密がもてない。それは、かつてあって現在もあるかもしれない母親の目である。とりわけセックスにまつわることを彼女が考えると、その考えは漏洩し「死刑にされる」という恐怖が続く。ただし母親が性も含めて厳しい躾をしたということではない。

S子の家の父方祖父は業界の不始末の責任をとって自殺している。祖母がいかに一人息子である父親に執着したか、想像がつく。母親は面談中、涙ながらに「いまだに夫の箸は祖母が置き、自分は触らせてもらえない」と語っている。しかも長女が生まれて十箇月目に生まれたS子である。母親にしてみれば、まだ乳飲み子の長女を抱えての出産であり、姑への仕えと大変さは如何ばかりだったであろうか。このときにベイトソン Bateson, G.のいう「二重拘束」が出ても不思議はない。

S子は幼児元型を生きることなく、自分の感情反応を母親の顔色によって拘束される。なおかつ嫁‐姑の葛藤がもろに彼女を襲ったそうである。祖母はなぜか、母親の悪口を言う相手としてS子を選んだ。幼少時より学童期にかけて、縁側でよく母親の悪口を彼女に言っていたそうである。姉・妹はうまくそれから逃げている。このことがよりいっそう母親とS子の関係を微妙にしたことは、想像に難くない。次第に彼女は、とりわけ母親を中心として、秘密をもつことのできない子となっていった。高校教師に対するほのかな恋心が破れたいきさつも、父母に言わないでくれと強く頼んだそうである。

精神分裂病の「周囲からの強い被害的な被影響感情」をもつ一方で、S子がこの世に繋がろうとする方向もまた、性ということで罪の意識をもたざるを得ない未分化なセックスを通じての、かぼそいエロスへの思いであり、それはヒステリー的・退行的・幼児的依存性と混交していた。

彼女は主治医の私に『セックスして』『結婚して』と迫り、一方で「そんな気持を抱えた自分は死刑になる」と思って不安に襲われる。主治医のみならす男性一般に対して「自分は注目されていたい。そのために性を……」と望む。自分が注目されない状況に敏感で、たとえば主治医の他の受け持ち患者に激しく嫉妬する。これは「三姉妹のなかにあって自分のみが、成績も良くなく、肥っていて、見栄えも悪い」という劣等感コンプレックスから、何とか父母の愛情を得ようとする幼児的なストラテジーの反復強迫であろう。

父親は嫁‐姑関係に強引に介入することもなく、一歩その葛藤から身を引いてペダンティックに対応し、S子の両価性の思いは母親に対してより深い。父親はS子の発病、事業の行き詰まりから抑うつ神経症・不眠となり、私が五年以上にわたって治療している。彼は母親が無意識的にS子に課す厳しさに対して、多少の防御になっていたようである。したがって彼女の異性を求める思いの生活史的出所は、母親‐姑の葛藤、姉妹のカイン・コンプレックスから離れた異性、父親への思い、しかも性愛性を含んだ渇望かもしれない。

S子の両価性の思いが母親に対してより深いことは、彼女の不安・妄想様観念に現れる。「死刑にする」という主体はもちろん母親である。父親に殺されるという不安も述べるが、恐怖は圧倒的に母親に向けられる。最も象徴的な妄想的不安は「日赤の地下で母親にスライスされる」というバラバラにされること dismemberment のテーマである。

これはシャーマンになるための儀式の典型的なものとして知られている。志願者は樺の木に登って天上の原理を身につけ、それから地下へと向かい、そこでバラバラにされ、地下（地獄、死者の世界）の原理を体得し、そしてこの世に蘇ることが出来たとき、彼はシャーマンとして認められる。つまり、古い普通の人間としての彼が死に、超越的な力を身につけたシャーマンとして再生するのである。またエジプトでは、大女神イシスが自分の子どもであり愛人でもあるオシリスを、やはり自分の子である邪悪なセトに殺させる。セトはオシリスを殺した後、バラバラにしてエジプト各地に捨てる。するとどうしたことか、イシスはバラバラになったオシリスの躯の断片を集め復活させるが、ペニスだけがみつからない。そこでジェドという造られた男根によって交わり、エジプト最初の父権的王であるホルスが誕生する。[21]かようにバラバラになること、スライスされることは、深く神話的モチーフと関連をもっている。

ユングはこう述べる、「黒質ないしは暗闇とともに始まる痛々しい葛藤は、錬金術師によって分けられ分割された要素、溶解し假焼化し灰化したもの、ないしはばらばらになったもの、責め苦にかかる動物の犠牲、母の手ないしはライオンの爪の切断、花嫁の体の中での花婿の微塵化、などとして描かれる。解体のこの極端なかたちが進む一方で、物質であれ精神であれ、必然的に神秘的なメリキュリウスと変わっていくかのような奥義ないしは秘密の変容がある」と。つまりこのバラバラになる過程を経て、変容の中心的役割を果たすメリキュリウスが出現し、地下的なものと天上的なものを結びつけ変容が成し遂げられるのである。[22]

S子の「スライスされる」体験とはいわば「バラバラにされる」体験だったのである。バラバラにされるものこそ、彼女をして思春期のイニシエーションに至らしめなかった自我、幼児的自我に留められていた自我そのものだったのである。本来ならエロス性、異性への愛へと、他者性にも身体性にも開かれていかなければ内容が、彼女の場合、それは幼児的希求としかならず、絶えずその意味内容は迫害性へと相貌的変化を遂げた。主に母親にスライスされる・殺されるということには深い意味があったし、そこを生き切るとき彼女の変容もあったはずであった。

しかし私は、それに寄り添うには充分な力を持ち合わせていなかった。しかも私が主治医であった二年弱のあと、先のM子と同様S子の場合も、病院の内紛で主治医を続けることが出来ず、数年後、彼女は入院中に急性心不全で死亡するに至ってしまった。病いの過程は、人間存在の根底的なところで、精神分裂病の「バラバラにされる」体験という元型的な心的過程を生き残ることをS子に強いた。彼女がそれを通過するには、その試練はあまりに大き過ぎた。

その後、私は父親の主治医としてS子の死を知る。痛い体験だった。その後に続く内紛で私は病院を去り、十年以上経ったある日、父親からの電話を受ける。母親は六十歳代、初老と呼ぶにはいささか早い時期で、「S子に悪いことをした」と深刻な抑うつに陥ってしまったという。S子の死から十年以上の歳月が流れていたにもかかわらずである。私は改めてS子の家に流れている宿業の深さを思わずにはおれなかった。

心理療法における神話的時間

ここまで、さまざまなかたちの心的現象における神話的な現れを論じてきた。そこで本節では、この神話的な現れこそ心理療法で重要な役割を果たしている、と考える視点について論じてみよう。

私は別の論文でヒルマンの「心理療法の場には治療者・クライアントの二人が二者関係でいるのではなく、その場はダイモンDaimonに満ちている」という言葉を引用し、心理療法の場とは決して二人が対象関係的に向かいあっているのではなく、二人を包む大きな力がはたらいている、ということを論じた[23]。そのダイモンこそ、デーモンDemonとなって「悪魔」的な意味合いが強くなっていくのであるが、そもそもキリスト教以前のギリシア時代などにおいては「精霊」としてあちらこちらに存在したものなのである。この意味内容こそ、神話的世界・元型的世界から立ち現れる元型的イメージの世界なのである。

日本においては、現代でも八百万の神が存在することはするが、仏教とともに以前は有していたような超越的な力を欠き、現世的になってしまっている。鶴見俊輔は神話が立ち現れてくる瞬間を「神話的時間」と呼び、たとえば母親が赤ちゃんの笑いに微笑み返す瞬間を挙げている[24]。近世以前においては、成人式・結婚式・出産・初潮時などさまざまな人生の出来事において通過の儀礼が意味をもっていて、それによって人間は退行的な望みを放棄したり、プログレッションに向けてのエネルギー転換をはかったり、身体性と精神性を結びつけたりしてきた。しかし近代においてはそのような深い意味が失われ、かなりの儀礼・儀式が形骸化してしまっている。

とりわけ日本の戦後六十年の急速な社会変化は世界史的に見ても例がなく、この変化を世界の普遍的な変化だとすることはできない。特に戦後世界体制がソ連の崩壊でアメリカ一極によるグロバリゼーションへと進み、ＩＴ革命が起こったことは、さまざまな政治的・社会的問題の矛盾を吹き出させている。この時点で未来に明るい展望をもつ人はよほどの楽天家であろう。かといってかつて通過儀礼に見られた「凜とした、どこか自分を超える何か」との接触が必要でなくなったというわけではない。集合的な儀礼として既成の儀式が価値を失っている分、それは個人の力で為していかなくてはならない。「癒し」とか「こころの時代」とかと呼ばれるように、こころの問題が扱われる世相は、その反映である。ただしこれもまた風俗として流されていこうとしている。

私たち心理臨床家に必要とされるのは、一時の流行のように「こころの問題」を語ることではない。そうではなく、Ｍ子やＳ子に見られるような存在の重さにつきあうことである。そして、集合的レベルで保障されなくなった「この世との繋がり」「身体との繋がり」を何とか保つ〝神話的時間〟を共に生き、何かに向けてイニシエートしていく際のクライアントがこの世に繋がるフックとなること、あるいはイニシエーションの随伴者となることであろう。ここではその一例を挙げてみよう。

立ち現れる神話的時間

二十代半ばのＡ子は摂食障害を病んでいた。身長は一六七㎝で、バセドウ氏病罹患中に三〇㎏を切るほどに体重を失い、内科的治療後、一年間、別の精神科医が診察した。その後、その医師の海外研究のため私が主治医となった事例である。私が担当となった時点では、もう体重はかなり回復して生命の心配はなくなっていたが、二年以上にわたって無月経が続いていた。Ａ子には姉が一人いて、父母ともに健在である。

Ａ子は初回面接時、母親を伴ってやって来た。どうも不自然な感じがして私が尋ねると、ずっと母親同伴の面接だったという。母親は集合的日本的社会にすっぽりはまったような人で、どこか寄る辺ない感じであり、比較的がっしりしたＡ子の付き添いというのは何か不自然なものがあった。治療はこの母親とＡ子を分離するところから始まった。これはかなり強引なかたちで行ったため、分離された母親は抑うつに陥り、私が別の枠で治療を行い、軽い抗うつ剤を投与するとともにA子の見通しを話す機会とした。また、子どもに依存するのではなく母親個人として生きていくことの必要性を話し合ったりした。父親は大人しい人で、相当早い時期から、さまざまな決定はA子がしていたようである。

面接では、A子が家のいろいろな決定をしてきたこと、ずっと母親の愚痴のはけ口とされたこと、そういう生活史が男性性の強い彼女の性格を作り上げ、小学校からずっと姉御肌で、みんなに頼られる人生を送って来ざるを得なかったこと、などが語られた。姉は母親に似ていわゆる女の子らしく、その姉からもA子は頼られていたという。こうしたなかで彼女は、自分の依存性や甘え・感情を深く抑圧する強迫性のつよい性格となっていった。いわば、女性でありながら男性的側面を表に出してきた人生だったのである。

A子は高校卒業後OLとして働くが、そこでも頼りにされ、持ち前の責任感の強さから、目一杯の仕事を背負い、ストレスを溜め、バセドウ氏病を病むのと相前後して食べられなくなったという。彼女は「痩せよう」とか「スリムになろう」とかいうアノレキシアによく見られる気持はほとんどなかったという。実際、私が初めて会った頃にはアノレキシアは消失し、食べて肥ることの恐怖もなく、外見は大柄でがっちりした体格できれいな人であった。話の内容はそのことより、「抑うつ」と、自分の完璧主義から来る「仕事に就くことへの不安」であった。

そして、これまでそういうものと思って生きてきた「母親に頼られること」への恨みが、幼少時の思い出として涙ながらに何回も語られた。A子にとっては、いつからか長く深く抑圧してこころのなかでロックされてきた感情的側面、女性的側面であった。彼女のつらさは、〝アモールとプシケー〟の神話を読んでルイスがすぐに書かなくてはならないと思ったという、プシケーの姉で父王の死亡で王となり、自分の女性性を殺して男性性を生きなくてはならなかった長女の苦悩を彷彿とさせる(25)。

〝女性性〟を生きることができなかったA子に対して、無意識は「みずからを滋養する」という人間の根本的な本

が流れていた。

そして約半年後、彼女は次のような夢を見て驚く――「わたしは遠い外国から神戸の港に帰って来る。船の甲板に立って桟橋を見ていると、まだ豆粒くらいだが一生懸命に手を振っている女性が見える。すぐにそれは母親だとわかり、わたしは『帰ってはいけない……』と、そのまま船で去っていく」。A子と私にはもう解釈も何もいらなかった。ここでもあえてそれは述べまい。

彼女はこの夢のあと、初めてボーイフレンドからの求婚の申し込みを真剣に考え、わずか約一箇月後に結婚する。そして新婚旅行中に、長く止まっていた生理が起こる。一箇月後に妊娠し、その時点で治療は終結した。可愛い赤ちゃんを見せに来てくれたのはその一年後であった。

A子の見た夢こそ〝神話的時間〟の立ち現れであり、面接のなかで私とA子は不思議な時を共有した。この瞬間は、準備期間と、治療者の開かれと、時熟が整ったとき、唐突にしかも圧倒的に納得させる力をもってやって来る。

A子の例は、ユングのいうデメテル - コレの神話的世界そのものである。(26) デメテルと娘ペルセポネは野原で花摘みをしていた。そこへ冥界の王ハデスがゼウスと示し合わせ、ペルセポネを冥界へと誘拐してしまう。デメテルは嘆き悲しみオリンポスを離れ、娘を探しまわる。豊饒の女神がいなくなったことでオリンポスは実りを失い、ゼウスは困り果て、ハデスと交渉しペルセポネを返すことを頼むが、ペルセポネはもう冥界の食べ物、柘榴を食べてしまっているために帰れない。そこで春から一年の半分はオリンポスに帰り冬は冥界で過ごす、という妥協が成立し、オリンポスは稔りを取り戻した。ユングは「母 - 娘」結合の強さを、この神話を使うことで詳論している。すなわち、冥界という〝闇〟の力をもった強い男性の力がない限り、その結合を解き放つことが困難である、ということの神話的表現である。治療者である私はその役割を引き受け、それをボーイフレンドすなわち夫に引き渡したといえよう。

神話力の復権

神話というものが単なる古代の物語ではなく、いかに現代に生きているものか、それを本章ではさまざまな観点から論じてきた。治療者は神話を知っているのではなく、それを生きなくてはならない。それは、ユングがみずから精神分裂病の発病の危機に怯えながらやっと手にいれた地平であった。このことは逆にいえば、近代がつくりあげた自然科学的な地平、フロイトのとった性理論がいかに大変なものであったかを示している。この重さを踏まえて、本章が心理療法のなかで「神話を生きる」ことの意味を伝えることに成功していれば幸いである。

（1）Jung, C.G.(1956) *Symbols of Transformation* (C.W.5). Princeton University Press.
（2）中沢新一『カイエ・ソバージュ Ⅰ～Ⅴ』〔講談社、二〇〇二～二〇〇四年〕。
（3）村上春樹『海辺のカフカ 上・下』〔新潮社、二〇〇二年〕。
（4）横山博「村上春樹『海辺のカフカ』における近親相姦と解離」『甲南大学紀要・文学編』一三二（人間科学特集）〔二〇〇四年〕。
（5）蜷川幸雄『オイディプス王』野村萬斉主演による演劇・大阪公演〔二〇〇三年〕——同じものが二〇〇四年のオリンピック前にアテネで公演された。

（6）Kroeber, T.(1977)『イシ——二つの世界に生きたインディアンの物語』中野芳夫・中村妙子訳〔岩波書店、一九七七年〕。
（7）Kroeber, T.(1971)『イシ——北米最後の野生インディアン』行方昭夫訳〔岩波書店、二〇〇三年〕。
（8）Le Guin, Ursula, K.(1968,1971,1972,1993,2003)『ゲド戦記 Ⅰ〜Ⅴ』清水真砂子訳〔岩波書店、一九七六〜二〇〇三年〕。
（9）Jung, C.G.(1956) op.cit.
（10）中沢新一、前掲書。
（11）西郷信綱『古事記の世界』〔岩波新書、一九八八年〕。
（12）横山博『神話のなかの女たち——日本社会と女性性』〔人文書院、一九九五年〕。
（13）横山博「普遍的無意識の視点からの魔」『プシケー』vol.18〔新曜社、一九九九年〕——大幅に改訂のうえ本書に収録〔第六章〕。
（14）横山博「日本昔ばなし『猿の婿殿』の深層心理学的考察」『甲南大学紀要・文学編』一一〇（人間科学特集）〔一九九九年〕——大幅に改訂のうえ本書に収録〔第八章〕。
（15）梅原猛『神々の流竄』〔集英社、一九八三年〕。
（16）Jung, C.G.(1954) *The Development of Personality* (*C.W.17*). Princeton University Press.
（17）横山博「女性の個性化」『プシケー』No.10〔新曜社、一九九一年〕——大幅に改訂のうえ本書に収録〔第五章〕。
（18）西郷信綱、前掲書。
（19）横山博、前掲書〔一九九五年〕。
（20）武野俊弥『分裂病の神話——ユング心理学から見た分裂病の世界』〔新曜社、一九九四年〕。
（21）Neumann, E.(1971)『意識の起源史上・下』林道義訳〔紀伊國屋書店、一九八四／一九八五年〕。
（22）Jung, C.G.(1954)『転移の心理学』林道義・磯上恵子訳〔みすず書房、一九九六年〕。
（23）横山博「心理療法と枠——治療構造と出会う時」横山博編『心理療法——言葉・イメージ・宗教性』〔新曜社、二〇〇三年〕。
（24）鶴見俊輔『神話的時間』〔熊本子どもの本の研究会、一九九五年〕。
（25）Lewis, C.S.(1956)『愛はあまりにも若く』中村妙子訳〔みすず書房、一九九四年〕。
（26）Jung, C.G.(1954) op.cit.

第Ⅲ部　深層のヒストリーの水脈

先の第Ⅱ部においては、心理療法とは人間の存在に関わるテーマであり、人間の心的現象のマトリックスとして元型イメージがあり、それを基礎づけるものとして神話がある、ということをギリシア神話、日本神話や事例を通して論じてきた。そして心理療法家は、クライエントの述べることを単に知的に元型的イメージや神話的表現に見出すことが求められているのではなく、面接のなかで立ち現れてきた〝神話的時間〟をクライエントとともにいかに生きるかが問われている、ということを示してきたつもりである。それは、単なる面接者 - クライエントという二者関係を超えた、〈ダイモン〉とも〈超越性〉とも呼べるものに開かれている。また、だからこそ心理療法は、人間の存在を基礎づけるものとしての神話に見られる、人間の根源的存在の様式と繫がるものとなり得るのであろう。

******　　******　　******

これからの第Ⅲ部では、基本的には第Ⅱ部と同じような問題点を、おとぎ話・昔話という〝物語〟で視ていくことにする。

おとぎ話とは、たとえばグリム童話集のようなものであるが、その童話の発祥は、西ヨーロッパのドイツに生まれたということ以外はわからず、作者も不明であり、地域性も明確ではない。すなわち、時を経るなかで物語の細部のいろいろな特殊性が削げ落ちていき、骨格だけが残って語り継がれてきたものと考えられる。こうした歴史のなかで人々に忘れられずに残ってきたということは、それだけ人間のこころになにがしかの感動を与えるものであったからに相違ない。それゆえにおとぎ話は、第Ⅱ部で視てきた「神話」と同じく、人間の心的現象の骨格を示すものであり、人間関係のパターンや、人生の節目の重要なこころの動きの典型的なありかたを示しているといえよう。

ちなみに私の学んだチューリッヒのユング研究所では、おとぎ話の解釈を徹底して学ばされる。資格取得のための試験は中間試験と最終試験の二回があるのだが、その二回とも、おとぎ話の解釈についてセミナー・レポートを提出しなければならず、受験者はおとぎ話の元型的モチーフがわかっていると受け入れられなければ、試験を受けることができない。つまり、おとぎ話を事例に見立てて心理学的に問題を立てることができる能力が問われているのである。

日本における昔話も、おとぎ話と似ている。おとぎ話とよく似たものに「伝説 legend」があり、これはおとぎ話的な内容を含みつつも、より地域と結びついている。したがって、ある地域の出来事を説明するという、元型的内容から遠くなるものも含んでいる。そして日本の昔話は、この伝説とおとぎ話のあいだでさまざまな様態をとっているように思われる。そこでこの第Ⅲ部では、日本で広い地域にわたって採集されている昔話を、おとぎ話と同じ方法で扱って、分析心理学（ユング心理学）的に、事例を交えながら解釈を試みることにする。

****** ****** ******

解釈とは、たとえばユングの概念に沿って影・アニマ・アニムスなどの元型概念を探し出す作業では決してない。事例には絶えず彼・彼女の「人生」があり、それを治療者がどう読み取って、いかにその場にチューンしたコメントを述べられるかが、クライエントの「変容」を促進する。なにも、彼・彼女の語りに元型を発見することが第一義ではないのである。そこで、この第Ⅲ部でも同じ思いで、人間の営みのプロトタイプとして解釈を試みるつもりである。

第八章　変容をうながす力との遭遇——〝猿の婿どの〟考

はじめに

　これまでにも述べてきたように、C・G・ユングは人間のこころの最も深いところに存在するものとして〈元型 archetype〉を考え、それの宿るこころの層を〈普遍的〔集合的〕無意識 the collective unconscious〉と名づけた。そして、これらの内容は決して直接実証的に見ることのできるものではなく、イメージとしてのみ知ることができると考えた。そのよい例が神話、昔話・おとぎ話などである。

　前章でも詳しく見たが、神話は一国の成り立ちを説明するものであり、初期の混沌からいかにして神々がこの国を造りたもうたかという物語で、ある程度その国の特殊性が入り込むのに対して、昔話やおとぎ話は、伝承のなかで個人的な要素・場所的な要素がかなり抜け落ちていき、人間のこころの動きの様態を伝えるものとしてユングは注目したのである。したがって、この昔話やおとぎ話を深層心理学的に解釈してみることは、ユング派分析家になるための基本的訓練としてきわめて重視されている。昔話やおとぎ話にある「異界めぐり」の話は、精神病をも含む人間のこころの奥深さを想定せずには理解できないところであろう。

　それではまず、本章の題材となる〝猿の婿どの〟の物語を読むことから始めよう〔熊本県阿蘇郡〕[1]。

あるところに、爺さんがありました。その爺さんがね、ある日牛蒡掘りにいきました。ところが牛蒡がひとつもほれないものだから、どうしようかと思っていると、猿がやって来て「爺さん、爺さん。牛蒡掘ってやろうか」と、いいました。そこで爺さんがね、「おいおい掘ってくれ、ぬし（お前）が掘りあげたなら、おれの娘をどれか嫁御にやろう」と、いいました。そうすると、猿の奴が「ほんなこつ（ほんとうに）くるるかな、三日してからもらいに行くばな」と、いいました。爺さんは、まさか猿が娘を嫁にもらいに来ることもあるまいと思ったから、「よしよし」といいました。ところがほんとうにそうこうしている間に、えらいほど牛蒡をぼすぼすと抜きはじめました。牛蒡を掘るのはよいが、ほんとうに嫁もらいに来はしないかと、爺さんは一寸ばかり心配になりだしました。とうとう猿の奴は牛蒡畑の牛蒡を残らず掘ってしまいました。そうして「爺さん、ほんとうに、娘ばもらいに行くぞ」といって逃げていきました。

爺さんは「こりゃほんとに来るばい。それにしても、それにしてもどうして娘を嫁にやるなんかいうたろうか。どうしゅうかどうしゅうか。それでん三人おる娘のうち、誰が嫁にいってくれるか、娘に相談してみよう」と思って、しおしおもどって来ました。

「今日はこういうことであった。三日もすると猿奴が嫁もらいに来るが、わりゃいってくれんか」といって、一ばん娘に頼みました。そうしたところが、一ばん娘は「誰が、あんな猿の嫁なんかに行くかいな」というて、あたまからはねつけました。そこで爺さんは、こんどは二ばん娘にその話をしました。そうすると二ばん娘のいうことには「あんた、ばかではないか。そげな約束するものがあるものか。あたしじゃねえさんじゃか行かんよ。誰がいくかいな」といって、はねつけました。爺さんは、もうこういうようすじゃ、三ばん娘も行ってくれないと思ったが、いわねばそうがないから、三ばん娘のところにいって頼みました。「娘よい、娘よい。今日はこうじゃったが、猿奴が嫁をもらいに来る。そるばってんか、姉二人とも行かんちゅうが、どうしょうか。お前は行ってくれんか」と、もう顔の色も青くなってたのみました。そうしたところが、三ばん娘はじっと考えていましたが、「爺さん、爺さん。そんならわたしが猿の嫁に行きまっしゅ」というものだから、爺さんはたいそう喜んで「ほんなこつ行ってくるるか」といったそうです。「わたしゃ親孝行と思うちいきます。そりばってんか、三つの物ばくださいまっせ」と、娘はいいました。爺さんは「そん三つの物ちゃ何か、いってみな。何でござるか」とたずねました。「そりゃあえらい重い臼と、えらい重い杵と、そうしてから米ば一斗くださいまっせ」といいました。爺さんは「何、そんな望みか、よしよし」といって、すぐもって来てやりました。

それから三日たって、いよいよ猿がもらいにやって来ました。そうすると、三ばん目の娘は「お猿さん、お猿さん。わたしが嫁にいくばな。そいだから、山にいってから餅をついて食わにゃならんので、あんたが臼と杵と米ば、かついで行かにゃならんばな」といいました。それで、猿がかかえて見ると、えらく重かったけれども、嫁のいうことだから三つかついで、山をどんどん登っていきました。

ちょうどその頃は四月で、道の両側に桜の花が一ぱい咲いていました。それからずっと行くと大きな谷があって川が流れておりました。そこのところに、桜の枝がのびてえらく美しく咲いていました。そうしたところが、嫁が「猿さん、猿さん。あん桜の花はえらい美しいかのう。あたしにとってくれんかな」といいました。これも嫁のいうことだと思って「よしよし」といって、猿は木登りをはじめました。「猿さん、猿さん。一ばん上んとばとってくんなさい」と、下から嫁が呼びました。それで猿がこのへんかというと、まだ上ん方といって、だんだん上の細い枝になるまで登らせました。猿のやつは背中に重いものを負ぶっているし、枝は細いものだから枝が折れてどすーんと、とうとう深いふかい谷に落ちてしまいました。そうして、谷の水のなかにはまって、臼の重みで沈みながら、

さるさだが死ぬる命は惜しまねど
おとずる姫がなくぞかなしき

と、歌をよんで流れていきました。それから三ばん娘はよろこんで家に帰ったそうです。なあ、もーすもーすこめんだんご。

ストーリーの深層を読む

本章ではこの物語を「爺さん」「主人公である猿」「三番目の娘」の観点から論じる。

物語の出だし

物語の解釈では、その始まりのセッティングが重要な意味をもつ。ここでは三人の娘を持つ爺さんが登場人物で、

爺さんの妻については何も述べていない。このモチーフはヨーロッパの物語でもお馴染みで、心理学（以下、ユング心理学を指す）的に考えれば、爺さんは自身のこころの「女性的部分」との接触を失っていることになる。これまでにも紹介してきたようにユングは、人間は基本的には両性具有で、男性は女性的部分が無意識になっていると考え、それを《アニマ anima》と名づけた。一方、女性の無意識となっている男性的部分を《アニムス animus》と名づけた。

妻の不在と娘の存在

爺さんは三人の娘を持っているわけで、彼女らは彼の女性的部分の投影を担っているともいえよう。しかし娘たちの存在は、近親相姦禁止という人間の文化のなかにあって、妻とはおのずと意味が違ってくる。もし彼がずっと昔に妻を失っているとすれば、状況は彼にとって厳しかったに相違ない。なぜなら、彼は性愛的な面でもこころという面でも「女性」と接触をとれなかった、ということになるからである。

爺さんは、成長し娘となりつつある娘たちに自分の《アニマ》イメージを代償的に投影したやもしれない。しかしその場合、彼は近親相姦を避けるために、みずからの本能的要求を厳しく抑圧しなくてはならない。さもなければ事態はよりいっそう深刻となり、昨今珍しくなくなりつつある性的アビューズの問題となり、当該の娘に著しい心的外傷を残すこととなる。

一般的にいって、男性が自分の女性的側面との接触を失うと、数々のヨーロッパの物語で妻のない王が歳老いていくときと同じように、創造性・肥沃性、そしてさらにはエロス的側面との関係を失い、枯渇していくこととなる。そして彼の意識は硬化し、無意識からのエネルギーを受け取ることができなくなるのである。

大地性の枯渇と抑うつ状態

日本の昔話は「あるところに、お爺さんとお婆さんがおりました」という書き出しで始まることが多い。しかし爺さん・婆さんという表現は、かれらが暦年齢的に文字どおり歳をとっているとは限らず、いわば「中年以上の男女のカップル」という意味あいで使われていることも多い。この物語の爺さんも、かなりの老齢というより四十代か五十代と考えた方が自然であろう。五十代であれば、当時では「爺さん」といわれても何の不思議もなかった。

ただ、老けきってはいないものの、爺さんの体力の衰えは始まっているようで、ごぼうを引き抜くことができない。そうして彼はみずからの体力の衰えに直面しなくてはならない。これは心理学的にみれば〈男性性〉の身体的側面の衰えを示している。では、ごぼうは心理学的に何を意味するであろうか。それは根菜で地中深く伸びるがゆえに〈大地性〉と深く結びついているとみてよいであろう。そして爺さんは、そのごぼうをまったく引き抜くことができない。ここにも物語の心理学的象徴性がある。つまり彼は「ごぼうを引き抜く」という意識的なエネルギーを失っているばかりでなく、すでに「こころの大地的側面」との接触も失ってきているといえよう。

男性をこころの大地性に結びつけるものは、性的エネルギーも含む〈男性性〉であり、前に述べた《アニマ》の一属性で本能に近い部分である。妻もなく長年生活してきたと窺えるこの爺さんは、アニマ＝無意識＝エネルギーの源泉との接触を失い、男性的自我が自由にできるエネルギーを失い、単なる老齢化以上に、抑うつ状態に陥っているともいえよう。このようなとき自我は硬くなり、外界と生き生きとした関係をもてなくなり、心的エネルギーは無意識へと内向する。

今日の中高年におけるうつ病の増加はこれに比肩される状態と見ることができる。つまり戦後復興、高度成長経済、バブルとその崩壊という戦後史を担ってきた中高年のサラリーマンの人たちにとっては、勤勉さこそが要求されてきており、余裕などもつ時間がなかった。そこで身についてしまったサラリーマン戦士としての自我は、この時代ではまことに生きにくいものとなってしまっている。

物語の展開

猿が現れ、爺さんに助けを申し出た。この場合「猿」とは心理学的に何であろうか。

一般的にいえば、猿は人類に最も近い動物であるが、犬ほどには人間に馴らされてはいない。ユングは猿のもつ〈地上性 chtonic〉と「魔力」をもった側面に焦点をあてている。[2] 中国では猿は、霊・呪術師・妖精、健康・成功・保護と結びついていると信じられている。[3] 日本の代表的な昔話である桃太郎でも、鬼退治に協力するのは猿と犬、雉である。こうしてみてくると、猿は往々にして精神性の象徴とされる鳥と違って、暗いイメージもひきずり肯定的でも否定的でもあり得る「無意識の地上的部分」を表し、その魔力的性質からも、錬金術で事態を押し進める役割を果たすメリキュリウスをも連想させる。[4]

主体からみた猿と客体としての猿

さて物語に戻ろう。ここで猿との関係で二つのレベルで論じてみたい。

先に述べたように、爺さんはこころの本能的な部分を抑圧することを余儀なくされたと考えられる。彼はいまや中年も過ぎ、肉体的な力は確実に失われつつあることだろう。ごぼう一本抜く力がないことがそのことを如実に示している。また反対に、ある男性が自分の老いを適当なかたちで受容できないとき、彼は時にはむなしく自分の本能的な力を奮い立たせようとするかもしれない。いずれの場合にしても、彼の本能的な側面は未分化で蒼古的となり、たとえば夢のなかで動物の姿をとる傾向が出てくる。この考えかたからすると、爺さんの主体的状況が彼をして猿との接触に導いたのであり、とすれば猿とは、爺さんの「抑圧され蒼古的な本能性」を示しているといえよう。こうした見かたをユングは夢解釈の技法のなかで〈主体的レベルの解釈〉と呼んでいる。[5]

一方、猿を〈客体的レベル〉からも考えることができる。猿そのものを重視し、夢見手の一部とは見ない方法である。[6] 衰えを感じた男性が若い男性と出会うとき、彼はその若者にどんな思いを巡らせるだろう。娘を愛する多くの父親が自分の娘の恋人に非常に複雑な思いを抱くことはいうに及ばない。彼らは若さに圧倒され、悲しさとともに娘への思いを断念するかもしれないし、たとえば日本神話でオオクニヌシと恋に落ちたスセリ姫の父スサノヲのように、婿となるオオクニヌシに大変な試練を科し敵対するかもしれない。そうすると、この爺さんは畑に現れた姿に強調された若い男性的な本能的力を見て、それが猿によって表されていると考えることができよう。魔術的な力、若さ、動物性のゆえに、猿とは、若い〈男性性〉と〈本能性〉を示すのにまこと至当なイメージである。

大地との接触と新たな可能性

物語は奇妙な方向へと展開する。この爺さんは、猿が要求するまえに「自分の娘を与える」と言うのである。ここで爺さんが猿と人間とのあいだに何の区別も置いていないことには興味が惹かれる。なぜこのようなことが起きるのであろうか。爺さんは猿の若さと力強さに圧倒され幻惑されたのかもしれない。または彼は最初から猿を騙せるとふんでいたやもしれない。どうしてなのかは不明のままだが、少なくとも、猿なんぞが自分の娘をもらいにやって来るとは爺さんはこの時点では考えていなかった、ということは確かだろう。とすれば、猿の力を爺さんはいささか過小評価していたことになる。心理学的に語れば、〈主体的レベル〉では、猿の表す「こころの大地的側面」と誠実に接触をとろうとはしなかったということになろう。

一般に、人間が夢のなかでかような動物のイメージを抱き、夢自我ないしは覚醒時の意識がそれを正当に取り扱わないとき、そのイメージはよりいっそう蒼古的・破壊的となり、夢見手を悩ませる傾向にある。たとえばある中年の女性は、長いあいだ、セクシュアリティも含んだ「こころの大地的側面」を抑圧してきたがゆえに、分析の初期には長いあいだ犬や他の動物に夢のなかで追いかけられる恐怖を体験しなくてはならなかった。そのように、この爺さんは猿に助けを求めるにはもう少し注意深さを必要としていたのである。この不注意の結果として、彼は自分の娘を猿に与えることを余儀なくされる。先述したようにこの娘は、性的な内容を排除したレベルで爺さんの《アニマ》の一側面を表しているかもしれない。とすると彼のアニマは期せずして「こころの本能的側面」と接触することを強いられたことになる。ちなみに、中年男性が意識性の充分な準備がないまま「アニマの地上的側面」と接触をとろうとすると、時にはきわめて危険なものになることは、数々の文学作品や映画などが示している。

別の視点からみると、爺さんは心ならずして「蒼古的な本能性」を表す猿に自分の愛しい娘を差し出すこととなる。

これは〈客体的レベル〉の見かたである。

いずれの場合も、爺さんが「大地的側面」と接触をとったことは非常に重要である。〈主体的レベル〉では、より統合された《アニマ》イメージをもつためにこれと直面する必要があった。〈客体的レベル〉でも、彼は自分の娘に対する愛着をある程度犠牲に供するために、こころの整理をする必要に直面しているといえよう。さらに娘にとってもまた、〈男性性〉の「本能的側面」と接触する重要な契機でもある。もし娘が強い陽性の父親コンプレックスを持つとすれば、彼女にとってこれを受け容れることは困難になる。このような場合、娘には、若者はある種の獣に見えることであろう。爺さんの場合にしても娘の場合にしても、問題は「身体性」「本能性」をどう扱うかというかたちで布置されている。なぜなら、支配的な「意識性」が弱くなり、いまやあらたな可能性が必要とされているからである。爺さんにとっては老い、アニマとの関係性のありかた、娘に対する思いの放棄、娘にとっては最も原初的な姿で現れたアニムスとの接触。猿は、何か新しいものをもたらす可能性を秘めているかもしれない。

三番目の娘の決心と腹案

ところで、この物語には3という数字が「三日後」「三姉妹」というかたちで現れる。数字の3は昔話・おとぎ話ではよく出てくるモチーフであるが、ここではM＝L・フォン・フランツに従ってそのダイナミックな象徴性を指摘するに留めよう。[7] しかしここで末娘が三番目であることは強調しておかなくてはならない。心理学的に見れば、多くの昔話やおとぎ話が示すように、末である三番目の娘や息子は、古い意識性による影響の少ない最も分化していない自我のありようを示している。その意味で末娘、末息子はなかんずく、将来に対する可能性を表しているといえよう。多くのおとぎ話や昔話がそうであるように、長女と次女は猿との結婚を即座に拒絶した。受け容れるのは三番目の娘だった。なぜそうなるのかを考えてみよう。

彼女は『わたしゃ親孝行と思うちいきます』と語る。いわば彼女は「親孝行」という父親に対する義務から、結婚を受け容れるのである。猿とこの娘のあいだには何の恋愛関係もない。彼女は猿を見たことさえないのである。このことは彼女と父親の強い関係の深さを示している。他の二人は父親と自分たちを区別し、彼を厳しく批判さえするが、三番目の娘はまだ強い父親‐娘関係のなかにあり、父親の言うことを聞くことが一番大事だと判断するのである。

この関係を西洋的な心理学的観点から、強い「陽性の父親コンプレックス」と呼べるかどうかはわからない。物語を見る限り、この父親はむしろ父権的には弱く〈男性性〉にも欠けている。河合隼雄はこのような父親は日本に多いとしてE・ノイマンに従って「ウロボロス的父親」と呼んだ(8)(ウロボロスとは、みずからの尾を咬む蛇の図で、未分化なものの象徴的表現としてよく使われる)。西洋的で父権的な父親イメージよりこちらの方が、この爺さんには適当かもしれない。つまり、いわゆる父親コンプレックスというよりもむしろ「共生的な関係」が目立っているように思われる。

三番目の娘は、父親への孝行を重視しながらも、ただ単純に猿との結婚を受け容れたわけではない。彼女にはこの獣をどう取り扱うかについて何か腹案がありそうである。彼女の父は、この動物をどう扱うかについて全く無力であり、娘が結婚を受け容れてくれたことをただ単純に喜ぶだけだった。〈主体的レベル〉で考えれば、自身の意識性が「無意識の動物的側面」によって圧倒されていることをもはや深刻に感じることができないのである。しかし彼女は何かを知っている。心理学的には、この三番目の娘は、爺さんも含めた他の三人の意識性からみるとまだまだ未分化であるため、無意識から切り離されておらず、自然に近い。そのことが深く関わっていると思われる。

物語のクライマックス

三番目の娘は父に、重い臼と重い杵と一斗の米をくれと頼む。これらの物は心理学的には何を意味するであろうか。ごく一般的に考えれば、臼は受け容れるものであり〝女性性〟を示し、杵はファリック phallic で〝男性性〟を象徴しているといえよう。しかしここでは、このような当てはめ的な考えかたは何の意味もなさないと私には思える。そこでまず日本の伝統を見てみよう。

いうまでもなく、ひと昔前までは餅は杵と臼で家庭でつかれ、しかも餅をつくのは特別な日のみだった。たとえば雑煮を食することがある種の厄払いであるという事実は、民俗学的にあまねく知られていることである。同様に餅は結婚式や収穫の祭りなど記念すべき日に作られる。つまり日本人は、自分や家族や共同体を災いから守ってもらうためと、そうしてもらった感謝として、神々に餅を奉納したり、みずから食したりしたのである。このように餅は、日本文化の伝統のなかでは「厄落とし」の儀式と密接に結びついている。今日でもこの習慣は残っており、餅を作るということは日本文化の重要なテーマのひとつとなっている。そしてこのことは、災いと結びつくかもしれない「獣」のイメージの対極に立っているといえよう。この観点から見ると、三番目の娘は、猿に、猿自身とは対極の意味あいをもつものを運ばせたこととなる。臼も杵も米も、猿にとっては、そのものの重さばかりでなく象徴的にも重かったに違いない。

物語の解決

三番目の娘と猿は、猿の領域である森へと向かう。これは心理学的には、娘には獣にしか見えない男性の性的側面とともに深い無意識へと向かうことを意味している。

ここで「桜」のテーマが現れる。満開である。桜はいうまでもなく日本を象徴する花で、古来、桜は日本の集合的な美意識の中心的モチーフであった。「馬鹿のみが桜の花を摘む」とう格言があるように、日本人は桜の枝を折ることを良しとせず、木の下で自然なセッティングのなかで鑑賞したのである。したがって桜の花とは、日本の集合的意識性の美意識のありかたと密接に結びついている。餅を作るための器具は災いを防ぐ日本人の日常生活と深く結びつき、一方で桜は日本人の美意識と深く結びついている。残念ながら猿はその双方とも理解できなかったようだ。

猿は花嫁の言うがままに従い、背に負った重さゆえに溺れ死んでしまう。心理学的にみれば、娘の意識のなかに一度は獣のかたちをとって現れた「こころの大地的・身体的側面」が、空しくもう一度無意識のなかに沈んでしまったことを意味している。「猿」は先述したようにデモニックな点も含めて「こころの大地的側面」との関係でさまざまな意味をもっている。それゆえにこそ猿は新しい意識性の計り知れぬ可能性をもっていたといえよう。しかし娘のこころに宿る〈集合的意識性〉はあまりに強すぎた。猿はそこへ新たな可能性を持ち込むことに失敗してしまったといえよう。

西洋のおとぎ話では、動物にされた魔法が解けハンサムな男性となり、花嫁とめでたく結ばれるというテーマが圧倒的に多い。かたやこの物語の結末は、人間になれないばかりか、花嫁に殺されるのである。猿はまったく癒されようがない。ところが、それにもかかわらず猿は死ぬときに「残された花嫁が不憫だ」という歌さえ残すのである。爺さんと比較して、この猿にはある種の威厳すら感ずるのを私は禁じ得ない。というのは、猿の立場からすれば、心底誠実に自分の《アニマ》ともいうべき花嫁と接触しようとしたのであり、爺さんの方は、自分の失敗を娘に押しつけてかたをつけてもらっただけなのだから。

猿の歌はまったく花嫁のこころを惹きつけない。むしろ彼女は猿の死を喜んでいる。彼女には、猿に対する憐れみすらない。ただ喜んで爺さんのもとへ帰るのみである。象徴的にみれば、先述した「共生」の色合いの濃い父‐娘関係に帰っていったということになろう。つまり、物語が示す限りこの娘は、自身の「こころの本能的側面」をもう一度完璧に抑圧したということになるのではないだろうか。それとも彼女のこころに何か変化がおきたのか、次にそれを見てみることにする。

三者に秘められた真相

ここでも爺さん／猿／三番目の娘という三つの視点から考察を加えたい。

爺さんの視点から

まず最初に爺さんの視点から、二つの方向で考えてみよう。

先述のように、猿は、長いあいだ抑圧され蒼古的となった爺さんの「こころの本能的側面」を表している。ユング心理学ではこれを〈主体的水準の解釈〉と呼ぶことについても既に述べた。この場合「近親相姦」のテーマがまず問題になる。いまや爺さんの娘に対する無意識的な性的欲望が抑圧しきれずして、猿の姿をとって彼の意識野に現れた。彼の意識は、猿の強い力、すなわち無意識的欲動に圧倒される。彼はいま、猿に自分の娘を与えるというかたちで娘を自分の近親相姦的欲動の犠牲にしてしまったことを嘆くのではなく、「どの娘が猿との約束を実現してくれるだろうか……」ということを思い患うのみである。彼はあまりにみずからの無意識的欲動に対して力なく、獣となってしまったみずからの欲動から娘を守る手立てを何も持たないのである。状況はきわめて深刻である。

しかし三番目の娘が爺さんを助けることができる。つまり彼女は猿に集合的な意識性の価値を押しつけることによって近親相姦を避けたのであり、爺さんの近親相姦の欲望はこの娘によって避けられたのである。

抑圧する力

一般的にいっても父‐娘関係は、娘が思春期に入った頃、この近親相姦問題と直面させられる。娘はいまや性的な含蓄と混交するようになった父親への幼児的な愛着を犠牲に供さなくてはならない。そして彼女の家族内的に動いていた心的エネルギーを、家族外の対象へと向けていかなくてはならない。父親もまた「可愛い娘でずっといてほしい」という娘への愛着を放棄しなくてはならない。この過程の背後で娘の側の性的な成熟は大きな役割を果たす。思春期の娘が必要以上に父親を嫌うのはよく見られる事象であるし、逆に世代間境界がうまくとれず思春期になっても父親とお風呂に入ったりしているのを聞くことは、精神科医・心理療法家にしてみれば稀というわけではない。

かくも心的には困難な時期を父・娘とも経過するのであるが、やはり父‐娘関係での性の問題は厳しく抑圧されなくてはならない。この抑圧する力は古代より人間の知恵として受け継がれてきた〈集合的意識性〉にもとづいている。ユングも指摘するように、近親相姦タブーは心的エネルギーの流れの家族内的なものから家族外的なものへの変化を意味している。(9) さもなければ人類の存在は、古代において非常に危険なものとなったに違いない。とすればこの三番目の娘は、原初的な本能をいかに取り扱うかを知っていたばかりか、集合的意識性の本質も知っていたといえよう。

外に向かうことを妨げる傷

このモチーフは、私の関わったある女性患者を思い起こさせる。

彼女は抑うつ状態、関係妄想、不眠に悩み、診断は非定型精神病であった。

彼女は十五歳のとき、父に性的に攻撃された。父の近親相姦の意図がはっきりと彼女には感じられ、彼から必死で逃げた。幸いにも、最も忌まわしい事態は避けられたが、彼女のショックは大きかった。以後、彼女は父と顔を合わせることを恐れ、かつそのことを誰にも話すことができなかった。高校時代はできる限り家の外に居るよう努めた。彼女はその後、男性友達と一切、接触をもつことができなかった。さほどにこの出来事は、男性に対する大きな恐怖を残したのである。彼女の父に対する思いは非常に複雑で両価的である。長く長く、彼女は父へのその思いを解決することができなかった。彼女はある面では強く父を憎んだ。しかし父親との関係への愛着を捨てることができず、それは父への母親的配慮というかたちをとっていた。彼は、我らが物語の爺さんと同じように、ウロボロス的な弱い父親なのである。

この問題を彼女とともに解決を図ろうとする仕事は、多くの面接にもかかわらず至難の技であった。彼女は決して夢（の報告）を持って来なかったし、また、表面的には非常に親しげではあるが、深いレベルでは強い防衛を私に示していた。彼女の父親への複雑な思いが私に投影されていたことはいうまでもないだろう。あの事件のゆえに、彼女の《アニムス》は著しく未分化のまま留まっていた。したがってこの問題を分化させ、さらなるプログレッション

（前進）に向けて問題を整えるには、彼女は大変な苦労を背負わなければならなかったのである。この問題の複雑さに関連して、彼女はとうとう二十四歳時、発病に至ってしまった。

彼女は三十二歳のときに（私との治療開始二年後）、両親の家を出て一人で住む決心を固めた。この頃は彼女にとってある転換点だった。彼女は時を同じくして、自分より八歳年下の男性と親しい関係となり、結婚を望んでいた。しかし私には、この関係は実りあるものとは思えなかった。なぜなら、この関係のなかで彼女は彼に対して母親のように振舞っており、一方で彼女の《アニムス》も、かくも若い男性に投影されなければならない彼女自身の心性を示しているからである。彼女が一定の成熟した異性関係をもつのはいまだ困難だったのである。しかし彼女にとっては、エネルギーが家族内から家族外に動くことは、一度は通らなければならない道なのであり、私は横で見守っていた。彼女は結局、妊娠そして中絶という事態を迎え、その混乱のなかで精神病を再発し入院せざるを得なくなり、彼との関係もその数年後には終わりを遂げた。その間に父親の死も迎え、いまは母とともに安定した生活を送っている。

彼女の治療期間のあるとき、彼女は自分の長姉を私のもとに連れてきた。彼女は夫との不和でうつ病となっていた。彼は仕事を何度も変え、家にはわずかしかお金を入れなかった。そのために子どもを二人抱えるこの家族は著しく苦しい家計のなかで生活せざるを得ず、疲れ果てた結果であった。この長姉の治療も私が引き受け、話を聴いているうちに、なんと驚いたことに、彼女もまた思春期に父親に性的に攻撃されていたのである。それが彼女の大きな外傷となっていたことが判明した。そして妹と同じ男性への関わりかたが現在の状態を呼び込んでいることが洞察され、六箇月後にはうつ病から治癒し、そのしばらくあとで夫と離婚。そして、母親的配慮ではなくもっとエロスに根づいた男性との関係をつくりあげ再婚している。

こうして見てくると、双方の患者とも、心的エネルギーの「家族内」的な方向から「家族外」的な方向への流れの変換に、みずからの深刻な外傷ゆえに失敗していることがわかる。彼女たちの母性は過剰に発達する一方で、《アニムス》との適度のバランスを必要とする〝女性性〟の発達は未分化のまま留まったといえよう。ちなみに彼女たちの間にもう一人の娘がいて、三人姉妹で、母がいることを除けば〝猿の婿どの〟の物語と非常によく似ているのである。

老いていく父親の性的エネルギーが近親相姦的になるとき、それが娘にとっていかに大きな心的外傷となるかが、この事例で多少とも明らかになっているのではないだろうか。

爺さんは変わったか

本論に戻ろう。爺さんは三番目の娘との近親相姦を避けることができた。しからば彼のこころには何が起こったのであろうか。

少なくともこの時点では、猿は死に、深い無意識へと沈み、完全に除去された。それが良いことなのかどうかはわからない。ただし先に触れたように、猿はメルキュリウスの側面を持っている。メリキュリウスは不死である。したがって再び戻ってくるかもしれない。たとえば私のケースのように。おそらくはウロボロス的な父親としての父‐娘関係に留まっていくのであろう。この問題を解くのはなかなか難しいし、深い日本文化論的考察も必要とする。

ところで爺さんの問題を〈客体的レベル〉から論ずると、彼は近親相姦願望を避けることができたにもかかわらず、ここでもまた三番目の娘に対する愛着を犠牲に供することに失敗している。というのは、この娘が「こころの本能的側面」を統合しようとする試みに何ら手助けになっていないからである。この点については後に論じてみよう。

猿の視点から

次に猿の観点から論ずるとどうなるであろうか。

ほとんどの西洋のおとぎ話では、魔法にかけられ動物となった花婿が、物語の終わりでは魔法が解け人間の姿に戻る。これらの物語の場合、《アニマ》を体現する王女が大きな癒しの役割を果たしている。しかし〝猿の婿どの〟では、猿の癒しはまったくなく、殺されるのである。

犠牲に供されるものたち

もちろん西洋にも、動物や怪物が殺されなくてはならないモチーフは存在する。たとえば西洋のおとぎ話では吸血鬼は、深く死と結びついているがゆえに殺されなくてはならない。フォン・フランツは次のように述べる、「吸血鬼とは、オデッセウスがまず血を犠牲としてささげなければならなかったハーデスのなかの死霊である。彼らの血を求める快楽は、意識のなかに入って来ようとする無意識の衝動ないしは渇望であろう。もし彼らが無視されると、意識からエネルギーを奪い始め、その人に疲れともの憂げさを残す」[10]。とすれば私たちは吸血鬼と対決しなくてはならないことになるが、それに取り憑かれてしまってはいけない。なぜなら、私たちは無意識のすべてを統合できるわけではないからである。フォン・フランツはこうも述べる、「無意識につかまれることからすべり抜けることによって、取り憑かれた状況に打ち勝つことも、戦い破る英雄的行為と同じように、賞賛に値する行為なのである。これは『魔術的遁走』のモチーフで、打ち勝つことを求めるより逃げるが勝ちで、そうすることで無意識の凄まじさに蝕まれることを避けるという状況を象徴している」。したがって吸血鬼は、意識にとってはあまりに破壊的で正面から立ち向かうことができないため、受動的なやりかたで殺されなくてはならないのである。

また「魔法の馬」という西洋のおとぎ話でも、悪魔から少女を救い出した馬が、物語の終わりにこの少女の手によって殺されなくてはならない。しかしこの場合、馬はりっぱな宮殿となり、少女は彼女の恋人と結ばれる結果となる。この場合、馬を殺すことは、象徴的には「粗野な本能性」を犠牲に供したことを意味するとフォン・フランツは語る。ここでは少女も馬も癒されているのである。

日本的なるものの特性

〝猿の婿どの〟に戻って考えてみると、猿には魔的な demonic 属性はあるというものの、殺されてしまわなくてはならない無意識の「破壊性」とはいかなる関係も私には見出せない。猿はある意味では飼い慣らしにくく破壊的であるかもしれない。しかし同時に「大地的側面」として、新たな可能性という肯定的側面ももっている。それどころか先に述べたように、私にはある種の尊厳すら感じさせる。
なのになぜ、猿は殺されなくてはならなかったのであろう。猿は日本の〈集合的意識性〉についてあまり知らないために、いささか愚かであるとはいえる。それゆえに殺されなくてはならないのか。小澤俊夫は中世に仏教が広がり動物が神ではなくなったことと関連づけている[11]。しかし私は心理学的に考えてみたい。すると、仏教ももちろん関係するのではあるが、延々と続く日本の集合的意識のありかたと深く結びついているように思われる。

およそ百年前に日本文化が本格的に西洋文化と遭遇して以来、思想界や文壇において日本人が西洋的自我（近代的自我）をいかに統合できるかについて大きな論争が続いてきた。それが現在も決着がついているわけではないことはいうまでもないことであろう。この「日本的なるもの」とはいったい何なのだろうか。これは大きな問題である。わけても特に戦前男女の恋愛についての論争は、家族制度との板挟みで大きな葛藤を含むものであった。さらに、日本文化に大きな影響を与えてきた仏教は、夢に導かれて僧職者として初めて妻帯へと踏み切った親鸞の例を持ち出すまでもなく、人々に「愛欲は煩悩で、一時的で空しいもの」と教えてきた。また河合が指摘するように、日本の昔話には結婚というかたちで結ばれる物語が西洋に比べて極端に少ない[12]。その例は、鶴女房・浦島太郎・かぐや姫と、挙げていけばきりがない。詳述を要するところではあるが、これは「日本的なるもの」のひとつの特徴である。日本の男性が《アニマ》すなわち女性と結びつくことでみずからを変容することがいかに困難であるかを示しているといえよう。

この問題との関連で私はいまひとつ、日本における強い「父 - 娘関係」のありかたを指摘しておきたい。いまだ強い父親の影響力のもとにある娘をヒーローが解放するというテーマの物語が西洋には多く存在する。それが日本の物語では稀なのである。たしかに日本神話にはオオクニヌシがスセリ姫を父スサノヲから解放する物語がある[13]。しかしこれは黄水の国の出来事であり、日本の〈集合的意識〉の中心から遠く離れたところで起きているのである。詳論はできないが、日本の中心では昔話も含め、〝猿の婿どの〟のような強い父 - 娘関係が優勢なのである。このような関係は結婚後も往々にして長く続き、そうした娘が、自分の夫となるべき人を「獣」としてとらえやすいと想定することは、さほど困難ではない。

変容と死の分かれ目

ここに、最後で動物が人間に変身する物語〝たにし長者〟がある。[14] その筋書きを要約しておこう。

昔あるところに貧しい夫婦が住んでいた。四十歳代にもなるのに、彼らには子どもがなかった。夫婦は子どもが授かるように水神様に願をかけた。するとある日、妻が突然お腹の痛みを感じ、たにしの赤ちゃんを産んだのである。二人はびっくりしたが、水神様からの授かりものだからと可愛がって育てた。

二十年の歳月が流れた。しかしたにしの子はいっこうに大きくならなかったし、言葉を発することもなかった。ある日、歳老いた父親が、長者に年貢を納めるために馬に米俵を積んでいた。すると突然、声がしてきた。たにしの子がしゃべり出し、自分が馬で年貢を運んでいくというのである。彼は長者のところまで馬をうまく連れてき、年貢を納めたが、その長者はこれにびっくりし、二人の娘のうちどちらかを嫁にやろうと約束した。この約束に長女が嫌がったので、次女と結婚することとなった。この娘は誠実で美しい女性だった。

しばらくして、たにし青年は妻とともに薬師様へ参詣に行った。青年は自分は中に入れないから表で待つと言うので、妻は一人でお参りに行き、大急ぎで帰って来た。しかし彼女は自分の夫を発見することができず、必死であちこち探したが無駄であった。彼女は絶望に包まれ、泥の最も深いところへ身を投げようとした。とその時、美しい若者が現れ、彼女を止めて、自分がかのたにしであり、妻が薬師様にこころからお祈りしてくれたので人間の姿になることができたと説明した。妻は喜びで一杯になり、二人は末長く幸せに暮らした。

この物語のモチーフは、西洋の物語のモチーフと非常によく似ている。娘の誠実さが、たにしとなっていた青年を救い得るのである。娘が彼を探すとき、田んぼに下り、きれいな着物は泥だらけになった。彼に対するこのような誠実さと、薬師様に対する敬虔さが、動物の姿を人間に変えることができたのである。

象徴的に考えると、たにしとは非常に原初的な「本能的側面」を示し、大地と強く結びついていて、遠くへ動くことはできず、泥のもつ滋養分に全面的に依存している。したがって心理学的に考えれば、たにしとは、あらゆるものを呑み込む「母性の大地的側面」に圧倒的に支配された存在といえよう。このような場合、そのセクシュアリティはきわめて原初的で、グリム童話〝蛙の王さま〟の蛙のような両生類のレベルよりもっと原初的な存在にあるといえよう。ところがたにしは一方で、水神様からの授かりものであるがゆえに、聖なる側面も同時にもっている。「聖」なる側面も「性」なる側面もともにユングの概念である人類共通の〈普遍的無意識〉に宿るものであり、双方は深いレベルではお互いに結びついている。

二十年も言葉を発せないということは、母性の大地的側面に呑み込まれ共生のなかでしか生きられず、生成が停止させられているという意味において、特に母への依存を象徴的に示している。自身を母性の大地的側面から解放し、セクシュアリティと聖性を発展させるには、《アニマ》との接触が不可欠であった。

たにし青年は〝猿の婿どの〟の猿と違って幸せだった。いったい、この違いはどこからくるのであろうか。私はまだ充分なる答えを持っているとは言い難い。しかし〝たにし長者〟のモチーフは〝猿の婿どの〟のモチーフと比べると、むしろ日本の昔話のなかでは稀である。たとえば別の物語では、花婿は蛇である。ある日、花嫁の両親がそれに気づく。そのときは彼女はもう妊娠している。両親は蛇を殺すのみならず、妊娠した子どもを中絶すらして、円満に物語は終結する。日本の昔話のなかには、男が美しい女性と結婚するが禁をやぶってその動物の姿を見てしまったために妻を失ってしまう、という話が多くある。こうした「結婚の失敗」のテーマは、西洋に比べ日本でははるかに一般的なものなのである。

これまで述べてきたことを要約すると、日本人にとって、猿のイメージを分化させ、識別検討することがきわめて重要な仕事のように考えられる。つまり、猿は人間に変容すべきだったのか？　それとも猿が殺されなくてはならない他の理由があったのか？　この問題には後ほどまた触れよう。

娘の視点から

ようやく最後の「娘」の視点に辿り着いた。娘のこころには何が起こったのだろうか？

物語が示すかぎり、この娘は良い孝行娘に違いない。彼女は誠実だし父の言うことをよく聞く。しかし獣をどう扱うか知っているところからして、〝蛙の王さま〟の王女ほど無垢な女性ではなさそうだ。[15] また彼女は、九十九人の花婿候補の首をはねる、同じくグリム童話の〝あめふらし〟の王女〔次項を参照〕ほどアニムスにとりつかれた女性でもなさそうだ。なぜなら、猿をだまし殺してしまうこと以外は、彼女のなかにいかなる攻撃的性向も見ることができないからである。

先述のように、彼女はまだ強い「父 - 娘関係」にあり、自我が父親の馬鹿さ加減を批判するほどには分化していない。しかしその自我の未分化さゆえに、より自然に近いともいえる。だからこそ、猿によって示される人間のこころの「地上的側面」により近いし、それを受容することもできるのである。自我が分化すればするほど地上的側面から離れ、無意識から切り離されていく、というのはよく起こる傾向である。

女性性の変容は成るか

西洋の物語のモチーフに従えば、三番目の娘には、魔法にかけられた猿を癒し、彼との接触を通して自身もまた〝女性性〟を開花させることが期待されるはずである。

〝蛙の王さま〟では、王女が池に落としてしまった金色のボールを拾ってきてくれた蛙の醜い姿を受け容れることを強いられる。彼女は蛙を自分のベッドに招き入れなくてはならない。心理学的にはこの蛙は、彼女の《アニムス》の「本能的側面」と結びついた彼女のこころの「大地的側面」を表している。またそれは、彼女があまりに輝かしく無垢であるために、彼女の抑圧されているまだ解かれていないコンプレックスをも示している。彼女にとってこの蛙を受容するのは並大抵のことではない。むしろ不快に思い、怒りから蛙を壁に投げつける。とその時、蛙は王子に変わる。この場合、王女が感情的になったのはことのほか重要である。彼女は蛙との結婚を約束したものの、ずっとそれを嫌っていた。しかし父王が約束したことを破ることを許さなかった。彼女はしぶしぶ蛙を受け容れようと努める。この段階では「約束の履行」であるがゆえに、彼女はまだ父の影響下にあるといえよう。しかし彼女が怒って蛙を壁に投げつけるとき、父親コンプレックスの下から彼女の「生の感情」が現れる。この真の感情・情動の現れが彼女の〝女性性〟の開花の始まりであり、それがあってこそ蛙を人間に変身させ得たのである。それまで父親コンプレックスのもとにあった王女にとって、男性は、蛙のような気味の悪い存在だったのである。

〝あめふらし〟の王女はとんでもないほど恐い女性である。彼女は塔の上の十二面の窓からあらゆることを知ることができる。彼女は「自分の目から隠れ通せた男性と結婚する」と国におふれをだす。九十九人の男性が挑戦するがすべて失敗し、彼女に殺されてしまう。これは男性原理である父親コンプレックスに支配され、「切断する力」と「識別性」の異様に強くなった〈アニムス〉の姿を心理学的には示している。最後の三人兄弟の三番目の弟が動物たちの助けを借りて隠れることに成功する。彼は動物の教えであめふらしに化け、市場にいるところを王女が見つけ、かわいいと思ってお城に連れて帰る。この青年はあめふらしの姿のまま王女の髪の毛の束の中に身をひそめる。そうすることで彼女の目から逃れ、王女と結婚することになる〔アニムスに関連して第十章でも触れる〕。この場合、王女があめふらしを可愛いと思ったのが決定的なターニングポイントであった。おそらくはこのような優しい感情を、それまで彼女は持ったことがなかったと思われる。一般的には「優しさ」は〝女性性〟に属し、それは関係性すなわち〈エロス〉へとつながる。王女はこの優しさを通して、自分の真の女性性を発展させることができたといえよう。

フランスの有名なおとぎ話〝美女と野獣〟では、セッティングが〝猿の婿どの〟とよく似ている。(16) 老人と三人の娘がいる。ある日、老人は森の中で道に迷い彷徨っているうちに、素晴らしい宮殿を見つける。それは野獣の館であった。彼はその宮殿の庭から白いバラを盗んだがために、娘の一人を野獣に差し上げなくてはならなくなる。姉二人はにべもなく断るが、三番目の娘が同意してくれる。野獣は彼女をたいへん愛し、何度も「結婚してくれ」と頼むが、いつも彼女はそれを拒絶する。しばらくして父親の病気を知った娘は「家に帰るが必ず戻って来る」と野獣に約束する。しかし彼女は約束の日にお城には戻らない。そのとき彼女は、自分への愛着・渇望のゆえに野獣が死にそうになっていることを知る。慌てておお城に帰った娘は、庭で死にそうになっている野獣を発見する。彼女はこころの底から彼に生き延びてくれるよう頼み、結婚することを約束する。するとそのとき野獣が人間の姿へと変わり、二人はめでたく結婚する。

〝美女と野獣〟の末娘は愛情関係を通してみずからの〝女性性〟を「父の娘」から解放した。ここで野獣とは〝猿の婿どの〟の猿とほとんど同じ意味を象徴的にもっていると考えて差し支えないだろう。しかし私たちの物語には、この西洋の物語が示すような女性性の変容を発見できない。〝猿の婿どの〟の三番目の娘は、猿に対していかなる憐れみの感情も示さないし、ましてやどんな情動的関係も持っていない。物語の別のバージョンでは、彼女はしばらくは猿と一緒に住むが、里帰りのときに猿に重い物を背負わせ、同じことが起きる。猿と娘のあいだにはいかなる親密なコミュニケーションもなかったようである。こうして見てくると、我々の物語では、三番目の娘のこころのなかでいかなる女性性の変容も起こらなかった、と結論づけざるを得ない。

個性化の難しさ

〝猿の婿どの〟の三番目の娘は父との近親相姦的な関係を避けることはできた。しかし〈主体的レベル〉では、近親相姦への無意識的渇望は父親のこころばかりでなく、彼女のこころにも宿っており、かくして二人は父・娘関係に留まっているといえよう。

一般的に、思春期に芽吹く少女のセクシュアリティは、まだ父親に対する幼児的な愛着と混交しており、父親との家族内的な関係のなかにありがちである。その後、少女はみずからの幼児的願望を犠牲に供し、彼女の心的エネルギーを家族外の異性へと向けていかなくてはならない。その過程は〝美女と野獣〟で見事に示されている。〝猿の婿どの〟の場合、三番目の娘はみずからの「こころの本能的側面」の芽を摘んでしまったように見えるし、また同時に猿が彼女の「こころの大地的側面」を示すがゆえに、彼女の近親相姦願望をも深い無意識へと抑圧したようでもある。彼女のセクシュアリティはいかに変容するのであろうか？

〝猿の婿どの〟は、日本の女性が「父親・娘関係」を脱することの難しさを示しているように思われる。ただしこのことは必ずしも、日本の女性が西洋と較べセクシュアリティをより抑圧してるということを意味しない。古い時代の日本では、少女が初潮を迎えると母親が赤御飯を炊いて祝い、それがセクシュアリティへの通過儀礼となった。おもにM・エリアーデのいうように、いわゆる「伝統社会」の通過儀礼と同じく「生殖性」へのイニシエーションであっただろう。[17] 少女・娘の生殖の力は、家族や共同体の富や豊饒性と深く結びついていた。それゆえ日本の女性のセクシュアリティは、その生殖性へや共同体への結びつきが強く、女性としての「個性」の発展へと結びつく機会としてのこころの発展にあまり結びついていなかった。

人々がこの〈集合的意識〉の価値観を受け入れる限りにおいては、彼女たちのセクシュアリティはさほど厳格には制限されてはいなかった。古来、日本では「貞淑性」の問題はあるにしても、セクシュアリティの発露は、キリスト教的な「原罪」とは考えられてはこなかった。今日でさえ、ある種の神道では性器が御神体となっている。そこでノイマンに従って考えれば、日本の集合的意識は〝女性性〟の属性である「母性」の基本的《elemental》な側面を重視しその変容的《transformative》な側面を重視してこなかったといえよう。[18] したがって西洋の女性と較べると、男性と接触をとることを通して女性としての〈個性化〉へとイニシエートされていくことは、日本の女性にとってきわめて困難であったと考えられる。

一般に「父性原理」は、その文化において支配的な〈集合的意識〉に深く結びついている。それゆえに〝猿の婿どの〟の三番目の娘の親密な「父‐娘関係」は、日本文化のありようと符合しているのではないだろうか。おそらく彼女は、結婚後でさえも、西洋の女性と比べ長く父親との親密な関係に留まっていくことであろう。

よそものに対する両価性

このことは「なぜ猿が殺されなくてはならなかったか」という問題を解くためにひとつの手がかりを与えてくれる。猿はあれほど娘の言うままになったことからしても、こころから彼女を愛していたに相違ない。しかし猿は残念ながら日本の〈集合的意識性〉にあまりに無知であった。ひるがえって〝たにし長者〟の青年は、どれだけ娘を愛していたか、定かではない。なぜなら、すべての処置はたにし青年と娘の意志に関係なく、父親によって段取りよく進められていったのであるから。娘への愛の程はわからないが、たにし青年は集合的意識にはよく通じている。そもそも彼は、日本の農耕社会の集合的意識の中心である水神様によって遣わされたものなのである。

猿とは、共同体性の集合性を何も知らない、いわば「よそもの」である。その昔、村の人々がこうした「よそもの」に両価的であったことは、民俗学の証明するところである。土着の人々は、あるときには新しい文化を伝えてくれるがゆえに「よそもの」に興味をもち、それに見合う供応もした。しかし一方で、この「よそもの」が自分たちの共同体に危害を加えるおそれがある場合や、災厄があってスケープゴートが必要な場合は、残酷となり、殺したりさえしたのである。およそ百年前、かつてない規模で西洋文化と日本が接した時代には、西洋人が最も典型的な「よそもの」であったに相違ない。日本人はこの西洋文化に両価的で、ある人は同一化しようとし、ある人はそれを拒絶した。そして第二次世界大戦以降、日本文化と西洋文化は急速に混交し、日本は西洋化されたのであるが、この変化の背後にも、深いこころのレベルでの「両価性」はいまだに残っている。

たとえば現代においても、多くの女性がこの問題に悩まされ続けている。ある女性は「猿」の属性を統合しようとして深刻に傷ついている。ある知的な女性たちは猿の「よそもの」性を、セクシュアリティを排除することによって統合しようとし、蒼古的な本能性の回帰に直面し悩まされている。また大多数の女性たちは、三番目の娘のように〈集合的意識〉に一致しようと努める。そうした末、彼女たちは中年期に入って、蒼古的となった猿と直面せざるを得ないかもしれない。このように私たちはいまだに「三番目の娘が猿を殺したあと、いかにみずからを変容させるのか」という問題に対して明確な解決を見ていないのである。

おわりに

本章では日本の昔話〝猿の婿どの〟に登場する人物のうち三者の観点から、「猿が殺されること」にどのような意味があるか、を中心に論じてきた。この物語を西洋的視点から考えるとき、私たちのこころのなかで「猿」はきわめて重要な意味をもつ。それは、無意識のなかでのある種の〝変容する力〟である。それなのに日本の物語ではなぜ殺されなくてはならないのか。その答えはまだ鮮明ではないし、日本人がこの回答に至るにはまだ多くの時間を要するであろう。

ユング派の観点から「日本の女性は変容的側面に欠けている」と述べるのは易しい。また「日本の男性は《アニマ》イメージと直面することが困難である」と述べることも難しくはない。しかし日本人分析家として、私はユング派の理論をそのまま被分析者に押しつけないよう、きわめて用心深くなくてはならないと考えている。なぜなら、猿の死は、多かれ少なかれ日本文化にとってある種の深い意味を有しているからである。私たちは西洋と日本の文化のさらに洗練された比較検討を必要としているのではないだろうか。

(1) 関敬吾編『こぶとり爺さん、かちかち山——日本昔ばなし I』〔岩波文庫、一九五六年〕。
(2) Jung, C.G.(1959) ***The Archetype and the Collective Unconscious*** (*C.W.9–1*).Princeton University Press.
(3) Cirlot, J.E.(1962) ***A Dictionary of Symbols***. Routledge & Kegan Paul.

(4) Jung, C.G.(1953) ***Psychology and Alchemy*** (C.W.12). Princeton University Press.
(5) Jung, C.G.(1974) ***Dreams***. Princeton University Press.
(6) Jung, C.G.(1974) ibid.
(7) Von Franz, M.-L.(1982) ***An Interpretation of Fairytales***. Spring publications.
(8) 河合隼雄『昔話と日本人の心』〔岩波書店、一九八二年〕。
(9) Jung, C.G.(1956) ***Symbols of Transformation*** (C.W.5). Princeton University Press.
(10) Von Franz, M.-L.(1982) op.cit.
(11) 小澤俊夫『昔話とは何か』〔大和書房、一九八三年〕。
(12) 河合隼雄、前掲書。
(13) 横山博『神話のなかの女たち――日本社会と女性性』〔人文書院、一九九五年〕。
(14) 関敬語編、前掲書。
(15) Grimm, J.u.W.(1812,1815)「蛙の王さま」「あめふらし」金田鬼一訳『グリム童話集 1～5』〔岩波書店、一九七九年〕。
(16) Jung, C.G.(1964)『人間と象徴 上・下』河合隼雄監訳〔河出書房新社、一九七五年〕。
(17) Eliade, M.(1975) ***Rites and Symbols of Initiation***. Harper&Row.
(18) Neumann, E.(1955) ***The Great Mother***. Princeton University Press.

第九章　老いに向きあう生と聖――〝姥捨山〟考

はじめに

〝姥捨山〟の物語は、北海道を除く日本のあらゆる地方に存在し、類話も入れると相当な数となる[1]。昔話であることからして、それらが出来た年代は明らかではないが、登場する殿様が難題を出したり出されたりしているところを見ると、成立は平安時代後期から鎌倉時代にかけてではないかと推測される。柳田國男は、これらは古くから有名な、信濃国は更級の姥捨山の話から変化したものであろうと説いている[2]。この話は平安時代の歌物語『大和物語』一五七段が最も古く、「我が心　なぐさめかねつ　更級や　姥捨山に　照る月を見て」の歌を解く説話として記されているが、以前から都の歌人のあいだで「東国」にまつわる説話として知られていたものであろうともされる。

六十歳になった老人を捨てるという恐ろしくも悲しい物語が、なぜかくも幅広く、沖縄も含めた日本中に遍く存在しているのであろうか。C・G・ユングの概念から考えてみると、そこには人間固有の〈普遍的（集合的）無意識 the collective unconscious〉が影響しており、少なくともこの広がりと大きさをみれば、日本文化に共通した「文化的無意識」とでも呼ぶべきものが根底に横たわっている、と考えるのはさほど不自然な仮説ではない。すなわちそこには日本人、否、人間固有の深層心理学的な問題が潜んでいると推察されるのである。しかも後年に及んでも、後述するように、この物語に注目した深沢七郎は『楢山節考』を書き上げ[3]、今村昌平が映画『楢山節考』を制作し[4]カンヌ映画祭でグランプリを獲得した。〝姥捨山〟の物語が著明な作家・映画監督のこころに何かを響かせ、特に後者は単に東洋のエクセントリックさを超えて人間のこころに普遍的に訴えるものがあったからこそ受賞にまで至ったと考えられる（深沢の本も一九五九年に仏訳されている）。

本章では、この不可思議な物語の深層心理学的な側面を考察してみたい。というのは、「無駄なことは一切しない」という発想の高度成長経済による戦後復興は、いままさに破綻し、それを支えてきて現在は老人となった人たちは、生き甲斐を与えられることなく、周囲からは「お荷物」とされるきらいすらあるからである。老人たちが生き甲斐を見つけることが困難なまま、施設に捨てられるということが頻繁に見られる昨今、ここで立ち止まって考えてみるのは意味あることであろう。

それではまず〝姥捨山〟の一例（西津軽）を再読することから始める。(5)

> むかし、あるところに年とった母親と、親孝行な百姓がなかよく住んでおりました。あるとき、殿さまからおふれがでて、「六十になった年よりはごくつぶしだから、山にすてること。これにそむくとろうやに入れる」とのことでした。この百姓の母親は六十歳になったので山にすてにいかなくてはなりませんでした。
>
> 百姓も母親もとてもかなしみましたが、殿さまの命令とあればいたしかたありません。それで百姓はしかたなく、年とった母親をせおって山へすてにいくことになりました。ずっと山おくへ入っていくと、昼間でも暗くて道にまよいそうです。ときどき「ポキッポキッ」という音がします。百姓は、「婆さま何の音ですバ」とききますと、「もどりに道わがねぐなればマイネ（だめだ）ハデ、木の枝おってつけてらデバシ（目印にしている）」と、母親がいいました。百姓は、「婆さま、山から逃げでくるつもりですべ」と、ききますと、母親は、「わ（私）だバ、山さいげばもどらないハデいいバテな、（お前の）もどりの道わがらなくなれば、困るどとおもってシ」とこたえました。百姓は、母親がそれほどまで自分を案じてくれてるのかと思うと、どうしても山へすてにゆけず、家へつれてかえって、家の縁の下に穴をほってその中へ住まわせておきました。
>
> それから何年かたちました。となりの国からむりなんだいをふきかけてきました。殿さまはこまってしまいました。そこでおふれ出して、そのなんだいをといた人にたくさんのほうびをだすことになりました。そのなんだいというのは、根

本も先も同じ太さの棒のどちらが根本かあてること、灰で縄を千ひろなってくること、同じ大きさの同じ毛並みの馬二頭をどちらが親でどちらが子かあてること、の三つでした。百姓は夜中にこっそりと縁の下に入っていって母親にききました。母親は、「丸太バ水サ入れれば根の方ァ重いハデ沈む。縄千ひろごと塩水サつけで焼けば灰の縄できる。馬に人参をもっていけバ母馬は子馬サ、先ネ食せる」と、教えてくれました。そのことを殿さまに申し上げると、大よろこびで、「おかげで、国はたすかった。何でものぞみのものをとらすであろう」と、おおせられました。百姓は、「どうか、年よりごと、山さすてないでけへ。これはみんな家の婆さまから聞いだんです」と、おねがいしました。殿さまは自分の考えがまちがっていたことを知り、それから年よりを山にすてないで大事にするようになりました。とっちばれ。

全国に伝わるこのお話にはいくつかの型があるという。(6)

A**枝折型**　老母・老父を息子が背中背負い、山に向かう途中、後ろでポキッ・ポキッという音がするので、振り返って見てみると、老母・老父が背中で、通って来た道の木の枝を折って目印をつけている。そこで息子が「逃げて帰るつもりか?」と尋ねると、「いや違う。おまえが帰るときに道に迷ったら困るから」と答え、息子はそこまで自分のことを思ってくれてるのかと、老母ないしは老父を連れて帰る。

B**難題型**　息子は、老母・老父が六十歳を超しても、とても山に捨てる気持になれず、床下に部屋を造ってこっそり潜ませておく。そこに殿様が難題を出したり、隣国の殿様が「問題を解けないと攻め込むぞ」と脅してくる。そこで息子が潜ませていた老母ないしは老父に尋ねると、老人の知恵で簡単に解いてしまう。それで殿様は感心し、老人を捨てる習慣を止め、老人を大切にするようになる。

C**枝折・難題型**　この物語がいちばん多く、A・Bの合併したものである。

D**もっこ型**　老父母の孫が一緒に山へ行き、老人を山に降ろして帰ろうとするとき、孫がもっこを持って帰ろうとする。老人を運んで来た父が息子に「どうするんだ?」と聞くと、息子は「こんど父親を捨てるときに使う」と答え、父親は驚いて、いったんは捨てた老人を連れて帰る。もっこが天秤棒の場合もある。

E 神援助型　捨てられた老母が山に座っていると神様が現れ、老母の身を憐れんで子槌をくれ、これが振れば何でも出て来る子槌で、それにより長者になる。

F 嫁姑型　岩手県の例では「親捨山」となっていて、姑婆がしらみを噛んでいるのを見た嫁が『姑が米を噛む』と言って、夫に姑を山に捨てさせる。夫は母を捨て小屋に火をかけて逃げ帰るが、婆は逃げ出し火にあたっていると、鬼の子が現れ、婆の内股を見て『それえは何だ？』と尋ねる。婆が『これは鬼を食う口だ』と言うと、鬼は小槌を差し出して許しを乞う。婆は小槌で地面を叩き町を造り、女殿様になる。息子夫婦は貧乏のままで、婆のことを知った嫁は同じことをしたいと言うが、嫁の場合は焼け死んでしまう。(7) または、捨てられ焼かれた姑が神に助けられ小槌をもらい、それで米屋を営んで金持ちとなって、それを真似した嫁は焼け死んでしまう、という類型も存在する。

あらわれた深層ヒストリー

前章でも述べたように、分析心理学（ユング心理学）では、物語、特に神話・おとぎ話・昔話の分析心理学的解釈を重要視する。なぜなら、これらの物語では、作者が誰かわからず地域も特定できない場合が多いにもかかわらず、テーマには相当の共通性がある（ある程度バージョンの別はありながらも）からである。

たとえば日本神話では、アマテラスが天の岩屋戸に籠ったときアメノウズメが裸踊りをしたり、アマテラスの孫であるニニギノミコトが天尊降臨するとき、土地の神が邪魔をしないかどうかを確かめるためアメノウズメが派遣され、眼光鋭い土地の神サルタヒコと対決し、アメノウズメはみずからの性器を開陳することでサルタヒコを従属させたりする。一方、ギリシア神話においては、最愛の娘ペルセポネを黄泉の国の大王ハデスによって誘拐され、それを嘆き悲しみ、あてどのない放浪の旅に出た豊饒の女神デメテルを慰めようと、バウボーはみずからの性器を開陳する。このように女性性器を見せる話は遍く世界に広がっている。

ユングは物語のこうした共通性に注目した。そして人間のこころが有史以来、地域性・時代性を超えてよく似たはたらきをする（バリエーションはあるものの）ことに注目し、その本能にもとづく人間固有の行動形式を〈元型 archetype〉と名づけた。元型は私たちのこころのなかに無数にある。第Ⅱ部へのイントロダクションでも述べたように、ユングはこれを光束になぞらえた。そして、赤外線は限りなく人間の本能に近く、反対の紫外線は限りなく人間の精神性 spirituality に近く、本能と精神性は対極に位置するが、一方でそれらはどこかで繋がっていると考えた。「性」性が「精神」性と一つであるといわれる所以である。

たとえばアマテラス、サルタヒコとアメノウズメの性器開陳のいきさつは、アマテラスが天の岩屋戸から出て世の秩序・豊饒が回復することで、豊饒性と女性性器の生殖性と深く結びついているし、サルタヒコの場合は、二柱の神が結婚することから、人間のエロス性と深く結びついている。またデメテルとバウボーの関係にもそれが表れている。食事も摂らなかったデメテルをバウボーの性器の開陳で笑い、食事を口にし、それがギリシアの豊饒の祭であるエレウシス神話の起源となり、ハデスと妥協し、ペルセポネが一年の半分は黄泉の国から帰ることとなり、デメテルが豊饒の女神として君臨し、ギリシアは稔りを取り返すことになった。かくのごとく女性性器は「豊饒性」「エロス性」と深く結びついた普遍的象徴なのである。

ここでユングは「象徴」という言葉を慎重に使っている。彼によれば象徴とは、言葉などで置き換えられるものではなく、それ以外のイメージでは示すことのできないものを指している。したがって象徴 symbol とイメージ image はかなり重なっている。そもそもユングによれば元型じたいは見ることができず、私たち人間はそれを元型的イメージ archetypal image として知ることができるのみである。そしてこれらの元型は〈普遍的無意識〉という人類に普遍的な無意識の層に宿るという（ちなみにS・フロイトは、抑圧されたものの総体としての〈個人的無意識〉を考えた）。ただしここで注意を促しておくが、決してこれらの概念をトポロジカルに捉えてはいけない。これらは一応の説明概念なのであって、すべてがダイナミックに動いている。つまり、すぐれてエネルギー論的なのである。そしてこれは、人間の生きたこころをそのままに見ようとしたユングの臨床経験から生まれた「こころの不可思議」への接近の試みなのである。

ユングの臨床は精神分裂病〔統合失調症〕から始まっているのだが、いまだに、この病いの特徴である幻覚妄想については、はっきりとわかっているわけではない。さらに神経症の一つである強迫神経症ですら、はっきりわかっているとはいえない。神話やおとぎ話・昔話にまで及んだユングの研究業績は、これらの謎に迫る膨大な試みといえよう（もちろん、先立つ人としてフロイトの「無意識の発見」という先見性は、どれほど高く評価してもし過ぎではない）。このようなことを前提としてこれから物語を見ていくのだが、そのなかで私たちは、人間に固有で普遍的なこころの流れをイメージとして見ていることになるのである。

この最も有名なものの一つを挙げてみよう。フロイトの〈エディプス・コンプレックス〉の発見は、四歳頃の幼児のファンタジーが、その性欲性・愛着・残虐性・不安といったさまざまな欲動に彩られていることを鮮やかに示した。子どものファンタジーは決して無垢なものではなかったのである。それが、神と人間が同居するギリシア悲劇のなかに見事に描かれているのである。つまり、人間にとって近親相姦願望は、遠くにあるように見えて実はファンタジーのなかでは非常に身近なものとしてあり、実際、この二十一世紀初頭、かなりの数が現実のものとして現れつつある昨今でもある。

このような考えを前提として昔話などを見ていくと、人間のこころの元型的イメージの流れとして読み取ることができ、そのことが「こころの病い」の謎を解く手助けとなるのである。

さて、これでようやく〝姥捨山〟を考えてみようと考えた私の論理的前提が整理できた。実際のところ、この物語の深層心理学的解釈はかなり難しい。少しずつ試みてみよう。

前章と同じように、まずは、場所・登場人物などが深層心理学的に何を意味するかを考えることにする。

この物語の登場人物は、歳老いた母親と息子の二人である。これは浦島太郎など日本の昔話などによく出てくる設定である。母親はもう六十歳となっていて、息子は、殿様から母親を山に捨てることを命じられている。母親が三十歳のときに産んだとしても息子はもう三十歳である。この物語の出来上がった昔の時代、三十歳に初産というのはあまりに遅すぎる。とすれば息子は少なくとも四十歳以上である。「あるところに、歳とった母親と親孝行な百姓が住んでおりました」という記述から、息子に嫁がいて子どももいるという状況は考えにくい。まして父親についての記述はまったくない。息子が四十歳を過ぎてもまだ独身であるというのは、当時、尋常なことではなかっただろう。これは、母親との強い結びつきを窺わせる。一方、父親がいないということは、男性原理のありかたに大きな問題を残す。共同体性などについては何の記述もないため断定できないとしても、この息子がこころ優しき男性であったろうことは想像に難くない。

母親との結びつき

このように母親との関係が強い男性の心性をユング心理学では〈マザー・コンプレックス〉と呼ぶ。M＝L・フォン・フランツはサン＝テグジュペリの『星の王子様』を解釈して『永遠の少年』を著し、このような男性の心理を明らかにした。(8) 彼女によれば、このような男性は「母親が自分を愛したように男性を愛したいというかたちをとるか、無意識的な近親相姦願望を恐れて女性と接触をとれないか、または母親のような完全なる女性を求めてドンファンになるか、である」と緻密に論じている。往々にしてこのような男性は、大地に足を着けようとせず、物事を知的ないしは審美的に見る傾向にある。いわば、母親から離れようとして離れられない遷延した青年期にあるといえよう。星の王子様が一箇所の星に逗留できなかったように。

星の王子様が最後に砂漠で黄色の蛇に咬まれて死ぬのは、「大地性」をもち得なかった王子に対する本能の反撃だったのではなかろうか。なぜなら、蛇とはほかならぬイヴを誘惑した「本能性」「性の快楽」の象徴であるから。サン＝テグジュペリもまた空を飛行機で飛び続け、四十歳を過ぎて第一次世界大戦に志願し、そして果てた。大地から遠く離れた存在は、限りなく死に近く、死に至ることで母親の子宮に帰るという無意識的願望をどこかに宿しているし、母親もまた、息子の死によって息子をみずからの手に取り返したいという無意識的願望を宿している。

ある臨床例が思い浮かぶ。ホモ・セクシュアルで躁うつ病の英語教師Yは三十歳代前半に躁状態で入院となった。彼は高校時代から文学に造詣が深く、有名な同人誌の会員となって短編の小説を書く一方で、短歌を好み、有名な日本浪漫派の流れに属する歌人に師事していた。彼は自分にとっての母親イメージを「観音様」のようだったと語り、母を恋うる歌や、太古への憧れを描くブリューゲルの絵画のイメージをうたう歌が多かった。一方、彼は音楽も愛し、高校時代からコーラス部に属していて、そこで後輩の女性に好かれ、結婚し、一児をもうけた。しかしホモ・セクシュアルである彼にとって、それはかりそめの姿に過ぎず、結局、結婚は破綻した。その後、単身の生活となり、次第に酒量が増え、躁状態やうつ状態で何回もの入院を繰り返した後、飲んでいる途中であろうという痕跡を残して不審死を遂げた。四十代後半のことだった。彼もまた遷延した〈永遠の少年〉の典型であり、象徴的には、母親の子宮に回帰していったのであろう。

『風土記』から語り継がれている竜宮伝説の浦島太郎も、四十歳を過ぎても母親と二人で、強い〈マザー・コンプレックス〉を窺わせる。彼がユングの概念である男性の内的女性イメージ《アニマ》に出会うためには、海の底の竜宮城まで行かなくてはならなかった。ユング心理学的にみれば、このイメージは「この世ならぬ女性」像であり、深く普遍的無意識に沈んだものなのであろう。私の例でいえば、ある精神分裂病の男性は、神からの啓示のようにある女性イメージがこころに浮かび上がり、絵の得意な彼はそのイメージを刻明にベニヤ板に再現し、それをかざして一箇月間、駅に立ち続け、警察に保護され入院となった〔この例は次章でもとりあげる〕。

つながる二人が山に入る

かくのごとく〈マザー・コンプレックス〉心性をもつと思われる息子が、六十歳になった母親を山に捨てなければならないと殿様から命令されたとき、その思いは如何ばかりであったろう。

一方、殿様とは、ユングによれば、当時の集合的意識の象徴である。たとえばグリム童話集のなかには、王様が歳をとり自分の息子に後を継がせるためにいろいろな試練を与え、末子が最後に王となる、というテーマがたくさんある。これは末子が、父王の影響を最も受けておらず、硬化したその国の秩序から一番遠いところに位置し、それゆえに兄には期待できない創造性を有しているからである。

しからば私たちの物語の殿様はどうであろう。彼は「六十になった年寄りはごくつぶしだから、山に捨てること。これに背くと牢屋に入れる」というお触れを出している。六十歳を過ぎたら「ごくつぶし」とは、なんと彼は功利的価値観に毒されていることであろう。生産性以外の価値を認めていないらしい。しかも「山に捨てろ」とは、なんとも〈エロス性〉に開かれていない。ユングによればエロス性とは〈ロゴス性〉の対概念であり、ロゴスとは「物事を切断し整理していく」機能で、主に男性の属性であるという。かたやエロスとは「繋ぐ」機能であり、愛・性、こころによって繋がる関係性をもつことで、主に女性に属するものであるという。

この物語の息子の〈エロス性〉が女性へと開かれていたかどうかは定かではないし、きわめて疑問のあるところであるが、少なくとも母親には開かれ、大変な孝行息子であった。この意味では、彼はマザー・コンプレックス心性をもつとはいえ、「性愛」とは違ったところでエロス性に開かれていたと思われる。ちなみに「優しさ」とは〈永遠の少年〉の大きな特徴のひとつである。その優しさゆえに、また枝を折って息子の帰り道をわかりやすくしてくれた母親の優しさゆえに、息子は母親を捨てることができず、連れて帰り、縁の下に穴を掘って隠れて住まわせる。

それにしても、死に行く身でありながら、自分を捨てて去る息子の帰り道に目印をつけてやるという母親のこの優しさと冷静さは何なのであろうか。関は、六十歳といえば還暦で、この時点でさまざまな生産業務から離れ、村の長老として神仏の行事に関わり第一線には立たないという習慣と関係があるのではないか、という仮説を立てている。(9)

この観点は重要である。ユングは通過儀礼 initiation を重視し、人生の節目節目にその儀礼は重要な役割を果たしているという。「還暦」とは赤ちゃんに帰るということである。成人式ですら通過儀礼としての価値が失われている現在でも、六十歳になった老人に赤いちゃんちゃんこ・座布団・帽子を贈る儀式は、比較的、人間の情動を動かす習慣として残っている。

とすれば老人が息子と山へ行くことで、次のようなこころの準備がなされているのではないだろうか。

①息子・老母ともに深い山（森）に入ることによって深い退行 regression を体験する。ユング心理学では、深い森、山（日本の山のほとんどは深い森に包まれている）、深い海は、〈無意識〉の象徴であるとイメージ的に考えられている。

②山の中で老母は、生産の第一線から身を引いて「子ども」のようになると同時に、ある種「神性」を身につける。このときの無意識の位相は「死」と裏腹の位置にあり、ユングのいう〈普遍的無意識〉にまで退行していると考えても差し支えないだろう。「神性」こそ、この深い層に宿り、超越的なのである。ユングはまた、人生の第一半生は社会適応が第一の仕事で、四十歳以降は人間の全体性 wholeness を求める人生となり、そのとき、ある場合は神かもしれない超越的なものが重要な役割を果たす、と述べている。こうした折に当該の人は、時に深いうつ病に陥る。エネルギーが無意識へと内向し深い退行を起こす。精神医学で「昇進うつ病」「引越うつ病」「初老期うつ病」として知られているものである。こうして日本の老人は、神仏への敬虔さを身につけ、その行事に携わる。したがって、第一線で活躍していた壮年としてはいったん死に、神性を宿した赤ちゃんないしは子どもとして生まれ変わり、功利的な世界と無縁になる。

③母親を背負って行った息子もまた生まれ変わる。それまでは自分より歳うえの人が生産の中心にいてどこか頼るところがあったのに、この日からはもう頼れない。一家の中心として、みずからのなかに宿っていたかもしれない幼児性を犠牲に供さなければならない。ここでも「死と再生」の内的ドラマが起こっている。このように考えてみると、世代間交代の重要な儀式としてこの物語が存在し、しかも先述のようにかくも遍くそれが存在することも、まんざら意味のないことではないと考えられよう。

自然の摂理の回復

さて、老人を捨てるほどに功利的価値観に捕われ〈エロス性〉もないこの国に、隣の国から三つの難題が出され、殿様以下、誰もそれを解くことができない。解くことができたのは、縁の下の穴に隠れていた老母のみだった。

はたしてこの三つは難題だったのだろうか。とてもそうとは思えない。殿様を中心としたこの国があまりにも功利的な集合意識に捕われ一面的になり過ぎていたため、自然の摂理を利用した知恵にまったく気づかなくなっていただけなのである。というのは、棒は根本の方が重いことは、農業や林業に携わる人なら誰でも知っている自然の摂理である。また、塩に物を固める力があることも、古くから知られた自然現象である。馬の件に至っては、自分の子どもに先に食べさせるというのはごく当たり前のことであって、「老人を捨てる」という功利的価値観に落ち込んでしまった殿様の頭がまわらないだけなのである。功利的世界観・エゴイズムを絡ませた目には、見えるものも見えなくなる、ということを示すよい例であろう。

ここで隣の国の殿様は、武力を背景に、この国に「自然の摂理」の大切さを持ち込んだ。詳細は定かではないが、百姓の息子は立派だった。難題を解いたことで褒美がもらえることはわかっているが、殿様の価値観が変わる保証などどこにもない。その段階で、実は老母を隠していたこと、難題を解いたのは老母だと直訴するのは、大変な勇気を必要とすることだったであろう。場合によっては即座に首が飛ぶかもしれない。なのに息子が直訴できたのは、先述のように通過儀礼を経たことによって、「優しさ」だけの永遠の少年から「勇気」のある壮年へと変わった証拠であろう。殿様もまた、この息子のおかげで、人間が生きていくうえできわめて大切な〈エロス性〉を回復する可能性を手に入れたことになる。ただし、殿様が実際どこまで変わったかは本題でもないし、物語からは不明である。

母なるものの重み

それにしても、ここで見てきたバージョンもそうであるように、〝姥捨山〟の物語で、捨てられるのは「老母」であることが圧倒的に多いのは、どうしてであろうか。これを説明するには河合隼雄の論述が参考になろう。[10] 彼は西欧のキリスト教を背景とした自我のありかたと日本人の自我のありかたを比較検討し、日本的自我の契約観念の曖昧さ、西欧的な意味での男性的自我のありかたのなかの〈男性原理〉の弱さなどに注目し、日本社会を「母性社会」と名づけた。

日本神話の中心アマテラスは、太陽神でありながら女性である。アマテラスはイザナキの左目から産まれ、スサノヲと戦うまではむしろユングの概念である〈アニムス〉（女性にとっての内的な男性イメージ）の強い女性神であった。しかしスサノヲに陵辱されてからはきわめて女性的側面が優勢となり、孫、ニニギノミコトの天孫降臨に臨んでは、孫に危険が及ばないかどうかアメノウズメに様子を見させるほどの過保護ぶりである。アマテラスの弟であるスサノヲは、日本神話では珍しく大蛇（八股のおろち）退治なる英雄的行為をする。西欧ではドラゴン・ファイトといって、英雄になるための条件である。そうすることによって無意識の暗闇から意識の光のなかに出ることができるのである。これは暗い大地性とも繋がる「母なるもの」からの解放でもある。その彼ですら、父イザナキに海を治めるように命じられたとき「嫌だ。母のいる国、黄泉の国へ行きたい」とただをこねるのである。オオクニヌシにいたっては、黄泉の国へ行きスセリ姫と恋を取り結ぶまで、母サシクニワカヒメに何度も助けられ、自分では何も出来ない永遠の少年そのものであった[11]。

このように日本は神話の時代から〈母性原理〉が強く、家族制度も見せかけの父権性を保ちつつ、姑‐嫁の母性原理で支えられてきたといえよう。日本で最初の精神分析家ともいえる古澤平作は、日本文化では母性の愛情を重視した「阿闍世コンプレックス」を考えなくてはならないことを提起し、精神分析学派で論議の対象となって私もそれに一部関わっている[12]。かように日本では「母なるもの」が重視されており、このことが「老母」の話を多くしていると仮定してもさほど無理はないと考えられる。

背景となる時代をたどる

前節では、歴史性を一切考慮に入れることなく、象徴的解釈を試みた。しかし果たしてそれだけでよいものだろうか。先述したように、この類型の物語の成立時期は、おそらくは平安時代であろうと推測される。柳田國男は、この型の物語は古くから日本で有名な信濃国更級の〝姥捨山〟の話から変化していったものであろうという。これには「姥捨山」と「親捨山」とがあり、「親捨山と福運」なる類型がある。これは先述の嫁姑型にあたるもので、日本の南北両端に分布し、数は少ない。私は日本史に関してまったくの門外漢であるため詳論はできないが、平安時代は、藤原氏を中心とした貴族が荘園で搾取を行い、後期に至ると武家階級の台頭とともに鎌倉幕府が武士を中心とする社会を形成するまで世の中は混乱を極め、庶民の生活は困窮を極め、村ごと捨てる逃散が頻繁に行われていた、というようなことは事実として語られている。難題型の物語では、「六十歳過ぎの老人を捨てろ」とお触れを出すのは殿様であり、難題を出すのも、主に隣国の殿様である。これらを勘案すると、全国あちこちに武家集団が台頭し、国を造っていて、それだけよりいっそう世の中が混乱していたとも考えられる。

このような時代にあって、老人はいかに扱われていたであろうか。自然な親子の情はあっただろうが、「親孝行」の儒教思想が流布するのはもっと後である。逃散の際に足手まといとなる老人を残して逃げるというようなことが起きても不思議ではない。そうしなければ共倒れになる凄惨な世界だったに違いない。しかし人間のこころの深層のなかで「親を捨てる」ということが集合的レベルで肯定されるはずはなく、いくら窮乏のためとはいえ許されるものではない。そこで深い罪業感がこころに宿ったことは想像に難くない。このような時代背景のなか、各人のもつ罪業感が、こうした生活を強いる殿様に対していわば攻撃性として向けられても不思議ではない。

深沢は『笛吹川』[13]のなかで、武田家の民衆に対する横暴と、虫けらのように殺されていく農民の悲惨な姿を、冷徹に描いている。その農民の言い得ぬ搾取する階級への敵意が、老人を捨てさせるという殿様自身の暴挙に投影され、それによって、実際に老父母を捨てなくてはならなかった民衆の罪業感を少しは和らげることができた、と考えるのは私の勝手な思い込みであろうか。その老人は、先述のごとく功利的世界観から離れているがゆえに、自然の摂理に沿ってさえいれば何でもない問題を解くことができた。このことは、弱く、死線を彷徨わなければならなかった農民の罪業感を軽減する投影だったのではなかろうか。つまり、貧乏ゆえの罪の感情への補償作用ではなかったか。

ユングはフロイトと違って、無意識の補償作用 compensation を重視する。意識があまりに一面的になり過ぎたとき、無意識は夢などを通してその人に「このままいくと危ない、意識的態度を変えなければいけない」という警告を与えるのである。私たちの物語〝姥捨山〟でも、為す術もなく老人を捨てなくてはならなかった民衆が、自分たちのどうしようもない罪の意識を和らげる補償作用を持ったのではなかろうか。

俗なる生と聖なる死

〝姥捨山〟の物語が北海道以外のすべての地方に拡がっていることは前に述べた。それは、この物語が時代を経て地域を超えてそれだけ伝承の力をもっていたことを示すものである。それほど日本人のこころの深層に深く根付いていたということであろう。ここで本来なら他文化圏との比較が必要とされるのであろうが、いまの私には残念ながらその力も余裕もない。ただ、少なくともグリム童話集にはこの種の話が見られないことは確かである（中国を中心とした東アジアではどうか、という問題設定は興味のあるところである）。

ところで日本では、小説家の深沢が〝姥捨山〟に注目して『楢山節考』を発表し、映画では今村が、深沢の原作をもとに『楢山節考』を製作してカンヌ国際映画祭グランプリを獲得している。この物語がなぜ二人の高名な芸術家のこころをとらえ、またカンヌ映画祭のグランプリを受賞するほどに世界の人々に感動を与えたのであろうか。二つの作品を個別に論じてみよう。

うごめきという位相

深沢七郎といえば思い出されるのが嶋中事件である。彼は『風流夢譚』を上梓し、[14] そのなかで「天皇の首が転がる」という意味の表現を使い、そのことで出版元の中央公論社社長の嶋中氏が刺された。深沢は逃亡し放浪生活に入り、その後ラブミー農場を営み、一九八七年に数奇な人生の幕を閉じた。ギター演奏でも玄人という異色の作家であった。

この深沢がなぜこの時代に『楢山節考』というかたちで〝姥捨山〟の物語をとりあげなくてはならなかったのであろうか。彼は一九一四年生まれで、この作品を書いたのは四十三歳のときである。作品のなかでは老人を捨てる年齢は七十歳となっており、おりんという老婆と辰平という息子を中心に物語を展開し、この村の貧しさを実にリアルに描きだしている。たとえば息子辰平は以前に妻を失っていたが、隣村に後家が出来るとすぐに、その後家玉やんがやってきて後妻として住み着いたりする。そこには愛とか恋愛の記述は一切ない。あるのは隣村の口減らしとおりんの家の働き手の補充である。これはおりんが山（楢山さん）へ行ったあとのことを考えてのことであろう。また、十二人家族の雨屋が二回も続けて作物の泥棒をしてしまう。この物語の舞台は信州で、冬を越すのは並大抵のことではない。なのに他の家の作物を盗むとは……「楢山さん」に謝らなければならない大罪である。以下、あらすじを私なりに整理しておこう。

ある日、雨屋の家の人が全員、村から忽然と消えていた。この雨屋から松やんが来て、いつの間にか辰平の子どもけさ吉の嫁になり、もうすでに身籠っていた。松やんは大食いで、おそらく自分のところへ来たのは口減らしのためだろう、とおりんは思う。おりんは以前より「楢山さん」に行く覚悟をしているのだが、身体は頑強で歯も失っていない。彼女はみずから石に打ち付けて歯を二本折り、山へ行く準備を進めている。一方、隣の銭屋の又やんもまた七十歳となり、山へ行かなくてはならない。しかし彼にはそれが出来ず、最後までそれを逃れようとする。

雨屋の件があったあと、辰平はおりんに「山へ行くか」と促す。おりんは辰平もやっとその気になってくれたかと安堵し、その冬、振舞い酒を村の衆に出す儀式を行ったうえで、辰平の背中に背負われて楢山さんへと向かう。一方、又やんは、最後には息子に粗縄で縛られ、谷へと落とされてしまう。その悲惨なドタバタぶりを、おりんは楢山さんへ行く途中、辰平の背中で静かに聞いている。おりんの態度には微塵の迷いもなく楢山さんに到着する。そのとき静かにに雪が降りだし、辰平は「ふんとに雪が降ったなあ」と独白する。おりんは厳粛にみずからの死を受け容れる。

最後の方ではおりんの台詞すらなく、辰平に帰れ、帰れ、と手を振り追い返す仕草をするところなどは、彼女の厳粛さをよりいっそう際立たせている。

伝承されている〝姥捨山〟のすべてがいずれのかたちにしろ老人を連れて帰っているのに、深沢はなぜ「捨てる」ことを選んだのであろうか。ここにはヒューマニズムもエロスも何もなく、ただ延々と続く人間の生の営み(おりん――〔辰平〕――玉やん――〔けさ吉〕――松やん)があるのみである。あまりにも剥き出しの困窮のなかで、それでも続く人間の生の営みのリアリティを超えたリアリティを感じずにはおれない。一人が生まれ一人が死ぬという人間が繰り返してきた歴史を、振舞い酒を飲みながら「楢山さん」へ行く作法を村の長老たちが語る儀式を済ませ、おりんはこの世に別れを告げる。おりんは、あの世とこの世の境に立つ「聖性」を帯びた存在である。私はそれによってこの作品が、「自然の摂理を知る老人となってこの世に留まる」という〝姥捨山〟の位相を超えていると考える。雨屋の泥棒、銭屋の又やんの存在は、人間のうごめかなければならない悲しい位相を表現し、そのことがより一層おりんの聖性を際立たせている。

自然主義文学で有名な正宗白鳥は中央公論賞の選者の一人だったが、一九五六年に受賞したこの小説について次のように語っている、「ことしの多数の作品のうちで、最も私の心を捉えたものは、新作家である深沢七郎の『楢山節考』である。〔中略〕私は、この作者は、この一作だけで足れりとしていいとさえ思っている。私はこの小説を面白ずくや娯楽として読んだのじゃない。人生永遠の書の一つとして心読したつもりである」[15]と。絶賛といってもよいほどの賛辞であろう。深沢は第二次世界大戦を身をもって体験し、ギターをつま弾き、『東京のプリンス』[16]のようにエルビス・プレスリーに熱狂する高校生を描き、一方で、何ら方向性を見出せぬ群像を三十歳代に書いていた。それは、六〇年代から七〇年にかけて日本の青年を襲う「怒り」と「無力感」をその時点で予見していたといってもよいだろう。そして「天皇を殺す」ところまで登り詰めた。彼は永遠の旅人だったのだろう。果たしてラブミー農場は、彼の定着できる場所だったのであろうか。

直視するリアリズム

今村は深沢の作品を脚色し映画化した。そして先述のごとく一九八三年のカンヌ映画祭でグランプリを受賞している。なにゆえに、この極東のしかも文化も全く違う古い時代の作品が、かくも高い評価を受けたのであろうか。今村といえば『神々の深き欲望』に代表されるごとく、人間の生と性をグロテスクなまでに描き出し、そこに（ユングの概念を借りれば）元型的イメージの超越性を見ようとした映画監督である。彼はほとんど知的な世界を描かない。『神々の深き欲望』にしても『楢山節考』にしても、さらには他の作品も、土俗的で垢にまみれた人間そのものが描かれている。この映画は、ストーリーとしては深沢とほぼ同じであるが、三点ほど大きく違い、映像のインパクトをうまく利用している。

第一は辰平〔緒方拳〕の弟の付け加えである。辰平の弟〔左トン平〕は口が臭く、軽度の精神発達遅滞もある。もとよりこの時代、農家の次男・三男は、やっこ（つまり農奴）として長男の家に住まわせてもらい、もちろん嫁も貰えない。したがって女性との接触など出来るわけがなく。亭主が病気の家の犬に獣姦を行うことによってみずからを慰めていた。やがてその家の亭主は死の床につき、自分の妻〔倍賞美津子〕に「この家には祟りがあるから、その罪ほろぼしに、自分の死んだあと、村の若者を慰めてやってくれ」と頼む。夫の死後、妻はそれを実践するが、辰平の弟だけは口が臭く嫌だと拒絶する。すると、それを不憫に思ったおりん〔坂本スミ子〕は、友達の老婆〔清川虹子〕に一夜の慰めを自分の次男のために頼む。ここには、男のかなわぬ激しい情慾、貧困、母系で回っていく日本の文化の一端が窺える。

第二には、ねずみっ子（孫の子ども）である。深沢作品ではこれは玉やんとけさ吉の会話として表現され、玉やんが「処分するのは当たり前」という調子で話されるのが印象的だった。要するに間引きである。映画では松やんの子ではないが、雪が少し溶けた田んぼに捨てられている水子の薄赤い色が妙に生々しい。

第三には、雨屋の扱いである。映画では一族みんなを穴に埋め、松やんまでもおりんが何も言わずに帰らせ、殺してしまうことになっている。なんとも生の営みの残酷さか。ヒューマニズムなんぞは何の役にも立たぬ世界である。自分の子どもに女をあてがう女性が、孫の嫁と赤子を平気で殺してしまうのである。しばらくは怒るけさ吉も、すぐに別の女を見つけ孕ませる。生きることに貪欲である人間の姿がかくも生々しく描かれるのは、最も粗野なかたちで出て来た「生きること」にまつわる元型的イメージそのものであろう。そして最後、辰平に背負われて楢山さんへと旅立つおりんを撮り続けるカメラワークは圧巻である。坂本スミ子・緒方拳の演技のうまさも重なって、おりんのもつ「聖性」をいかんなく伝えている。それは母権社会の女神のようでもあり、山の神といわれる十二様であるかもしれない。こうして今村もまた、深沢以上にどろどろとした人間の営みを通して、一方では人間のもつ「神性（聖性）」をも伝えることに成功している。

現代の「老い」を眼差す

こうして私たちは芸術作品のリアリズムを経て、ようやく〝老い〟という現代的問題に到達した。二十一世紀初頭、介護保険がスタートしながらも、日本の老人問題は年を重ねるに従い深刻になっている。かつてない高齢化社会にあって、私たちはその問題にどう対応していくかに全社会的に迷っている。精神医学ではアルツハイマー病の探究が流行しているが、それは老いの問題を考えてのものというより、生物学的研究至上主義的で「痴呆をどう食い止めるか」という観点から為されている感が強い。また、心理臨床分野ではこの領域は決定的に遅れていて、まだ緒についたとはいいにくい状態である。

社会の生産性との齟齬

現在、日本は深刻な「少子・高齢化」現象に直面している。

第二次世界大戦での荒廃のあと、日本は急速に「発展」を遂げてきた。まず旧家族制度が破壊され、生産力向上のための労働力確保を目的として農村共同体が破壊された。そして一九五〇年代から六〇年代前半にかけて、中卒者は「金の卵」といわれ、低賃金の若年労働者として日本の高度成長経済の礎をつくった。そして日本は世界有数の経済大国へと成長し「一億総中産階層化」という現象を生み出し、そしていま、バブル崩壊を迎え、日本経済は停滞し、かつてない行き詰まりを見せつつある。

老後という現実

このような社会経済状態のなかで、戦後復興を働きに働いて支えてきた男性たちは六十歳で定年を迎えてきた。しかし当時は、その後は年金で悠々自適に過ごすか、高度成長経済の人手不足で簡単に仕事を求めてもう一度働くか出来たものが、現在では、仕事がないばかりか年金支給が六十五歳となり、生活の心配すらしなくてはならなくなっている。

一方、女性たちを見ると、現在六十歳過ぎとなる人はまだまだ、主婦として過ごしてきた人が多い。かの農村解体の政策は、主に都会では核家族化を進行させた。旧態の家族制度ありし時代には、嫁との葛藤に悩みながらも家族内では権力を持ち、孫の面倒をみることで再び母性的満足を得ていた女性たちであるが、いまではそうした形態も少なくなっている。ここに女性たちの「方向喪失」感のひとつがあるのではないだろうか。さらに多くの妻たちは、働くばかりで遊ぶ力のない夫と、夫が働いていたときは休日だけで済んだものを、夫の定年後は一日じゅう顔を突き合わせていなければならない。バブル経済と女性の社会進出傾向も相まって、比較的外に出る機会も増えた女性に付いて歩く夫を称して「濡れ落葉症候群」という言葉が流布したことも記憶に新しい。

衰えながら生きること

個人差はあるものの、七十歳を過ぎると肉体的な衰えも目立ち、介護保険の世話とならなければならない事態が、高齢になるほど多くなる。しかしこの制度も体制的に整っているとは言い難く、今後も問題は続くであろう。さらに年齢を重ね、体力的に全面的に援助が必要になると、老健施設・老人ホーム・特別老人養護施設、場合によっては精神病院などの施設収容となる。これらもまだまだ整備不足で、それこそ、この施設が〝姥捨山〟にならなければ幸いである。私が精神病院に勤務していた二十数年前には、老人性「痴呆」〔認知症〕で病院に連れて来られた老人の家族に「お家にいらっしゃるより早く亡くなる可能性が高い」と説明し、それでもよいと答える家族の老人のみを入院させていた。家族も大変である。家族だけで老人性痴呆の人を抱えるのは並大抵のことではない、共稼ぎであれば余計そうである。当の老人は、入院すればこれまでの顔馴染みの人間関係から切り離され、病院の人手不足のためマスとして扱われ、個が尊重されない。いくら痴呆はひどくても、このようなかで生への意欲を失っていくのは無理からぬことである。

私の病院体験から二十年を経た現在、状況が好転していることを望むばかりであるが、十九世紀から二十世紀まで世界を被いつくした近代合理主義、自然科学主義、能率・生産力向上主義に何らかの変化が起こらない限り、好転は難しいのではないだろうか。なぜなら、豊かになりはしたが、戦争という殺戮の世紀でもあった時代に、人間も地球も軋んでしまったからである。そこでこれからは、生産性のない〝老い〟をみる視点の変化が私たちに求められている。それを心理学的に見てみよう。

生の軌跡と死の受容

上述の現代社会は、老人にとって決して生きやすい状況ではない。それを反映して、初老期うつ病・老人性うつ病が確実に増えているといって差し支えないだろう。

さまざまな「老い」の困難

本来なら前節での議論かもしれないが、いまの六十歳以上の人は、何らかのかたちで戦争体験の大きな傷を残している。当時、少年・少女はそれなりに、青年期にあった人たち、成人初期にあった人たちはまさに、その渦中を生きてきた。もちろん成人半ばだった人たちも。

あるとき、私の前に六十歳過ぎの睡眠薬中毒の男性が現れた。大会社の管理職を務めて定年となった後のことである。彼は風貌厳しく、痩せていて、きわめて律儀な人に見えたし実際そうであった。私には一目で、この人が深いうつ病に陥っていることがわかった。話を聞いてみると次のごとくであり、私もため息を禁じ得なかった。

彼はある前線で中隊長をしていてアメリカ軍の総攻撃に遭い、部下を全員失い、自分だけが奇跡的に助かった。終戦となり帰国し、部下一人一人の家を全国、謝って歩いた。そして自分にも最も厳しい生活を課そうと、カトリックの洗礼を受けて今日まで来た。厳格な彼は、息子の妻がプロテスタントだったため、カトリックに改宗することを勧め、その心労もあってか、四十歳前後だった息子が突然、心筋梗塞で亡くなるという不幸を味わっている。抗うつ剤をいろいろ使ったものの功なく、特に頑固な不眠に対しては相当量の薬を使わなくてはならなかった。

六年ほど経った頃だったろうか、カトリック信者の彼が『靖国神社の主催する「英霊の会」に出席して、こころが救われた』と語って、私を驚かせた。それからというもの、表情は穏やかになり　好々爺の表情となり、そのなかで阪神大震災を迎える。阪神電車が動きだすと一番に彼がやって来て無事を喜び合った。その後、町内会の副会長をしていた彼だが、『最近、葬式が多くて大変ですわ』と元気に語って去っていったのが最後となった。おそらく心筋梗塞でも起こしたのであろう。最後は穏やかな死であったのだろうか。

もう一人、思い出す。大学教員のある女性は、大変な努力家だった。若い頃に米軍キャンプで働き、そこで英語をマスターし、アメリカへ留学する。そこで最先端の保育学を修め、定年時は某大学の教授であった。彼女もまたキリスト教に改宗してプロテスタント信者となっていた。しかし教育研究の熱心さが彼女自身に綻びをもたらした。身体に変調をきたし、医師のもとへいくと栄養失調と言われたという。あまりの熱心さに食べ物の買出しを怠っていたのである。典型的なワーカホリックであろう。その彼女が定年を迎えた半年後、うつ状態をきたした。十箇月ほどの入院生活の末、これまでのように仕事がないことへの諦めをつけ、現在自分の出来ることを考えながら、現実的な体力とのバランスを回復し、自分の力に応じた教会での奉仕活動の後、もう八十歳近いこともあって、いまは静かに施設生活を送っている。

他にもさまざまなかたちでうつ病が老人を襲う。青年期や成人期に被ったこころの傷をそのままに引きずって苛まれる老人は少なくない。嫁姑の関係や夫との関係の振り返りのなかで夫への憎しみを強くし、それに苦しめられる老婆も多い。ある老婆は「十年前に亡くなった夫の三十年前の浮気に腹が立って夜も眠れない」と憎悪に苛まれ、うつ病になった。かくのごとく、個人のレベルで見れば、その悩み、またその思いは各人各様である。

ともあれ、集合的に老人の生きかたがさほど心理学的問題にならず、宗教もそれを救いきれない現在、几帳面で働き過ぎで、世界で類を見ない社会変化を生き抜いてきた老人たちの、うつ病を中心としたこころの病いは確実に増加するであろう。

魂の側から見る

ユング派分析家J・ヒルマンは『性格の力』[17]のなかで〝老い〟の問題を考察している。彼は「老化」を、生物学的に駄目になっていくこととしてではなく、生物学を脱してファンタジー・魂の世界へと開かれていくこととして捉えている。それは必然的なもので、魂は「老化」を人間のありかたとして求めている、と積極的に位置づけるのである。そして彼によれば、①生き続けることは、古さの意味を伝え、②逝くことは、個人のこころのなかで老化の衰えを性格の強い現れに変えていき、性格は身体を通して知恵を学びとる、③そして遺されたものは個々の性格である。このように彼は〈性格〉を重視して次のような言葉で語る、「性格は二十世紀に死んだ。よみがえらせるのは容易ではない。性格は数百年前から徐々に活力を失い、哲学と科学が尊重される時代の風潮に合わなくなっていった。自然界の法則においても、人間の精神の拠りどころである主義主張においても、性格という観念の出番はない。性格は、倫理神学、社会倫理、個人の心理学、幼児教育に押しやられた。〔中略〕意識の中核から性格が消滅すると、貪欲、情熱、闘争心、散漫な注意力、几帳面さ等の特徴は、別の居場所を探さざるを得ない」。

こうしてヒルマンは、近代合理主義や要素的に分解された科学や哲学では〝老い〟の問題は捉えきれず、それを可能にするものは分解される以前の〈性格〉の力であり、そのことは、これもまた要素的に捉えられない〈魂〉の側からの見かたを可能にすると考え、人間の一生の必然的で重要な段階として老いを位置づける。すなわち、老いとは、生産的でいわゆる功利的な世界でいわれるところの衰退した「老いさらばえた姿」ではないのでる。

たとえば彼は〈エロス〉という重要な概念で次のように述べる、「老年期には、自分が精力絶倫だと信じて疑わなかった若い頃よりも、ディオニソスを身近に感じられる。要するに老人は探検家なのだ。性的な能力は衰えるので、性欲がわきあがるのを恐れたり、自制したりする必要はない。はるか遠くの未知の世界に行ってもかまわない。〔中略〕若者はとかく真面目に考え過ぎる。性行為に没頭し、それを文字通りにとらえるか、もしくは愛しすぎてしまうのだ」と。かくして彼は、身体的な衰えがかえって性的ファンタジーを豊かにすることを、ピカソなどの例を挙げて論じている。

ヒルマンにとっては〝老い〟とは決して「若さを失った役立たず」のものではなく、〈性格〉の力を魂の側から深める、逝くために重要な仕事の段階なのである。このことはユングの語る個性化過程 individuation process の終わりなき過程の、死を前にしての重要な段階でもあろう。これは老いの問題に限らず、戦争の世紀であった二十世紀の科学万能主義に対する強烈な批判でもあろう。人間には、自然科学にも近代合理主義的哲学にもなじまない性格の力すなわち〈魂〉の力があるのである。

最終段階にあらわれるもの

それでは最後に私たちの物語に戻ろう。

〝姥捨山〟は、功利的世界観から離れた老人の知恵を表現していた。深沢は、貧困な社会に宿る人間の醜さを描きつつ、〝老い〟を受け容れきれない人間の寂しさを又やんに背負わせ、それによって、逝くことに向けてのおりんの準備の周到さと「楢山さん」へ行くことを静かに受け容れる姿の「聖性」を鋭く浮かび上がらせた。今村はさらに、性もさまざまな欲望も含めた人間の営みのどろどろした部分を描き出し、最後の「浄め」ともいうべき雪が、おりんの「聖性」を際立たせている。

つまり〝老い〟そのものが高潔な人格をもたらすのではなく、老いという避け難い人間の一生の最終段階であぶり出されてくるように、その人の〈魂〉の側から見た人間性が〈性格〉の力として出現してくる、と結論づけられよう。そこでは、聖性を帯びる人もあるだろうし、それまでの個性化過程を反映し、被害的な相貌性を帯びて逝く人もあるだろう。これはまったくの私見であるが、老人性痴呆とは、性格の力に直面して逝くことへの恐怖に直面することへの、人間が最後に使える防衛機制なのかもしれない。

おわりに

本章では、〝姥捨山〟の深層心理学的な解釈を中心として〝老い〟の問題の考察を試みた。

〝老い〟とは決して、生産性の衰えた、振り向く必要のない人生の段階なのではなく、逝くための準備を含めて、功利的価値観からも身体的衰えに附随する生物学的性からも解き放たれ、その人の個性化過程で魂の側から〈性格〉の力が発揮されてくる、そういう重要な段階なのである。その段階は、あるときは又やんのように寂しいばかりか醜くもあり得るし、おりんのように聖性に富んだものでもあり得る。それこそが、これまで生きてきた生きざまとしての性格の力であり、人間のこころの深層に眠っているものである。

この〝老い〟の重要性が見直され、それが殺戮の世紀・二十世紀を超える世界観を創出する機会となることを祈って、また、いま出来つつある老人施設が姥捨山にならぬことを祈って、筆を置く。

（1）稲田浩二・小澤俊夫編『日本昔話通観』『日昔話通観 第2巻』〔同朋舎、一九八二年〕。
（2）稲田・大島・川端・福田・三原編『日本昔話事典』〔弘文堂、一九七七年〕。
（3）深沢七郎『楢山節考』〔新潮社、一九六四年〕。
（4）今村昌平『楢山節考』〔東映、一九八三年〕。
（5）稲田浩二・小澤俊夫編、前掲書。
（6）稲田浩二・小澤俊夫編、同書。
（7）稲田・大島・川端・福田・三原編、前掲書。
（8）Von Franz, M.-L.(1970) *Puer Aeternus*. Sigo Press.
（9）関啓吾『昔話と笑話』〔岩崎美術社、一九五七年〕。
（10）河合隼雄『母性社会日本の病理』〔中央公論社、一九七六年〕。
（11）横山博『神話のなかの女たち——日本社会と女性性』〔人文書院、一九九五年〕。

(12) 横山博「母性原理と阿闍世コンプレックス」小此木啓吾・北山修編『阿闍世コンプレックス』〔創元社、二〇〇一年〕。

(13) 深沢七郎「笛吹川」大江健三郎・江藤淳編『われらが文学9 深沢七郎』〔講談社、一九六七年〕。

(14) 深沢七郎「風流夢譚」『中央公論』〔中央公論社、一九六〇年〕。

(15) 深沢七郎、前掲書〔新潮社、一九六四年――解説・日沼倫太郎〕。

(16) 深沢七郎「東京のプリンスたち」同書〔新潮社、一九六四年〕所収。

(17) Hilman, J.(1999)『性格の力』鏡リュウジ訳〔河出書房新社、二〇〇〇年〕。

第十章　魂の営みとしての異世界――〝天降り乙女〟考

はじめに

おとぎ話・昔話には、およそ現実とは懸け離れた、空想に富んだものが多い。しかしそれらは、非現実だとして切り捨てられてしまうには、あまりに長きにわたって人間のこころに影響を与えてきており、あるものは感動さえ覚えさせる。なぜ、これらの一見荒唐無稽に思われる物語が、子どものみならず大人にまで深く影響を及ぼし続けてきたのだろうか。

たとえば日本人であれば誰でも知っているであろう〝かぐや姫〟の主人公は、この世の交わりをすべて断って月へと向かった。それは「死」と等価であるやもしれぬ。この物語は、その古さにもかかわらず、現代の人間に深い哀れさ・美しさを伴った感動を与える。また〝浦島太郎〟は、海のなかでの主人公と乙姫との出会いの非現実さを訴えるよりは、深海で過ごした無時間性と、帰還の折の現実への回帰は、ため息をつくような哀れさを感じさせずにはおかない。

人間は、神話をはじめとして、なぜ、かような荒唐無稽なお話の数々を必要としたのだろうか。しかも全世界にわたって。このことからC・G・ユングが、人間が人間たる由縁である身体性・本能性にもとづいた思考・感情なども含めた行動のパターンを〈元型 archetype〉として想定し、エネルギー論的な力動概念を展開させたことは、第Ⅲ部へのイントロダクションや前章でも詳しく紹介した(1)。また、この元型的イメージがまず神話というかたちで現れ、そこに国づくりにまつわる共通のテーマがある[2]ことも、本書の随所で明らかになってきた。こうした〈元型的イメージ〉は、創世記神話のみならず、人間のこころに宿るさまざまな様相を示している。その典型が、おとぎ話や昔話である。これらは年代も登場人物の出自も地域も明らかでない。長い年月のあいだ語り継がれるなかで、それらの要素はそげ落ち、物語の骨格だけを伝え、なぜか人間のこころの深みへと響く。ユングにいわせれば、人間のこころに直接入ってきて、言葉で表せない深い感動、すなわちヌミノースな体験を与えるのである。

その多くは、親子の情愛、男女の恋愛、魔物との闘いなどを示し、人間がひとりの成人となっていくために通過しなければならない「通過儀礼」を呈示していることが多い。しかし物語の伝えるところはそれだけではない。通過儀礼であるとすれば、浦島太郎はなぜ、海の底まで出かけ、時を忘れなくてはならなかったのであろう。そこには、人間の体験せざるを得なかった「深い存在の悲しみ」がある。たとえばこの物語にみられる空間性の異常、クロノロジカルな時間性の喪失は、精神分裂病〔統合失調症〕の空間体験・時間体験に特徴的である。またかぐや姫はなぜ、すべての男性を拒否し、死の世界であるかもしれない月へと去って行かなくてはならなかったのか。食べるものも食べずして月へと去ることを望む心性は、拒食症の元型的表現といっても過言ではないであろう。

かように、おとぎ話・昔話は人間のこころの深層を、病的な表れまで含めて示している。またさらに、S・フロイトが神経症の精神病理学的根拠を夢作業に求めたように、それらは「夢」の世界をも包摂しているのである。人間のこころの表現の多様性とは実に無限であり、それぞれの時代で文学や絵画・音楽などを中心として表現されている。その根幹にあるものが、人間存在の「不可思議さ」「不条理さ」をも含む元型的表現であり、それらを表現するものが神話・おとぎ話・昔話なのである。

本章では〝天降り乙女〟を中心にとりあげ精神分裂病論を試みる。これは天人女房の物語で、有名な三保の松原の羽衣伝説をはじめとして現在約一三〇話が報告され、内容的には異類婚に分類されるものの一つである[3]。そして次に紹介する物語は、数有る天人伝説のなかでも鹿児島県で採集されたものである。

天から降りてきた乙女

あるところに、みけらんという若い男がありました。毎日、畑を耕したり、山にいって薪をとったりして、暮らしをたてておりました。ある日、みけらんは村の人たちといっしょに、山にいきました。山仕事にいくと、村の人たちは、山の中を流れている小川にいって、いつも水を飲んだり、汗を流したりしていました。みけらんも、その日、仕事も早くすんだので、谷川に水を浴びにくだっていきました。けれども、みけらんは、その日は村の人たちがいつも水浴びにいく淵よりも、もっと上流の、人のあまりいかないところに、いってみました。そこには広い沼がありました。

みけらんは汗にぬれた着物をぬいで、水に入ろうとしましたが、ふと沼のはしにある一本の松の木の枝を見ると、美しい着物がかかっていました。みけらんは「珍しいものがあるなあ」と思って、すぐその着物をとりました。すると、みけらんが立っている足の下の淵の中から、裸の女が手を合わせて現れて来ました。そうして『それは、わたしの飛びぎぬです。人間には用のない羽ぎぬです。どうか返して下され』と悲しそうに頼みました。けれども、みけらんは、ひとことも答えないで黙って見ていました。すると裸の女は『みけらん、わたしの頼みがわからないのですか。その衣は、わたしのものです。それがないと、わたしは天にかえることが出来ません。人間のそなたには、用のない飛びぎぬです。返して下さい』と、また心から頼みました。するとみけらんは『どうして、お前はここにいるんだい』と、たずねました。

みけらんは、とても羽ぎぬを返してくれそうにもありませんでした。そのうえ、天の女がここに来ているのをふしぎに思っているので、ほんとうのことを教えてやったら、きっと羽ぎぬを返してくれるかもしれないと思って、女は涙を流しながら『わたしは、ときどきここに降りて、水を浴びる天の女です。下界の娘ではありません。疑いがはれたら、どうかその飛びぎぬを返して下され』と、頼みました。けれどもみけらんは『これから一緒に島へかえって、友だちになって、仲よく暮らそう。そうしたら、わざわざ天から降りて来て水を浴びなくとも、いつでも浴びたいときは、わたしがここにつれて来てあげよう』といってきき入れませんでした。『みけらん、そんな情けないことをいわないで下さい。わたしは天の女で、人間の暮らしは出来ません。飛びぎぬは、どうか返して下さい』『いやいや、飛びぎぬを返したら、お前はきっと、天にかえってしまうだろう。ぜひ島にいって、友達になろう』といって、みけらんは羽ぎぬを返してくれませんでした。

天の女はたいそう悲しみました。けれども、羽ぎぬをとられたうえは、天にかえることも出来ないので、みけらんについて里へ下りました。そうして、みけらんといっしょに暮らすことになりました。そのうちに、七年たって、三人の子供が生まれました。けれども、天の女はいつも天に帰りたい帰りたいと思っていました。そうして飛びぎぬはどこにかくしてあるか、さがしておりました。ある日、みけらんは魚つりに出かけました。天の女はいつものように、七つになる上の子供に生まれて間もない末の子供をおぶせて、五つになるつぎの子供には、子供の背をたたかせながら、子守をさせて、仕事に出かけました。

天の女は、村はずれの小川に、水を汲みにいきました。そうして、間もなくかえって来て、門口まで来ると、家のうら手で、子供をねかしつけながら、子守歌をうたっておりました。

いよいほら　いよいほら　泣くなよ
父がもどれば好いもんくれろ
四つばしら　六つ柱　つきあげて　つきあげて
粟まるき　米まるき　うしゃらげに
飛びぎぬや　舞ぎぬ　とってくれろ

天の女は、この子守歌を立ちぎきして、七年間、さがしていた飛びぎぬが、高倉の中の粟束や米束の下に、かくしてあることを知りました。

そこで、天の女は、みけらんがかえらないうちに、高倉に梯子をかけて、扉を開けて入りました。粟束や米束をかきわけてみると、羽ぎぬが出て来ました。天の女は、みけらんがかえらないうちに、上の子供を背おい、つぎの子供をふところに、それからいちばん幼い子は右手に抱いて、飛びぎぬを着て、いちどあおると、庭の松の木の上にとどきました。二度目にあおると、天のなかば雲の峰に行きました。三たびあおると、天上にたどりつきました。けれども、悲しいことには雲の峰から飛ぶとたんに、あやまって右手に抱いていた幼い子供を、とり落としてしまいました。

みけらんが、魚つりからかえってみると、家の中はがらんとして、誰もいませんでした。そのうえ、四つばしらと六つ柱の高倉の扉が開いたままになっていました。みけらんは、きっと羽ぎぬがなくなっているにちがいないと思って、ぼんやりしていました。けれども、もう夕飯どきであることに気がついて、囲炉裏端にいきました。火をたきつけようと思って、火吹竹をとって吹いてみましたが、いきが一つも通りませんでした。ふしぎに思って中をのぞいて見ると、紙きれが折りたたんで、押し込んでありました。とりだして見ると、下駄を千足、ぞうり千足あつめて、地の中に埋めて、その上にきん竹を植えると、二三年の後に、天までとどくようにのびるから、それをつたわって登ると、わけなく天上に登ることが出来ると書いてありました。

そこでみけらんはすぐに下駄とぞうりを集めました。けれども、どうしても下駄もぞうりも九百九十九足しか集まりませんでした。それでも、きん竹を植えると、だんだん伸びて行きました。それから三年たちました。空をあおいで見ると、きん竹は天までとどいているように見えました。みけらんはたいそう喜んで、きん竹をのぼって行きました。けれども、だんだん登って行くと、天にとどいていると思ったのに、もう少しのところで、梢はとまっていました。みけらんは天に登ることが出来ないで、きん竹の頂で、ゆらゆらとゆれていました。

天の女は天にのぼっては来たけれども、やはり地上のことをときどき思い出して、いつも機屋で機をおっていました。そうして、下からきん竹がだんだん伸びて来るので、天にとどくを楽しみに待っていました。

ある日、天の女はいつものように機をおりながら、窓から下を見ていると、きん竹がもう天に達するようにのびていました。そうして、すぐ下のところで、梢が風にゆらゆらとゆれていましたが、よく見ると、けし粒ほどの大きさの男が、竹の頂にしがみついているのが見えました。天の女はたいそう喜んで、機織りのひをとり出して、みけらんの頭の上に、しずかにつりさげてやりました。みけらんはその端につかまって、やっと天に引き上げてもらうことが出来ました。

天にのぼると、母神はみけらんにたいそう親切にしてくれました。けれども父神はいろいろとむずかしい仕事をいいつけました。そのときは、ちょうど天上の畑うちどきでした。父神はみけらんに、一千町歩の山を一日で伐りひらけといいつけました。けれども、みけらんは、とてもそんな事はできないと、たいそう心配しておりました。すると天の女がやって来て『千町歩の山をひらくには、三本の大きな木を伐り倒して、その木の切株を枕にして、しばらく眠っているがよい』と、教えてくれました。みけらんは、その翌日、父神のいいつけ通り山にいって、天の女の教えたようにすると、果たして一日のうちに、木を伐り倒すことが出来ました。そうして、かえって父神にそういいました。けれども、それだけではすみませんでした。父神はまた『今日、伐りとった一千町歩の山を、すっかり耕して来い』と、いいつけました。みけらんは、そんなことはとうてい出来ないことだといって、たいそう心配していると、また天の女がやって来て『これはやすいことです。鍬で三くわ土を掘り起して、そこにしばらく眠っていると、訳なく出来ますよ』と、教えてくれました。畑うちもその通りにして、訳なく果たすことが出来ました。

みけらんは、その日も喜んで帰りました。そうして、父神に仕事が終わったことを申しますと、『昨日耕した一千町歩の山畑に、一日のうちに、冬瓜の種をまいてこい』という、難題をいいつけられました。けれども、これも一日のうちにできるような仕事ではありませんでした。そこでまた、天の女に相談すると、『畑の三ところに、冬瓜の種をまいて、そこに眠っていると、一千町歩の畑に、のこらず種をまきつけることが出来ますよ』と、教えてくれました。冬瓜の種まきも、天の女のいう通りにして、みごとに果たすことが出来ました。

みけらんは、もうこれでおしまいだろうと思って、喜んでかえって来て、父神にいうと、明日はそのまきつけたばかりの冬瓜を、のこらずとり入れしなければなりませんでした。けれども、みけらんは、どうして一晩のうちに、花が咲いて実ることがあろうか、そんなことはどうしてもないことだと思って、心配しながら、また天の女に相談をしました。天の女は、冬瓜はもう実っているから、その瓜三つとって、枕にして眠っていればよいと教えてくれました。みけらんは、天の女のいうこともおかしいと思いましたが、翌朝、早く畑にいって見ると、天の女のいう通り瓜は実っていました。そこで、天の女に教えられた通りにして、一千町歩の冬瓜をとって、喜んでかえりました。

最後のいいつけも無事にすみましたので、父神もたいそう喜んで、とり入れの祝いをすることになりました。そうして、みけらんはその日の瓜の料理番をおおせつけられました。父神はこれまでたいそういじ悪な人でしたが、そのときは瓜のきり方を親切によく教えてくれました。父神は三つ冬瓜をたてに切りさいて、その上にあおむけに眠っているように教えました。そのとき、前に坐っていた天の女が、「父神のいう通りにしてはいけない、横に切りなさい」と、目で合図しました。けれども、みけらんは、父神の親切に教えてくれたことにさからってはいけないと思って、三つの瓜を縦に切りました。すると、山のように積みかさねてあった冬瓜が、残らず縦にさけて、見る間に大水になって、みけらんは押し流されてしまいました。

この時、冬瓜の中から出た大水が、今も秋の夜になるとよく見える天の河だそうです。そして、みけらんは犬飼星になり、天の女は織女星になって、銀河の両岸に別れて、いつも泣いているそうです。七つと五つの子供は、織女星の近くにある星になったということです。そうして、その日がちょうど七月の七日で、この日だけ、みけらんと天の女とが会うことが出来るのだそうです。それから、天の女が天にのぼるときとりおとした子供は、地上で無事に生きていましたので、天の女はこの子供のために、まい年、米を三石ずつ山の川のほとりに降ろしてやりました。子供はその米で一年の暮らしをたてておりましたが、この川で地上の女が汚いものを洗ったので、三石の米がたった三粒となり、子供もいつのまにかいなくなってしまったと伝えております。[4]

天上と大地をむすぶ軸

まずは主人公のみけらんである。彼は青年ないしは成人初期の年齢にある男性で、父母兄弟の記述がまったくないことから、単身で生活していることが窺える。場所は寒村で、みけらんが天の女に島に帰ろうと言っていることから、どこか離島であるかとも考えられる。後の深い沼や川の記述を考えると、そうとも言い切れないが、物語の本質には関係ない。みけらんは単身で嫁もなく、山仕事・畑仕事をして生計を立てているようだが、経済的には裕福ではなさそうである。

彼は村人と一緒に山仕事に出掛けはするが、村の衆とはさほど親密なつきあいはなさそうである。というのは、山仕事に出かけ、休息の時間にみんな集まって水浴びをし、世間話、女の話などをわいわいするのが、山仕事が出来るほどの年齢の若い衆に見られる特徴だからである。H・S・サリヴァンによれば、前青年期 praeadlescence に始まる同性どうしの同性愛的な匂いも感じられる親密なるつきあいは、人間の成熟にとってきわめて重要であり、この時期をうまく通過できれば、家庭的文化の歪みで精神分裂病になる可能性をもっていた人も価値観・世界観を修正できるという。サリヴァンはこの関係性をチャムシップ chumship と名づけ、この時期に起こるこころの変化の重要性を「前青年期の静かな奇跡」と呼んだ。[5] そうしたチャムシップを育む場は、日本にも以前は慣習としてあり、いまも部分的に残っている、神社の境内に建てられた建物に祭のときに男性の若者が集まって過ごす「若衆宿」なども、少年から青年、あるいは青年から成人への男性の通過儀礼の意味をもっていた。

出会い

みけらんにとってチャムシップの親密さの体験は楽しいものではなかったらしい。彼はみんなが水浴びする淵よりさらに山奥の沼へと、ひとり向かう。分析心理学的な見かたでは、森や山は、この世の日常空間を離れた、美女にも出会うし鬼にも出会う、また山姥が住むところ、さらには十二様の領域である異界、すなわち無意識の世界である。そして富士山をはじめとして多くの山々が信仰の対象となっていた。

この山の中で、みけらんひとりが他の男性と離れた奥深い山へと向かう。そこは人のあまり行かないところで、みけらんも初めてのところのようだ。広い沼があり、そこに入ろうと着物を脱いだとき、珍しい、美しい着物を見つける。みんなが水浴びをする淵と沼では深さが違う。山奥の水を満々とたたえた沼は、畏しくもあり、神秘的でもある。みけらんがより深い無意識へと至ったことを示している。そこにはときどき天の女が降り至って水浴びをしているのに未だ誰にも見られたことのないほどに山深いのである。

異性愛からの隔たり

そこで出会った着物の主は、裸の女性、天降り乙女であった。風貌の描写はないが、美しく妙齢であったことは想像に難くない。彼女はみけらんに「飛びぎぬを返してくれ」と懇願する。このときのみけらんの反応が不可思議である。反応をほとんど顕わにしないのである。天降り乙女も「わたしの頼みがわからないのですか」と問いかけているくらいである。若い男性の前に裸の女性が出現し、何の情動・感情も示さないのは、どこか不自然である。ここでわかることはただ、みけらんが、天降り女を自分の妻にしようと考えたこと、そのために飛びぎぬはどれだけ頼まれても返さないことだけである。みけらんが天降り乙女に懸想したかどうか、恋したがゆえの努力がどうであったか、何の記述もない。

象徴的に考えれば、空を飛び天に住むということは「魂の飛翔」である。みけらんはこの女性からその能力を奪ってしまい、ただ自分の性的欲動の対象として、また母親としての役割に、彼女を閉じ込めた。これは、すでに『万葉集』の時代も過ぎ、異性への思いなどが大きな問題とならないばかりか集合的意識性では抑圧されていた、という時代性の問題なのだろうか。それとも、みけらん自身の異性へと開かれる〈エロス性〉の貧困さの問題なのだろうか、それは定かではない。しかし一般的に、チャムシップに開かれていかなかった青年が異性愛にも開かれにくいことは経験の教えるところである。また、多くの精神分裂病者がエロス性へと開かれていくには大きな困難があることは、周知の事実である。一例を挙げておこう。

性愛面での純粋さ

Aは十歳代後半に、工場での事故で右手首から先を落とし、その後、幻覚妄想状態と緊張病性の興奮で入院となった。彼の父親は侠客で早逝し、母親は彼と弟を祖父に預けて再婚し、いまも交流はない。彼は三度目の入院で隔離収容型の病院に入院させられ、六年間もその病院で治療もされることなく収容されていた。祖父からの依頼があり、私みずからがAを退院させにその病院に赴き、当時私の勤務する病院に引き取った。彼がもう二十代後半に入った頃のことである。私は彼の一歳上で、まだかけだしの精神科医だった。当時の彼は会話する内容も支離滅裂で、『宮本武蔵が……』などと、ほとんど理解不能であった。私の当時の見立てとしては「彼を引き取り、祖父は治療に期待を込めるだろうが、これほどの欠陥状態ではとても難しい」と悲観的なものであった。

入院してからのAは、最初は閉鎖病棟での治療であったが、私も驚くスピードでみるみる回復していき、開放病棟で作業をするまでになっていった。すべての患者でないにしても、隔離収容するだけの病院が強いるホスピタリズムが病者を病状の悪い方向へと進めることの典型例を見る思いであった。

彼は病院から職業訓練学校へ通い、ミシンによる縫製技術を身につけたが、時代はもうすでに縫製業では成り立たない時代となりつつあった。彼は結局、新聞配達員として真面目に働き、ようやくこの世に足掛かりを持つことが出来た。もう三十歳を過ぎた頃である。彼の青年期である二十代前半がいったい何であったのかと思うと胸が痛む。朝早くから起きて新聞配達を頑張る彼であったが、時にはダウンし、何回か、三箇月ほどの休息入院を必要とした。

その何回目だっただろうか。阪神・淡路大震災のしばらく前に、大家さんの若奥さんと交わした世間話で彼が軽く語った猥談が気になりだし、「自分は若奥さんに気がある」「『変なやつ』と噂をたてられている」と関係妄想をもち、食事に行くことも出来なくなり、入院となった。私との診察では『先生、だいぶ溜まっとるからヤリたいわ。そやけど病気、怖いしな』と平気で話す彼であったにもかかわらずである。考えてみれば、彼は母性すら満足に知らず、まして十七歳頃の発病では、女性を知る機会もない。彼にとって比較的親しかった、ひょっとしたら多少性愛的に気持を動かされていたかもしれない若奥さんに、性愛的な気持が動くことですら、「淫らなもの」として漏れ出る体験となったのである。

彼とのつきあいは三十年を超える。彼は私の前に坐っただけで落ち着くという。最初、分裂病欠陥状態と見えていた彼だが、性愛面ではかくも純である。また、微妙に私の態度を読み、疲れている日などはたちどころに彼にバレてしまう。彼は私に『無理すなや』と、いたわりの言葉を発する。

結ばれ

とまれ、みけらんは飛びぎぬを取り上げて、天降り乙女を飛べない状態にした。そして二人の生活を始め、年月が過ぎて三人の子どもも生まれる。これが結婚と呼べるものかどうかは疑問が残るところである。というのは、子どもが出来たという記載はあったとしても、みけらんと天降り乙女の結婚生活・エロス性についてはは何の記述もないのである。少なくともみけらんは、子どもをつくるという性的営みについて知っていたし、異性である天降り乙女に対して萎縮することもなかった。しかし強引に飛びぎぬを奪い、母親なる役割に天降り乙女たる閉じ込めてしまったみけらんは、ひとりの女性として天降り乙女に接することが出来たであろうか。飛びぎぬを奪った瞬間からみけらんは、浦島太郎が海底に行ったように、非現実の世界、あるいは夢の世界へと迷い込んだのではないか。

アニマの諸相

ユング派分析家で精神科医のA・R・ポープは《アニマ》イメージを次のように分類する。(6)

無意識的アニマ unconscious anima, anima beyond

否定的アニマ negative anima ―― 肯定的アニマ positive anima

意識的アニマ conscious anima, realistic anima

本書のこれまでにも述べたように、《アニマ》とは「男性の内的な女性イメージ」であり、無意識的アニマとは元型的アニマと言い換えてもよい。それは現実に投影されることなく、されたとしても一方的な思い込みとなるもので、精神分裂病に見られる恋愛妄想や、浦島太郎の乙姫像がこれにあたる。

前章でも浦島太郎に関連して触れたように、ある二十歳代後半の精神分裂病者は、ある日突然、「自分の恋人である」という女性の姿がこころに浮かんだ。それが確信的体験となり、絵の上手い彼はそのイメージを一枚のベニヤ板に描き、それを持って一箇月間O駅に立ち続け、保護されて入院となった。

こうした異性イメージは、女性の場合なら《アニムス animus》と呼ばれる。ある四十代の女性分裂病患者〔第五章でも紹介した〕は、神の声ともいうべき自我に親和的な幻聴を聞き続けていた。彼女は妄想のなかで二歳時に、昭和天皇・父親・伯父に犯されている。彼女は、見合い結婚をしたとき、初夜の晩に何をするか知らなかった。彼女はその体験を『先生、夫がわたしのお腹の上でトントンするんよ』と語った。入院となったのはその一箇月後で、二度と外の社会に戻ることはなかった。彼女は急速に欠陥状態へと至り、継続的に男性の声なる幻聴がある。この声は彼女にいろいろ教えてくれる。ある日、彼女は病院の開放病棟からいなくなり、捜したところ、病院のある村はずれに一人たたずんでいた。『彼が言ったの?』という私の問いにこっくりうなずく彼女であった。異性への思い、エロス性を、自我・意識に取り入れることができず、外から入って来る幻の声として認知する彼女の原初的なアニムスが声の主と考えられ、それは神に似た存在であろう。この意味で彼女の場合、女性における無意識的アニムスの表れの一様態と考えられる。

〈否定的アニマ〉というのは、アニマ性のもっている官能性によって男性を無意識へと退行させる役割を果たす。それはライン河のローレライや、地中海に住むという半鳥半人のサイレーンによって体現され、いずれも美しい声で男性を誘い、水中へと引きずり込む。〈肯定的アニマ〉とは、男性性を鼓舞する役割を果たしてくれる女性イメージで、日本ではオオクニヌシの命を助けて出雲の王としたスサノヲの娘スセリ姫が代表的である〔これについては第七章で詳しく論じた〕。

〈意識的アニマ〉というのは、現実的な女性に投影され、ひとりの人間として見たとき、そこには肯定的な面も否定的な面もあわせもち、「女神のような存在はあり得ない」と気づくことの出来る現実的 realistic なイメージである。ただし、投影そのものが無意識的なものを含んでいるので、「現実的」という言葉は「この世的な存在に投影の対象を見つける」とした方が正確であろう。

魂の幽閉と現実的態度

〃天降り乙女〃の話に戻ろう。このように女性イメージを考えると、みけらんの女性イメージはいかなるものだったのであろうか。みけらんは乙女の「飛翔する魂」ともいうべき飛びぎぬを取り上げ、彼女を出産・育児と家事・農作業という現実的諸関係に閉じ込めた。そして彼は子どもが七つになるまで、一切、彼女の魂の問題を顧みることがなかったのである。

ユングは〃魂〃について次のように語る、「私は無意識を探究していくなかで、『魂 soul』と『こころ psyche』に概念的な区別をつけるようになっていった。『こころ』ということによって私は、意識と無意識とを含む、すべての心的過程全体を意味しているつもりである。一方、『魂』ということによって、私は、『人格 personality』ということによってもっとも適切に表現し得る、明瞭に区別された機能コンプレックスであると理解している」と。そして魂の顕在するかたちとして、人格・ペルソナ persona、そしてアニマ・アニムスを挙げて説明している。(7) つまり、アニマの背後ないしはアニマそのものが男性の魂の問題なのである。魂とは、こころと身体をも包み、世界をとりまくダイモンにも繋がる人間にとって重大な問題であり、人はこの導きによってみずからに固有の個性化 individuation を分化させていく。したがって、みけらんが飛びぎぬを隠してしまうことは、天降り乙女の魂を奪うと同時に、みけらん自身の魂をも現世的な生活に閉じ込めていたことを意味する。

先述した精神分裂病者Aは、決して〝魂〟の問題、エロス性をもっていないわけではなかった。私との守られた関係のなかでは安定して猥談もするのだが、日常のふとした場面でエロス性に通ずる「性」の問題は彼の自我を震撼させ、病的世界へと向かわせてしまうのである。

また別の分裂病者Bは、四十歳を過ぎても独身で、二十代に発病している彼は、すでに分裂病欠陥状態にあった。「この人のどこに女性への思いが宿るか」と思えるほど感情が平板になっていた彼が、ある事情で病状が悪化したとき、ずっと関わっていた保健師に『頼むから一度キスをさせてくれ』と頼み入院に至ったのだった。彼は退院後また人の良い分裂病欠陥状態に戻り、あの真剣さはどこへいったのかといぶかられるほど、何もなかったようにニコニコしているのである。彼は分裂機制によって、性愛的なエロス性を再び深く無意識のなかに葬り去ったのであろう。

Bと同様、みけらんにとって、エロス性をはたらかせて人（特に異性）と繋がろうとすることは、彼自身の危機であったろうと推測される。天降り乙女の〝魂〟を奪い、粗野な現実生活に閉じ込め、同時にし自身の魂も深く抑圧（ないしは分裂機制）で表に出ないようにさせる以外に、みずからを保つ方法がなかったものと推測される。粗野な事実性に尋常ならぬこだわりを示すのは精神分裂病者の特徴のひとつである。そのもっとも特徴的な症状が、病的幾何学主義 pathological geometrism（合理性・幾何学的整合性のみによって行動しようとするもの）である。それはみけらんの場合は過度の現実性と、感情・エロス性の息吹きの自我からの排除であった。とすると、彼の《アニマ》は無意識となり、海底のアニマ・乙姫と化す浦島太郎のアニマと同じになる。この意味で、みけらんが天の女と会うのは必定といえば必定であった。

天上へ

七年の歳月が流れる。みけらんは、みずからのあまりに一面的な現世的態度をいつまでも通し続けることはできなかった。天降り乙女と彼とのあいだには三人の子どもが出来ていたが、彼は彼女の〝魂〟までは掴めてなかった。無理もない。彼自身がその魂を隠していたのだから。

ある日、天降り乙女は、長男だろうと思われる子どもの歌う子守歌から、飛びぎぬのある場所が高倉の中の粟束や米束の下に隠されていることを知った。〝魂〟を奪われた忍従の生活に変化をもたらしたものこそ皮肉にも二人の間でなした子どもだったのである。子どもとは、常にある「可能性」を示す。ただしそれは母親・父親に守られて養育された場合である。「父がもどれば好いもんくれろ」という子守歌の歌詞から、みけらんも子どもは可愛がっていたことが窺える。しかし異性としての天降り乙女への〈エロス〉は機能しなかった。一方、彼女の場合は、子どもを育て可愛がりながら、地上の母親としての生にみずからを閉じ込めようとはしていなかったのである。そうだからこそ、彼女の飛びぎぬ（魂）を求める渇望が、七年の歳月を経た後でも、子どもの子守歌からそのありかを感じ取ることが出来たのではなかろうか。

ところで、天降り乙女の飛翔する〝魂〟であり、みけらんの〝魂〟でもある飛びぎぬは、高倉の米束や粟束の奥深くに隠されていた。これはいかなる意味をもつのだろうか。日本の神道におけるアニミズム的傾向は、あらゆるものに神（ないしは霊）が宿っていると考える。田の神や、かまどの神であるおくどさんなどがそのよき例であろう。とすれば、日本人の主食である米・粟を貯蔵する高倉に穀霊が宿るとしても不思議はない。みけらんは妻と自分の魂を、穀霊の宿る場所に密かに隠していたのである。みけらんにとって本来的に必要であったのは、天降り乙女と巡り会い、天に住むものと大地のみに住むものとの魂の触れあいということであった。にもかかわらず彼は、直接見ることが禁じられている神道の三種の神器や穀霊と同じように扱い、絶対的なるものに接する場合と同じく、縮め得ぬ距離を置いていたのである。これでは、無意識的《アニマ》が彼のこころのなかへと入り込み彼に変容をもたらす余地もない。アニマにエロスの神が宿るときこそ、人間を通して初めてその力を発揮し、二人を結びつける役割を果たすのである。

魂の出奔と呼びかけ

飛びぎぬを発見した天降り乙女は、夫みけらんの帰らぬうちにと、飛びぎぬを着て、子どもを連れ、羽を三たびあおり天上へと達してしまう。出奔である。残されたみけらんはいかばかりの気持であろうか。みけらんの感情の動きの過小さは目立っていても、彼にそれがないわけではない。感情豊かに生きることじたいが彼への自我への侵襲だと推測されることは、これまで見てきたとおりである。みずからの〝魂〟でもある天降り乙女を失うことは、彼に何をもたらすのであろうか。かたや天降り乙女も、よほど急いでいたのであろうか、右手に抱いていた末っ子を落としてしまうという失策をしてしまう。不吉な出来事である。

家に帰ったみけらんは、誰もいないことに気づく。彼は「きっと羽ぎぬが無くなっているのだろう」と思いつきはするものの確認はしていない。不思議なことだ。大変な情動体験にアパシーで反応するというのは精神分裂病によく見られる現象である。また「けれども、夕飯時で」という表現は、みけらんの病的幾何学主義的に近い行動を示している。慌てて捜し回るよりまず日常行為の夕飯の方が大事なのである。普通であれば、まず食は喉を通るまいに。

天降り乙女はみけらんの性癖を知ってか知らずか、火吹竹に紙を詰め、天上に上がる方法を教える。天降り乙女すなわち〝魂〟からの呼びかけである。彼女もまた、みけらんとの生活において彼を心好く思ったところもあったのだろうか。そもそも天の女はなにゆえ地上の沼で水浴びをしなければならなかったのか。考えてみれば、ギリシア神話に代表されるように、原初の混沌からの分離は天と地の分離であった。それは空間的事象・物理学的事象の神話的説明であった。また人間的事象としても、神の造った人間の最初の分離は男と女の分離であった。そしてこの結合と分離、つまり男女の結合で子どもが生まれ、母からの子どもの分離で人間の歴史が造られた。人間のこころの事象としても、たとえば日本神話のように、高天原からの天孫降臨のように天から地へ降りることから人間史が始まり、以降は天すなわち聖なるものと地すなわち大地的・人間的なるものとの分離と結合の繰り返しとして、こころもまた転生してきた。天降り乙女もまた、地上の沼に浴する必然性があったのである。そして、いわば強奪的であったにせよ、みけらんとの性的行為によって三人の子どもをもうけた。性行為とは「聖」なる側面を含みつつも一般には「大地性」の原点である。こう考えると天降り乙女の行為は、必ずしもみけらんへの憐れみだけからのものではない。

一方みけらんは、天降り乙女が去ってはじめて、自分にとっての天降り乙女の重要性を知る。先に夕飯を食べようとしたのであるが、このときの彼のこころの動きは、先の分裂病者AやBのように、こころは動かされるものの、もうすでに彼女を手に入れられぬ存在として感じられたに違いない。AもBも病的事態へと陥った。AにとってもBにとっても、女性なる存在はまさに無意識的《アニマ》で、〈エロス性〉が動けば自我が侵襲されるというものであった。こうして、みけらんにとって女性は文字どおり「天にいる存在」「近づき難い存在」となってしまったのである。この場合、ポープに従って〈アニマ・ビヨンド〉と呼ぶのが適切であろう。浦島太郎は海底に、みけらんは天上に、現実には手に入れることの出来ぬアニマイメージが布置されてしまった。しかしみけらんの方は可能性が残されている。なぜなら、天降り乙女もまた彼を求めているからである。ただし、ある課題をクリアすればであるが。

大地との接点

その課題とは、千足の下駄・千足のわらじを集めて、地の中に埋め、その上にきん竹を植えるというもので、そうして二、三年待つときん竹は天まで伸び、みけらんはそれを登って天に達することが出来るという。これは彼にとっては不可能ではない方法であった。

ここで象徴論的に考えると、下駄千足・わらじ千足は、何を意味するのだろうか。下駄にしてもわらじにしても、足に履き、大地と接する場所である。とりわけわらじは、野良仕事や、大地を踏みしめて歩く旅と結びついており、これは、天上に存在する天降り乙女と対極にあるものである。いわゆる「伝統社会」のシャーマンになる通過儀礼においては、志願者は夢・イメージ、トランス状態のなかでデーモン・死者の魂によって苛まれバラバラにされ dismemberment、地獄の体験をしてそこに逗留し、それから樺の木などの世界木 world tree なる「宇宙軸」ともいうべき木に登り、天上の原理すなわち「超越性」を伴う精神性 spirit を身につけ再生 resurrect して、そこでようやくシャーマンになることができるという(8)。

この「垂直性」の宇宙軸を身につけることはさほど容易なことではない。たとえば身体性と精神性の乖離によっていかに多くの人がこころの病いに捕われていることか。吉本隆明は芥川竜之介論において、彼の死に見事な解釈を与えている。宮本顕治が彼の作品を「敗北の文学」と呼び、マルクス主義によってそのプチブルジョワ性を超えられなかったから自殺に至ったとする論を、吉本は厳しく批判する。そして、芥川が主知的に存在しながらも基本的には下町のお歯黒どぶの匂いを忘れられなかったコンプレックスに、彼の死の要因を見ている(9)。これが止揚なのか敗北なのか、それは問わない。ただ彼の作品からみて精神分裂病を発病して自死に至ったことは事実であり、この芥川の死は「身体性と精神性の乖離」の典型的な例である。身体に染みついた下町の匂いと彼が結果的に目指した知性の世界、これは天と地の原理の乖離の一つの例である。

そこで、みけらんの場合はどうであろう。下駄・わらじは大地性の原理の象徴であった。それをしっかり身につけることの重大な意味を「千」という数字が示しているといえよう。もとよりみけらんの感情的な疎さ（鈍麻とでもいおうか）は、物語の表現から見ても窺える。「感情」はユングによれば意識機能の一つであり、「思考」機能の対極に位置する(10)。一般に思考機能が知性として「天上の原理」に近いとすれば、感情はどちらかといえば「大地の原理」として身体に属する。そもそも、みけらんが分化し洗練された感情機能をもっていたならば、天降り乙女とはもっと別の出会いかたがあったはずである。そんな彼が、いまこそ、天上から呼びかけてくれている彼女つまり自分の「内的女性イメージ」と結びつくには、しっかりと千足集めなくてはならなかったのである。それは大地性にしっかり根づくことを意味している。

しかしみけらんは、両方とも九九九足しか集めることが出来ない。あと一足……、みけらんに代わって悲しみを禁じ得ない。ただ、「一足ぐらい大丈夫」と判断してしまうところに、男性の「ちょっとくらい大丈夫だろう」という傲慢さが想われる。たとえば日本神話のイザナキや『鶴女房』[11]の嘉六の「見るなの禁」破りと同質なものを感じてしまう。また、精神分裂病者の、ほんのちょっとしたことに気づくことができず同じ失敗を繰り返してしまう悲しさにも思い至る。

神経症者が症状に悩むことは（若年者の場合に顕著であるが）、その人がまだ自分の人格に統合しきれず抑圧してきたものを自分のなかに統合し、人格の幅を変容させる大きな機会であるが、精神分裂病の場合は、その可能性は否定しきれはしないが、きわめて難しい。多くの病者は、人間の欲動の収斂する、たとえば性・名誉・金・健康などでつまずき、奇矯なかたちで理想形成をすることで失敗する。そして一回の失敗がなかなか体験化していきにくい傾向が強い。無理もない。彼らは存在論的にこの世との繋がりが薄く、超越性・相貌性に満ちた分裂病世界と隣り合わせでこの世と繋がっており、その繋がりかたが一見他者には奇異に見えるほどの欲動にしがみついてしまっているからである。いわばそれは無意識的な戦略なのである。したがって彼らにとって、その戦略にほころびが生じるということは、同時にこの世との繋がりも失うことでもあり、戦慄に満ちた相貌的世界に投げ出されることでもある。かように、彼らの行動パターンの特徴（たとえば性にこだわって、そこでいつも失敗するという）は重要な問題である。彼らが〈普遍的（集合的）無意識 the collective unconscious〉に漂わされ、そのなかでこの世に繋がるために性にすがりつくかたちにならざるを得ない、きわめて重い存在論的問題なのだということを理解してはじめて、私たちは、彼らの「繰り返すこと」の意味を了解することができるのである（前述の「見るなの禁」の問題については後で論じることにしよう）。

宇宙軸での揺れ

みけらんはとりあえず下駄・わらじ九九九足を地中に埋め、その上にきん竹を植える。きん竹とはおそらくはきんめい竹で、竹の部分が金色になっているものである。竹とはある事典では、中国においては、長寿と豊饒性のシンボルとなっているが、ここではその成長の早さと凜々と上と伸びるその力を強調しておこう。みけらんは三年待った。竹は天高く伸び、天に届いているかのようであった。この天と地を結ぶきん竹は、シャーマンが修行の時に登る世界木・宇宙軸を思わせる。これがまことに天へと届いているとき、天と地、みけらんと天降り乙女（彼と内的女性イメージ）の結合が起こるのであろう。しかし事態はそうはうまく運ばなかった。あと一歩のところで、みけらんはゆらゆら揺れていたのである。

天の女は飛びぎぬを発見し、本来属していた天上の世界へ帰るのだが、みけらんが天の女すなわち〝魂〟を求めて天上へ登らざるを得なかったように、彼女もまたみけらんとのあいだに子どもをなし、大地の原理に混交して、もはや天上のみに住むことはできなかったものと推測される。否、みけらんとの出会い以前から、彼女は奥深くにある沼へやって来て水浴びをしていたのであり、彼と出会う前から「大地の沼」への欲求があったのである。これは、彼女がすでに天上の原理だけでは生き得ぬ存在だったことを示している。おそらくそこには彼女の〈父親コンプレックス〉が深く関わっているのだろうが、それについては後述しよう。

とまれ、天の女は機を織っているときに（アマテラスも機を織っていた）、もう少しで天に届く竹の先端にしがみつきゆらゆら揺れるみけらんを見つけた。けし粒ほどの大きさに見える距離だった。この届きそうで届かぬ存在のありかたが、先の「ちょっとしたズレがこの世との繋がりを失ってしまう」分裂病世界の悲しさを物語っている。しかしみけらんの場合、この度は天の女がひを投げてくれ天へと到達することができ、天上の世界近くからまっさかさまに大地へと墜落することは避けられた。これが成されなかったならば、みけらんの帰還する先は、これまでの生きた大地ではなく、芥川のような死、ないしは深い深いトンネルに吸い込まれるような分裂病的世界だったはずである。

試練

とまれ、みけらんは天の女の助けを得て「天上」の世界へと達することができた。天の女もまた、七年間の「大地」に閉じ込められた生活にも関わらず、彼との再会を喜んだ。二人の縁はそこまで深まっていたのである。そして天の女の母神も親切にしてくれた。しかしながら、父神はそうはいかなかった。父神の力はすさまじい。そして自分の娘である天の女を抱え込んでいる。

父の囲い込みから救う者

父親に圧倒されている娘の物語は数多い。その多くは父親の圧倒性ゆえに、父親以外の男性への〈エロス〉は凍らされ、知的なものに捕われ、世の中を見通す力、男性原理である「切断する力」が強くなる。そして、その捕われの娘を救い出す可能性をもつ者が英雄なのである。

たとえばグリム童話の〝あめふらし〟では、第八章で見たように、王女は一二面の塔の窓から世の中のことすべてを見通すことが出来る。そして自分から隠れ通せた男性と結婚するとおふれを出す。九九人が失敗し首を斬られ、最後の幾分うすのろの男が動物の助けを得てあめふらしに姿を変え、王女の後頭部の髪の所に隠れて成功する。[12] 王女のすべてを見通す力、首を切断する残酷さは、倒錯している《アニムス》のすさまじい力である。しかしこの王女は癒される。

一方、シベリア民話〝蜘蛛になった女〟に登場する、結婚したがらぬ一人娘は、父親が気づくと首だけの男と話している。父親はびっくりして男の頭部を蹴飛ばす。頭部は転がり海へと落ちてしまう。娘は悲しみ、それを追いかけ、海へ飛び込んでしまう。海底で彼と会うが、彼は異世界の住人で、結婚は出来ず、彼女は絶望のあまり月へと行ってしまう。そこには頭部だけの男とは対照的な赤銅色の男性が居て、彼女を食べようと機会を待つ。しかし老女が綱を作ってくれこれで地球に逃げるよう言う。ただ、地上についた瞬間に目を開けなくてはいけないという。彼女はロープを辿って降りるのであるが、一瞬早く目を開けてしまい、蜘蛛になってしまう。[13] 頭だけという象徴的には知性のみの存在と、赤銅色の男性という身体性に《アニムス》が分裂し、しかも大地に着地する寸前に失敗し原初的動物である蜘蛛に変わってしまう彼女の存在は、分裂病の様態を示している。

これらの物語はともに倒錯的な《アニムス》に捕われた様を描き出しており、その背後に父親コンプレックスがある。そして前者は癒され、後者は精神分裂病となりこの世に人間として帰還できなかった。かように「父親に囲われた娘」は、他者としての異性へと〈エロス〉を動かすことができず、身体性からも切れてしまい、分裂病までは行かなくとも、たとえば知的世界に捕われ過ぎた世界に生きることになりかねない。

日本神話のなかでも同じようなことが起きている。兄たちに迫害され、黄泉の国までやって来た、出雲の国のオオクニヌシは、日本で唯一「龍退治」をした後、母イザナミの住む根の国、すなわち黄泉の国の住人となっているスサノヲの娘スセリ姫とすぐに恋に陥る。スサノヲはオオクニヌシにさまざまな試練を与え殺そうとする。しかし毎回、スセリ姫がオオクニヌシにそれらに打ち勝つ方法を教え、最後には、オオクニヌシはスサノヲの髪を柱に縛りつけ、スセリ姫を背負って逃げ、出雲の国を平定する。[14] この出来事は地下・冥界で起こっているのであるが、〝天降り乙女〟の天上の物語とよく似ている。父親コンプレックスから娘が逃れ出るためには、男性にさまざまな「英雄的行為」を担ってもらわなくてはならないのである。

天上の原理に従うか避けるか

〝天降り乙女〟の父神も、みけらんに試練を与える。最初の試練は「天上の畑を作るために一千町歩の山を一日で切り拓け」というものだった。とんでもない仕事である。しかし天の女は「三本の木を切って、切り株を枕にして眠っていたらよい」と教えてくれる。それに従うと、なんと一日で仕事が終わっていた。

これは深層心理学的にいかなる意味をもつだろうか。畑を切り拓くことは「大地」の仕事であり、実際には当時、大変な仕事であったことは想像に難くない。空想に遊ぶことでも、ましてや切り株を枕に眠っていたら仕事が終わるという類いのものでもなく、地道で根気を要する力仕事であったことであろう。それが天上では、三本の木を切って、あとは寝ていれば仕事が終わるのである。これは、この世の論理からみれば、ファンタジー・夢さらには魔術といってもよい、とんでもないことである。当時の農民は、わずかの土地にへばりつき、いかなる夢のような話もかなわぬ貧困生活を余儀なくされていたに違いない（村祭り・正月などのハレの日には多少の非日常性はあったとしても）。とすれば、天上の魔術的な原理は、まさに労働の妨げであり、排除されなくてはならない。みけらんは、地上では通用するはずもない原理をどこまで信頼できるのか、試されているのである。この「天上の原理」とは〝魂〟の飛翔性であり、豊かな空想の紡ぎである。いま、みけらんが天の女の教えることをみずからの空想性を生かしどこまで信頼できるか、天の女からは期待の眼差を受けて（父神からは「出来るはずない」という眼差を受けて）問われている。

あにはからんや、ここはクリアできた。次の試練が待っている。その試練は「一千町歩の山を耕し、それを畑にすること」であった。みけらんは心配するが、ここでも天の女が来て「三鍬入れて、後は眠っていたらよい」と教えてくれ、そのとおりにすると、一日のうちに耕されていた。これも天上の原理・魔術的ファンタジーである。さらに続く冬瓜の種まきと収穫も三が鍵で、三箇所に播き眠っていたら一日で実るし、冬瓜の収穫も三つ採り、後は眠っていたらよいというものであった。「天上の原理」とはなんと不可思議なものであろう。「地上の原理」に縛られ、病的幾何学主義といってよいほどの具象性に捕われていたみけらんには、理解を絶することだったはずである。ちなみに「三」とは、おとぎ話・昔話によく出て来る数字で、数の象徴論からいえば、西欧でも日本でも「変化」の象徴であり、「四」という数字のもつ「安定性」（ユング的には「全体性 wholeness」）とは趣きを異にする。また、なぜ「冬瓜」なのか、これは定かではない。ただ、冬瓜とはまことに水分を多く含んだ野菜であり、後に起こる洪水を考えても「水」との関連性が窺える。当時の農耕民にとって治水の問題がいかに重要なことであったか、という歴史的事実と無関係ではなかろう。

それはそうと、この天の女なるみけらんのアニマ性の教えを、彼はどう捉えていたのだろうか。《アニマ》とは〝魂〟であり天上を飛翔するプノイマであり、(15) 一方でエロス性を含み、身体・セクシュアリティと深く関わり、時にはその破壊性として死にも深く関わる。それはたとえばイザナミの、死とともに黄泉の国にて腐敗していく姿によって体現されている。農耕という大地の原理に縛りつけられ、魂を高倉にしまって生活してきたみけらんにとって、天の女の教示する内容はほとんど理解するに至らず、ただ従うだけのことだったろう。

この意味で、分裂病者の常同性ないしは欠陥状態は、その身を超えて〈普遍的無意識〉が拡がっていきそれによって自我・意識が翻弄されることを避ける、いわばこの世に繋がる手だてでもある（ここでいう「身」とは、こころ・からだを含めた「身の程」の身である[16]）。

この世と繋がる止まり木

先述したとおり、分裂病者は〈エロス性〉など人間の根源に関わる問題に触れるとき、危機に陥る。その際に発病ないしは再発の危機を避ける可能性は、その折の治療者との関係の深さ、すなわち「この世と繋がる止まり木」があるかどうかにかかっている。ここで一例を挙げておこう。

Nは二十歳代の前半に、「革命が起きて世の中が解放される」という精神運動性興奮・幻覚妄想状態にて発病した。急性期の症状はほぼ三箇月で治まるものの、彼の対人関係の緊縮したありかたは、なかなか、この世の集合的日常性に合いにくく、数箇月働くと次第に周囲に対して被害的となり、幻聴が始まり、いつしか、「自分はこんなことをしている人間ではない、革命に専心しなければ」という、いわば彼にとっての誇大妄想をもち、興奮して入院となることを繰り返し、半年も同じところで働くことができなかった。

数年の歳月が経ち、緊張病性の症状で比較的人格の水準も保たれていた彼は、伴侶を見つけ結婚した。それでも入退院は繰り返していたが、その頻度は眼に見えて低くなり、子どもが出来た後、初めて一年あまり転職することなく働くことができた。これは彼の緊縮した対人関係と非現実的な革命というかたちで引き裂かれた存在のありようが、女性を得て〈エロス性〉が動きだして変化したことを示しているであろう。とりわけ子どもが出来たことで、その存在の内実がよりいっそう「大地性」を帯びてきたものと思われる。

まことに〈エロス性〉は、革命へと飛翔しなければならないNの存在の姿を、一方で飛翔させ、一方で大地性・身体性へと結びつける。彼の分裂病性の妄想というかたちで飛翔する〈普遍的無意識〉の内容が「身」に収まる手がかりが見えた。この頃は私との治療関係も十年となり、その間には、病識のない急性期にある彼を入院させるために取っ組み合いとなり私が眼球に怪我を負うという事態もあったりで、関係は相当深いものとなっていて、この治療者・患者関係においても、この世との繋がりを持てたかに思われた。

あるときNは私の当直の晩にやって来てこう言った、『先生なぁ、俺、もう狂えんようになったわ』と。私は咄嗟に「危ない」と感じ、すぐに入院して休むことを勧めた。しかし彼は婉曲にそれを断り、二時間ほど医局にいたであろうか、私の夜の回診の時間に合わせて帰って行った。私は『しんどくなったら必ず来いよ』としつこく彼に伝え、心配しながらも別れた。それが、彼を見た最後となった。どうやらその足で海に入ったらしい、一週間後、海に浮かぶNが発見された。

彼は分裂病的世界の誇大性に行ってしまうには、妻・子どもへと向かうエロス性をそれなり体現するも、しっかり彼のこころをこの世に繋げるにはまだ弱かったし、治療者との関係も、彼のこころの深淵まで届いて彼を生に繋げ止めきれなかったのであろう。アニマ性へと開かれるとき、それは生の可能性、生命性、創造性へと開かれると同時に、危険も孕む。「うつ病は治り際に自殺が多い」とよくいわれるが、同じように分裂病者の自殺もまた、幻覚妄想をもてなくなった「治癒した状態」で起こることが多い謂れである。しかも分裂病者の場合、存在の深みの問題が入っているがゆえに、治療者には「突然」と思われる場合が多く、それだけに、よりいっそう治療者にはこたえる。

Nは結局、死へと誘われたが、みけらんの場合はどうだったろうか。

天の川に隔てられて

みけらんは、これまでの四回の試練は、天上の原理すなわち飛翔する〝魂〟の意味もわからず、天の女の言うとおりにして乗り切ってきた。そして五回目である。

呼びかけに応えられるか

父神は「冬瓜を三つ縦に切って、後は眠っていなさい」と教えてくれる。これまでなかったことである。これは「天上の原理・魂の魔術性まで教えてくれた父神に、反抗できるかどうか」の試練である。先に、天の女は父親イメージに捕われている父親コンプレックスをもつと論じた。とすれば、ここでこそみけらんの真価が問われたのである。すなわち、天の女をみずからの伴侶として父神から救い出せるかどうかである。天の女は「父神の言うとおりにしてはいけない。横に切りなさい」と教える。しかしながら、これまで天の女の言うとおりにしてきたみけらんが、最後の最後になって家父長制に捕われ、父神の言う方法を採ってしまった。これは、次第に母権性社会から父権性社会へと移り変わっていく日本の姿でもあろう。『古事記』や『万葉集』などであれほど豊かでたおやかな恋の歌を多く詠んだ日本の古代も、藤原家の支配が続き、武家が次第に力を得てくる時代になると、家父長制が強くなり、色恋などは蔑まれていく。天の女より父神の方を優先するみけらんのありようには、そうした歴史的背景が感じられる。

〝魂〟を裏切った者の末路は哀れである。冬瓜を縦に切ってしまったがゆえに、天上では大洪水となり、みけらんも天の女も子どもも流されてしまい、星に変わってしまう。みけらんのほんのちょっとした、しかし本質的な間違いのゆえに。《アニマ》の方からあれだけの呼び掛けがあり、みけらんは行動として天上の原理で動き、地上の原理である家父長制を超えていたのである。にもかかわらず彼は最後の最後でアニマを無視して家父長制にもとづく態度をとってしまう。すると、天の女の教えで天上の原理に添って行動し彼のこころのなかで膨らんでいたものが、もう一度、家父長制的原理の自我・意識に閉じ込められ、こころはバランスを失い、大洪水となった〈普遍的無意識〉に押し流されてしまう。

もはやみけらんは天の女とも子どもとも会う機会を失ってしまった。天の川は、私たちにとってはいかに美しく見えようと、未来永劫にわたって二人を隔てる冷酷な川なのである。まさにこの様態は、〈エロス〉に開かれながらもそれを収める容量を自我・意識のなかにもたぬがゆえに分裂病へと陥る姿なのである。

落とされてしまった末っ子も哀れである。天の女が落とした米三俵が、地上の女が汚いものを洗ったために米三粒に変わり、いつの間にか居なくなったという。地上に残したみけらんの唯一の可能性も失われてしまった。女の汚いものとは経血を連想させる。経血とは爾来不浄ではあるが一方ではマナパワーをもつという。そこには女性独特の霊力もあるのである。しかし「天上の原理」を失い〝魂〟との結合に失敗したみけらんの世界では、経血はもうすでに事実的な血に過ぎず不浄のものなのである。ただ、米三俵を三粒に変えるという、非生産的な魔術性だけが残っている。

生命なき星になる

私たちに残されたのは、哀れさとやりきれなさだけである。みけらんとその〝魂〟である天の女は「星」という生命なき非人間的存在へと変わってしまった。

おとぎ話や神話には「石化 petrification」というテーマがよく出て来る。これは、生命性を失ってゆき、生きている人間的なものと生命のない非人間的なものが区別つかなくなり、みずからも石となる、分裂病的現象と対応している。この典型的な現れが、いまではあまり見られなくなった緊張性昏迷であろう。さらに〝魂〟との接触を失うとき、幻覚妄想状態というなかで病的事象によって回復を試みる。コンラートはこの分裂病の始まりの時期をトレマ Trema（戦慄）と名づけ、いいようのない「世界から切り離された恐怖」におそれおののく状況（ムンクの絵画『叫び』に象徴化される世界）を描き出した。この観点から見ると、それに続く幻覚妄想状態は、異世界性をつくりあげることによって、たとえ幻覚妄想によって迫害されるにせよ、トレマの恐怖に比べるとまだましである、とコンラートは述べる[17]。

みけらんの場合は、大洪水という無意識に圧倒されるなかで、生命なきものすなわち星となった。これも「死」である。また、この世に踏み留まることができず、さりとて分裂病的世界に吸い込まれることもできず、みずから死を選んだNのような場合もある。

以上、〝天降り乙女〟と実際の事例を絡ませて、この物語と分裂病の近似性を見てきた。それでは次に、同じような観点から「異類婚」の諸相を見てみよう。

結ばれへの希求と病い

ここでは異類婚のなかでも、木下順二の演劇『夕鶴』[18]や市川昆監督の映画などであまりにも有名な『鶴女房』をとりあげてみよう。

鶴の飛翔と人の彷徨

実際の物語にはさまざまなものがあるが、関啓吾の集めたものでは、主人公は嘉六で、鶴である女性には名前はない。そしてこの物語では、嘉六は妻捜しの旅に出てとうとうその居場所を捜しあてる。向こうの方から小舟に乗った爺さんがやってくる。どこから来たかと訪ねると「鶴の羽衣」という島から来たと言う。この爺さんに連れて行ってもらうと、そこには立派な池があり、その真ん中の砂丘には裸の鶴を中心にたくさんの鶴がいた。裸の鶴つまり羽をなくした彼の妻は、鶴の王様だったのである。彼はそこでしばらくもてなされ、また爺さんの船に送られて帰途につくのであった。

美しくあらわれる女性

爺さんの話す「鶴の羽衣」は羽衣伝説を連想させる。鶴の姿は美しく、日本人のこころには飛翔する天女が連想される。また『イメージ・シンボル事典』によると「鶴は飛翔を表し、高さのシンボリズム、『エーテル』のなかを飛ぶことを表す」[19]と、もっぱらその飛翔性と高さが強調されている。これは天女との類似性を物語っていて、女性イメージの「精神的・霊的」な側面さらには「天上の原理」の側面を表している。

一方、嘉六は、七十歳くらいのお母さんと二人暮しであり、彼の年齢は常識的に考えてもう四十歳は過ぎている。そして彼は、蒲団を買うお金をはたいてまで罠にかかった鶴を助けるほど、こころ優しい。四十歳を過ぎてもまだ結婚せず、母親と住み、しかもこころ優しい。これは前章〝姥捨山〟でも見られた、マザー・コンプレックスの典型的な姿〈永遠の少年〉である。こうした男性の対象愛のありかたは、同性愛的になるか、ドンファン的にさまざまな女性に母親の匂いを嗅ぎとろうとするか、それとも、母親とも異性ともつかぬ永遠の女性イメージ（先述したアニマ・ビヨンド）を求め続け、現実の女性とは関係がもてないか、そのいずれかであろう。その背景には、母親との近親相姦に対する無意識的な怖れがあるかもしれない。

〝天降り乙女〟のみけらんは、出自は不明であるが、〝魂〟であるべき女性イメージを現実生活に閉じ込めることしか知らないほどに、彼のなかの《アニマ》イメージは無意識であり、それゆえに破綻をきたした。精神分裂病でも、母親の元型的な力がさまざまな布置のなかで、子どもが生命力を伸ばし対象愛へと向かって自立することを失敗させる方向で動くとき、子どもの性の欲動のうごめきは、自我・意識にとって破壊的に機能し、発病へと至る。

嘉六の場合も、鶴が人間に姿を変えて結婚を彼に求めるとき、あまりに美し過ぎて、自分で決断でき来ず母親に決めてもらうほどに、ナイーブというか、女性イメージに対して無意識的なのである。これは弁証法的関係にあり、彼の女性イメージが母親に捕われ現実性がなくなればなるほど、そのイメージは人間の「身」を離れた美しさを体現することになる。嘉六にとって鶴の女は、神々しいばかりに美しかったに違いない。

魂の織物と「身」を見る禁

鶴を妻として受け入れた嘉六は、その妻が戸棚に隠れて三日かかって織った反物を二千両で売ってきてくれと頼まれる。彼は「三日間は自分の姿を見ないでくれ」と言われているのだが、この時点では守ることができたものの、町で殿様から「もっと欲しい」と言われたとき、嘉六はそれを断る術もない。なぜなら、彼には反物の本当の価値がわかっていないのだから。反物は、飛翔する鶴の〝魂〟なのである。天の女の羽衣がそうであったように。またそれは同時に嘉六の魂でもあった。羽衣がみけらんの魂であったように。

妻はもう一反織るが、今度は「一週間、戸棚の中を見ないでくれ」と頼む。彼女は、もう一反織ることは自分の羽をほとんど裸になるまで使わなくてはならないことを知っていた。一週間経って嘉六は心配になり、女が出て来る前に戸棚を覗いてしまう。そこに見たのは、裸となった鶴の姿だった。鶴は「体を見られたうえは、愛想もつきたでしょう」と言い残して去っていく。

鶴は飛翔するための羽をほとんど使い（魂の飛翔性・天上性をすべて使い）、「魂の織物」としての反物を織った。そして残るは、あのきれいでまばゆい鶴ですらもっていた、むき出しの肉体性であった。みけらんも魂との接触をようやく手に入れられそうなその時に失敗し、無意識に呑まれてしまったのだが、嘉六もまた、一週間経って彼女がみずから出てくるその時を待てずして覗いてしまい、魂との接触を失ってしまう。

先述したように男性にとっての〝魂〟は女性イメージでもあり、その女性イメージは天上性と大地性の両方を体現してはじめて、〈結合〉を迎えることができる。それは〝天降り乙女〟では、天上での生活と、沼での水浴び、みけらんとの地上での営みであった。鶴にとっては、優美な羽で飛翔する姿と、地上での嘉六との生活、裸の身であった。鶴もまた、二つの世界に引き裂かれた自分の存在を癒すことを望んでいた。その代償として、飛翔する側面の羽を使って貴重な「魂の織物」を織り出した。しかしそれだけでは鶴もまた完全ではない。地上的な身体性を有しなおかつ飛翔性をもつ存在として嘉六と結ばれる必要があったのである。だから、むきだしの身体性と魂の飛翔する部分とに分裂したまま我が身を曝した鶴にとって、もう嘉六のもとに留まることはできなかった。

鶴は去ってゆく。と同時に嘉六も〝魂〟を失う。彼はナイーブであるがゆえに、殿様の現世的・功利的な価値観から我が身・我が魂を守る術を知らなかった。鶴がみずから出て来るのをもう少し待つことができればよかったのだが、いまだみずからの女性イメージが無意識的《アニマ》のままである彼には、そのわずかな時間がいかに大切か、理解も及ばない。

この物語の「見るなの禁」破りは、人々に哀れさの感情を湧き起こさせる。こうした禁止破りは、神話・おとぎ話・昔話によく見られるテーマでもある。そもそも日本神話は、イザナキが禁止を破ってイザナミの腐敗解体し八つの雷が取り憑いた姿を盗み見て逃げるところから始まっている。この「見るなの禁」は、たいていは男性によって破られ、女性の姿の見られたくない面を見てしまう傾向にある。これは女性的な存在の不可思議性、血・出産の神秘性と結びつき、男性の女性に対する畏怖と興味の両面に根ざしていると思われる。女性には見てはいけない部分があるのである。と同時にそれを見てしまう男性的存在も抗えなく存在する。そしてその行為は、場合によっては事態の展開の大きな出発点となるのである。イザナキの場合は、日本神話の出発点となり、黄泉の国とこの世の区別をつけ、死者にあり場所を与えた。『鶴女房』の場合は、女性すなわち〝魂〟を失う事態となった。

〝魂〟を失った嘉六は、おそらくは狂気のなか分裂病的世界を彷徨うのであろう。鶴の女に憑依された彼はあてどなく彼女を捜し歩き、あるとき「鶴の羽衣」という島で元妻に出会う。元妻は鶴の王であるが、使い果たした魂の飛翔的側面の羽はもう生えて来ず、裸のままだった。嘉六はここでしばらく過ごして帰途に着くが、ご馳走されたということ以外に記述はない。二人はどのような出会いをしたのだろう。この世での出来事か、狂気の世界の出来事か、最後の「帰って来たということです」以外に何も明らかではない。とまれ、この鶴という異類の女性との結婚、別れ、鶴の羽衣という島の異世界性、天上の原理と地上の原理の分裂など、〝天降り乙女〟や〝浦島太郎〟と同じように、分裂病的世界にきわめて類似した体験といえよう。

異類の犠牲と喪失

こうした「異類婚」にはさまざまなものがあるが、その原型は『古事記』の豊玉姫の物語であろう。天皇の子どもであるホオリ（山彦）は兄から借りた釣り針を無くしてしまい、海中へと捜しに行って、海の王女である豊玉姫と恋に落ちる。彼は豊玉姫の父王に釣り針を捜してもらってこの世に帰るのだが、海に滞在するあいだに豊玉姫は身籠っていた。ホオリが帰ってしまったあと、豊玉姫は臨月を迎え、子どもを陸で産もうとして海岸に上がり、産屋を建てる。そしてホオリに「自分がお産をしているあいだは、決して覗かないでくれ」と頼む。しかしホオリは約束を守れず、覗き込んでしまった。はたしてそこに見たものは、鮫がお産をしようとのたうちまわる姿であった。ホオリはびっくりして逃げ出してしまう。

ここでもまた男性の「見るなの禁」破りである。悲しんだ豊玉姫はもう二度とホオリと会わないが、その出産した子どもの子、つまりホオリ・豊玉姫の孫が神武天皇となる。[20] これによって天皇家は「海の原理」と結ばれた。一方、山の神の娘であるコノハナサクヤ姫と天孫降臨をなしたニニギとが結ばれ生まれたのがホオリであるがゆえに、ここで「山の原理」とも結びついていたのである。こうして天孫降臨の後、山の血と海の血を天皇家は受け継ぎ、この世を統治する基盤をつくることになる。

コノハナサクヤ姫はニニギに「生まれてくる子は自分の子であるわけがない」と疑いをかけられたので、みずから産屋に火をかけてニニギの子どもであることを証明し、コノハナサクヤ姫自身は、悲しくもみまかるのである。この『古事記』の記載は、他の昔話のように「喪失」には重点は置かれず、男の裏切りがイザナキ以来続き、女性が犠牲、そして礎になっていることを際立たせている。しかし、そこからモチーフが及んだと考えられる「異類婚」の多くは喪失がテーマであり、それは〝魂〟の喪失、精神分裂病的世界ときわめて近似的であるということが見えてきた。〝天降り乙女〟もまた同じ範疇に属すると考えられる。

つながるための異世界

私たちの物語〝天降り乙女〟では、みけらんが〝魂〟を失うことによって、彼は天上の世界と大地性を〈結合〉することができなくなり、結果として、天上に固定された星となった。人間たる生命を失うことは、哀れさを誘ってやまない。そしてこのような「結合の失敗」こそ、精神分裂病的世界の大きな特徴なのである。

あるいは「これは普通の心理ではないか」「そこに分裂病心性を視るのは間違っていはいまいか」という意見もあるかもしれない。とすればそのとおりなのである。分裂病心性はある意味で「普通の心理」なのである。ちなみにグッゲンビュール＝クレイグは「あらゆる精神病理学は我々の文化のカリカチュアである」と述べている。[21]

なるほど分裂病世界は、幻覚妄想というこの世から離れた異世界性を内包する。しかしそれは決して、普通の人々から全くかけ離れたものではない。このような世界は、人間のファンタジーや夢のなかにいつでも現れてくる世界なのである。たとえば〝天降り乙女〟が成立していく長い過程で、人間の切なる思いが、男女の恋すら許されぬ貧困にさらされ、かくなる悲恋の物語として結実していった、と考えてもさほど無理はない。そこには、現代ほど排除されていなかった「物狂い」の心性も混ざっていたかもしれない。

分裂病者の世界は、「正常」と見られている文化とさほど遠くない。そればかりか、幻覚妄想を持つことが、彼らにとっては、この世に繋がる手立てでもあるのである。先述したようにコンラートは、分裂病を発病するとき、まず戦慄（自分だけが孤立し暗闇に吸い込まれるような、またあらゆるものが凍りつき、すべてが石になったような petrification 状況）があり、それから比べれば、彼がアポフェニー Apophenie と呼ぶ幻覚妄想状態の方がまだましである、とその病態構造を分析する。[22] またH・F・サールズは、分裂病者の暴力は、この世から切り離されてしまう恐怖からこの世に架橋するために振われる、と語る。[23] かように分裂病世界は、一方ではこの世から離れた異世界を表現しながらも、それすらこの世に繋がるためのものであるという、必死の世界観のありようなのである。

おわりに

近代の自然科学主義にもとづく精神医学の体系は、精神分裂病をその枠内に納めようとさまざまな努力をしてきた。しかしその体系におけるどのような研究も、いまのところ成功していない。しかも一方でそうした精神医学は、近代の共同体のありかたのなかで精神病者が他の障害者とともに非効率的存在として排除されていく歴史の流れのなかで、その排除の構造があたかも正当であるかのような「科学的」根拠を与えてきた。

しかし本章で論じてきたように、私たちが物語をひもといてみるとき、そこには人間のこころの営みの姿が見えてくる。このようにして物語を解釈し、そこに分裂病的世界観を読み取ることは、精神分裂病の世界を、自然科学の枠内から、人間のこころの深い営み、〃魂〃の問題、存在の問題へと取り返すことなのである。

（1）Jung, C.G.(1959) ***The archetypes and the Collective Unconscious*** (*C.W.9-I*). Princeton University Press.
（2）von Franz, M.-L.(1972) ***Creation Myths***. Spring Publications, Inc.
（3）稲田浩二・大島健彦・川端豊彦・福田晃・三原幸久編『縮刷版　日本昔話事典』〔弘文堂、一九九四年〕。
（4）関啓吾編「天降り乙女——鹿児島県大島郡」『こぶとり爺さん・かちかち山——日本の昔ばなし　Ⅰ』〔岩波書店、一九五六年〕。
（5）Sullivan, H.S.(1953) ***The Interpersonal Theory of Psychiatry***. W.W. Norton & Company, INC.
（6）Pope, A.R.(1989) チューリッヒ・ユング研究所での「おとぎ話の解釈」についての私的セミナーでの講義から。
（7）Jung, C.G.(1971) ***Psychological Tpes*** (*C.W.6*). Princeton University Press.
（8）Eliade, M.(1975) ***Rites and Symbols of Initiation***. Harper & Row Publishers, Inc.
（9）吉本隆明「芥川竜之介の死」『芸術抵抗と挫折』〔未来社、一九六三年〕。
（10）Jung, C.G.(1971) op.cit.
（11）関啓吾編、前掲書「鶴女房」。
（12）Grimm, J.& W.「あめふらし」『グリム童話集　5』金田鬼一訳〔岩波書店、一九七九年〕。
（13）von Franz, M.-L.(1972) ***The Feminine in Fairy Tales***. Spring Publications.
（14）横山博『神話のなかの女たち——日本社会と女性性』〔人文書院、一九九五年〕。
（15）Jung, C.G.(1959)『アイオーン』野田倬訳〔人文書院、一九九〇年〕。
（16）横山博「表現の砦としての身体」河合隼雄編『講座心理療法　4巻　心理療法と身体』〔岩波書店、二〇〇〇年〕。

(17) Conrad, K.(1958)『分裂病のはじまり』山口直彦・安克昌・中井久夫訳〔岩崎学術出版社、一九九四年〕。
(18) 木下順二『夕鶴』〔金の星社、一九七四年〕。
(19) Ad de Vries・山下圭一郎主幹『イメージ・シンボル事典』〔大修館書店、一九八四年〕。
(20) Ad de Vries・山下圭一郎主幹、同書〔注一五〕。
(21) チューリッヒ・ユング研究所「夏期セメスター」における講義〔一九八三年〕。
(22) Ad de Vries・山下圭一郎主幹、前掲書〔注一八〕。
(23) Searles, H.F.(1979)『逆転移 3』横山博ほか訳〔みすず書房、一九九六年〕。

あとがき

本書は、私がユング派分析家になって、そして甲南大学で研究職に就き臨床心理士を育てる仕事に携わり多忙を極めるなか、少しずつ書きためて紀要を中心に発表してきたものを大幅に改訂・再構成して編んだものである。その執筆期間は十年あまりにわたっている。

私の人生前半は、ほとんどの時間を精神医療の改革運動に費やされた。そして、一九八二年の「国際精神医学会・京都シンポジウム」で日本の劣悪な精神医療の実情をみずからの関わっていた病院を中心に報告したことで、精神医療改革運動における私の役割を終えたと考え、こころの問題をより深く追求してみようとスイスに渡ったのが一九八四年のことである。ちなみに一九八七年、隔離収容が中心であった「精神衛生法」が精神保健法となり、その後、精神保健福祉法となり、問題を多々残しつつも、精神病者の人権擁護や福祉政策面の問題は相当改善されつつある。

スイス・チューリッヒでの研究生活は、一九八四から翌年にかけて中間試験を終え一九八八年から翌年にかけての二度目の滞在でユング派分析家のディプロマを取得することになるのだが、この体験は私にとって本当に大きなものであった。これは、時代性もあってマルクス主義的に生きなければならず、かたやそうは成り切れない自分の存在の負い目を抱えていた私にとって、実はこころという壮大な内的宇宙があり、それは神話によって基礎づけられ、こころの破壊性も創造性もすべてを包み込む世界である、ということを発見する旅路でもあった。またそれは、自分が囚われていた世界観とは、世界史的に見れば、マルクスも含めて近代合理主義の世界観であり、日本史的に見れば、戦前の天皇制の神格化が導いた悲惨な第二次世界大戦敗北の反動としての、相当歪んだ科学主義の流れを汲むものである、ということに、異文化のなかで相対的に見ることによって気づく旅路でもあった。A・グッゲンビュール＝クレイグが私的な会話のなかで私の体験に触れて「西欧ではマルクスはもう古くなっているんだよ」と語っていたことを鮮明に思い出す。当時の私には、こんな言葉をもっと早い時期にさらっと言えたら……と深い感慨があった。もっとも、私はいまでもマルクスをすべて否定するつもりはなく、おそらく再発見の必要のある哲学だという思いはどこかにあるのであるが。

　ともあれ、当時、唯物論的弁証法・社会構造的観点から自由になりつつあった私にとってこの留学は、知的には知っていたS・フロイトそしてC・G・ユングの再発見の体験であった。十九世紀末から二十世紀初頭の時代に〈無意識〉ということを提起したフロイトの功績と天才性は語り過ぎて語り過ぎることはない。いかに彼が自然科学的な装いをもっていようとも、私は彼を「近代のシャーマン」の枠組みで見ている。そしてその地平をさらに推し進めたのが、ほかでもないユングなのである。ユングの思索と実践に触れながらこころを視る観点に立つと、それまでほとんど興味を抱くことのなかった、むしろ空想的で非現実な話と片づけて顧みることのなかった神話・おとぎ話・昔話が、こころの実相すなわちユングのいう〈元型的イメージ〉として見えてきた。そして私は、「こころの病い」と深い連関をもつこれらの物語によって、人間のこころとはそもそも病的表現も含めてかくも大きな拡がりをもっているのだ、ということに気づかされた。そうしたなかでの考えをまとめたのが本書の趣意である。先人の知恵は本当に豊かなものである。

＊＊＊＊＊＊　＊＊＊＊＊＊　＊＊＊＊＊＊

近代合理主義が生まれ、自然科学が優勢となり、昨今ではＥＢＭ evidence based medicine（客観的証拠にもとづいた医学）が云われて久しい。しかし、そもそも「人間のこころ」とは、神経生理学的・神経心理学的な問題、遺伝子・ＤＮＡレベルの問題として生物学的還元主義のなかでのみ理解できるものであろうか。

なるほど、それぞれの心的事象の起こっているとき脳にどのような変化が起きているか、という知見は大事であるし、必要である。また、抗精神病薬・抗うつ剤・抗不安剤・睡眠導入剤などの目覚ましい進化は多くの患者を助けて来た。私はこれらの薬物の効果や生物学的知見を否定するものではないし、実際の臨床でも使って恩恵を受けてもいる。しかし薬物というものは「脳の神経伝達物質を整えてあげればこころ全体のバランスが回復する」という可能性をもった人のみに効果があるのであって、すべての人に効果があるわけではない。たとえば現在多用されているＳＳＲＩ（セロトニン再吸収阻害剤）は多くの大うつ病には効果はよいが、抑うつ神経症には効果はよくない。おそらくは同じ抑うつでも、それぞれ違った脳機能がはたらいているのであり、簡単には普遍化できるものではないのであろう。「或るこころの病にはそれに相当する脳機能の反応がある」というのは当たり前のことなので、「脳機能を整えれば病いがよくなる」というのは、ひとつの仮説に過ぎない。とすればＥＢＭもひとつの仮説ということになろう。

私はＥＢＭをかくなるものとして考え、こころの病いを「人間の存在論の問題」として捉える立場で視ていきたいと思っている。そして、「ひとりの人間がこの世に繋がり、踏み留まって生きていくことが、いかに大変なことであるか」を考えたい。この視点からすると精神分裂病（統合失調症）ですら、ひとりの人間がこの世に繋がろうとする必死の試みに見えてくる。であるから本書も、ひとりの人間の存在の問題として、ユング的にいえば〈個性化〉過程の一回性の人生として病いを生きなくてはならない個人の問題として、元型的視点あるいは神話的視点から眺めて、書いてきた。この立場性による心理療法のものの見かたは、人間のもつ「創造性」「芸術性」とりわけ文学に近づく（本書では、神話・昔話とともに、いくつかの文学作品をも、心理療法の視点すなわち臨床心理学的視点から論じてみたかったが、残念ながら枚数の都合もあり叶わず、またの機会に論じようと思う）。

ところで、最近では先述のＥＢＭの視点とＮＢＭ narrative based medicine（物語性にもとづく医学）の視点を対置させる傾向にあるようだが、私の「人間の存在論の問題」という見かたはいささか異なっている。ＮＢＭの発想は、その人の人生全体を見て、そのなかに疾病を位置づけ、断片化した局所的診断でのみ視るべきでない、ということのようである。つまり、人それぞれに歴史があり、それは物語であり、病気もそのなかに位置づけられなくてはならないというのである。この意味で、ＮＢＭもまた生活史還元的に視るという還元主義をとっており、ＥＢＭの生物学的証拠への還元と同じ位相に立つ。

一方、私の立場である「存在論的な視かた」というのは、「この世界内に存在し、この世に繋がっていこうとする、ひとりの人間を視る」という観点であり、そこにはユング流にいうならば目的論的 finality・未来志向的観点が入っている。この試みによって、ひとりの人間の生きかたは、元型的であればあるほど、イメージとして文学性に近づく。私はそのような思いを込めて本書をまとめたつもりである。

＊＊＊＊＊＊　　＊＊＊＊＊＊　　＊＊＊＊＊＊

こうした私の試みは十年あまりにわたっている。この間、「精神分裂病」は統合失調症に（また「痴呆症」は認知症に、「未開人」は伝統社会に）名称変更が為された。前者の言葉のもつ差別性に配慮してのことである。序章の註でも触れたように、名称変更だけで差別がなくなるほど事は単純ではないが、名称変更はその第一歩であろう。しかし本書では、名称変更前に書かれた論文はその文化状況で書かれているため、その言葉だけを抽出して変えることは、どこか文意を損なう印象があり、あえて変更は行わなかった。御理解いただきたい。

本書をまとめるにあたっては、新曜社の津田敏之氏にお願いし、大変な御苦労をいただいた。あとがきの最後にこころから御礼を述べたい。

二〇〇六年　七月

横山　博

著者略歴

横山 博（よこやま・ひろし）

1945年生まれ、京都大学医学部卒業。
精神病院勤務の後、1984-1985年・1988-1989年、チューリッヒのユング研究所に留学し、ディプロマを取得。1995年より甲南大学文学部人間科学科教授。精神科医、臨床心理士、ユング派分析家。

主な著訳書に『神話のなかの女たち――日本社会と女性性』(人文書院, 1995年)、H.F.サールズ『逆転移３――分裂病精神療法論集』(共訳, みすず書房, 1996年)、『心理臨床の治療関係』(共編, 金子書房, 1998年)、D.ローゼン『うつ病を生き抜くために――夢と描画でたどる魂の癒し』(共訳, 人文書院, 2000年)、『心理療法――言葉／イメージ／宗教』(編著, 新曜社, 2003年)、『意識と無意識――臨床の現場から』(共著, 人文書院, 2006年) などがある。

心理療法《しんりりょうほう》とこころの深層《しんそう》
無意識の物語との対話

初版第１刷発行　2006年９月19日

著　者　横山 博 ©
発行者　堀江 洪
発行所　株式会社 新曜社
〒101-0051　東京都千代田区神田神保町２-10
電話 (03)3264-4973 (代)・FAX(03)3239-2958
e-mail　info@shin-yo-sha.co.jp
URL　http : //www.shin-yo-sha.co.jp/

印　刷　亜細亜印刷株式会社
製　本　イマヰ製本

Printed in Japan

ISBN 4-7885-1019-7　C 3011